Häusel · Limbic Success

Limbic Success

So beherrschen Sie die unbewussten Regeln des Erfolgs – die besten Strategien für Sieger

Dr. Hans-Georg Häusel

Haufe Mediengruppe
Freiburg · Berlin · München

Die Deutsche Bibliothek – CIP-Einheitsaufnahme

Häusel, Hans-Georg:
Limbic success : so beherrschen Sie die unbewussten Spielregeln des Erfolgs ; die besten Strategien für Sieger / Hans-Georg Häusel. – 1. Aufl.. – Freiburg im Breisgau : Haufe, 2002

(Wirtschaftssachbuch)
ISBN 3-448-05215-9

ISBN 3-448-05215-9   Bestell-Nr. 00177-0001

© 2002, Rudolf Haufe Verlag GmbH & Co. KG, Niederlassung Planegg/München
Postanschrift: Postfach, 82142 Planegg
Hausanschrift: Fraunhoferstraße 5, 82152 Planegg
Tel. 0 89 - 8 95 17-0, Telefax 0 89 - 8 95 17-2 50
Internet: www.haufe.de
E-Mail: online@haufe.de
Redaktion: Ulrike Rudolph
Lektorat: Stephan Kilian
Alle Rechte, auch die des auszugsweisen Nachdrucks, der fotomechanischen Wiedergabe (einschließlich Mikrokopie) sowie der Auswertung durch Datenbanken oder ähnliche Einrichtungen vorbehalten.

Anschrift des Autors: Dr. Hans-Georg Häusel, Gruppe Nymphenburg, Seidlstraße 25, 80335 München, Tel.: 0 89 - 54 90 21-0, hg.haeusel@nymphenburg.de

Umschlaggestaltung: Atelier Höpfner-Thoma, 81679 München
Satz/Layout: Werbeagentur S6 GmbH, 82166 Gräfelfing
Druck: J.P. Himmer GmbH & Co. KG, 86167 Augsburg

Zur Herstellung der Bücher wird nur alterungsbeständiges Papier verwendet.

Vorwort

Noch unbemerkt von der breiten Öffentlichkeit stehen wir am Anfang einer wissenschaftlichen Revolution, die gleichzeitig einen Paradigmenwechsel mit sich bringt. Ausgehend von den Ergebnissen der modernen Gehirnforschung gerät nämlich unser Selbstbild in ernsthafte Gefahr: Es naht das Ende des Homo sapiens rationalis, des Menschen, der bewusst, frei und vernünftig seine Entscheidungen trifft. Doch es hilft nichts: Weit mehr, als wir auch nur im Entferntesten ahnen, wird unser Denken und Handeln von Kräften gesteuert, die sich im Laufe der Milliarden Jahre alten Evolution als besonders erfolgreich erwiesen haben.

Wie sehen diese Kräfte aus? Wie funktioniert dieses Programm? In „Think Limbic!", das vor zwei Jahren erschienen ist, habe ich skizziert, warum wir unser Denken auf den Kopf stellen müssen. „Limbic Success" greift diese Gedanken auf und leitet ganz konkrete, erfolgswirksame Handlungsansätze für den persönlichen und unternehmerischen Erfolg ab. Gleichzeitig wird damit eine völlig andere Perspektive für das Management von heute und morgen aufgezeigt: Nicht die sichtbaren und scheinbar rationalen Prozesse, Instrumente und Abläufe der so genannten Ebene 1 bestimmen ursächlich den Unternehmenserfolg, sondern die Gesetze der weitgehend unbewussten Ebene 2. In einer Zeit, die vom Gedanken des „Management by objectives" beseelt und durchdrungen ist, mag man das zunächst nicht glauben. Wenn man sich aber darauf einlässt, alte Denkstrukturen in Frage zu stellen, entdeckt man plötzlich Zusammenhänge, die man vorher so noch nicht gesehen hat.

Limbic Success soll zum Um- und Neu-Denken anregen. Der Ansatz, der hinter dem Buch steht, ist eine Zusammenführung aus eigenen Forschungsergebnissen mit den neuesten Erkenntnissen der Gehirnforschung, der Psychologie, der Evolutionsbiologie, aber auch der Neurophilosophie. Dazu kommen fast 25 Jahre Beratungserfahrung in allen Managementbereichen, die sich mit Kunden und Mitarbeitern beschäftigen.

An der Entstehung dieses Buches waren direkt oder indirekt viele Personen beteiligt, bei denen ich mich ganz herzlich bedanken möchte. Bei meinen Lehrern Prof. Dr. mult. Johannes Brengelmann (†) und Prof. Dr. Günther

Bäumler, bei meinem Partner Norbert Wittmann und bei meinen Kolleginnen Dorit Günther, Nina Michelfelder und Birgit Schwarz. Mit konstruktiven und anregenden Diskussionen haben mich Dr. Harald Henzler und Stephan Kilian vom Haufe-Verlag begleitet. Besonderer Dank gehört meiner Familie, die in den letzten Monaten mein Eremitendasein geduldig ertragen hat.

Inhalt

Vorwort 5

Einleitung 9

Teil 1: Limbic Revolution:
Nutzen Sie die erfolgreichste Strategie
aller Zeiten 13

Kapitel 1: Stellen Sie Ihr Weltbild auf den Kopf:
Willkommen auf Ebene 2 14

Kapitel 2: Das Amygdala-Syndikat:
Die Supermacht in unserem Kopf 39

Kapitel 3: Der Mythos vom rationalen Management 53

Teil 2: Limbic Winners:
Entdecken Sie die Naturgesetze des
persönlichen Erfolgs 67

Kapitel 4: Die Wahrheit über Siegergene 68

Kapitel 5: Die Siegerspirale und die Loserfalle 85

Kapitel 6: Die unbewussten Gesetze der charismatischen
Führung 95

Teil 3: Limbic Companies:
So bleibt Ihr Unternehmen fit und
anpassungsfähig 110

Kapitel 7: Testosteron: Der Kraftstoff der revolutionären
Unternehmen 111

Kapitel 8: Vielfalt schlägt Einfalt: Die limbische Struktur
erfolgreicher Unternehmen 125

Kapitel 9: Der gemeinsame Spirit der Sieger 149

Inhalt

**Teil 4: Limbic Marketing:
So faszinieren und überzeugen Sie Ihre Kunden** 167

Kapitel 10: Die Märchen der Trendforscher 168

Kapitel 11: Der „Es gibt keine Zielgruppen mehr"-Irrtum 181

Kapitel 12: Das Geheimnis starker Marken 195

Kapitel 13: Die limbischen Gesetze des B2B-Marketings 214

**Teil 5: Limbic Management:
Warum das Ganze mehr als die Summe
seiner Teile ist** 227

Kapitel 14: Der wahre Wert eines Unternehmens 228

Epilog: Über Erfolg und Glück 240

Anhang: Limbic Personality Check:
Erkennen Sie sich selbst 242

Literaturverzeichnis 252

Einleitung:

Vorab ein paar Sicherheitshinweise für die Reise durch das Unbewusste

Was sind die Erfolgsfaktoren eines Unternehmens von heute und morgen? Stellt man Führungskräften diese Frage, erhält man viele Antworten – angefangen bei der Finanzkraft, über die Informationsinfrastruktur bis hin zum Mitarbeiter reicht das breite Spektrum der Antworten. Mit einer klaren Tendenz: Die weichen Faktoren, wie z. B.Führung, Motivation, Identifikation, Kundenbindung, gewinnen zunehmend an Bedeutung. In den Führungsetagen reift das Bewusstsein, dass Informationstechnologie, definierte Prozesse, messbare Ziele zwar allesamt wichtig sind, das ihre Beherrschung aber nicht ausreicht, um im immer härteren Wettbewerb erfolgreich zu sein.

Die eigentliche Kraft, die ein Unternehmen antreibt, die ein Unternehmen wachsen lässt oder es faszinierend für seine Kunden macht, sind die Menschen im Unternehmen. Doch diese handeln lange nicht so frei und rational, wie sie glauben. Hinter allen Entscheidungen, hinter dem Verhalten steht ein unbewusstes Erfolgsprogramm, das sich im Laufe der Milliarden Jahre langen Evolution gebildet hat. Dieses Programm hat nichts von seinem Einfluss auf uns Menschen verloren. Was wir nämlich viel zu wenig beachten ist die relativ kurze Zeit der menschlichen Existenz im Verhältnis zur gesamten Evolution. Vor 4,5 Milliarden Jahren begann die Evolution und erst vor etwa fünf Millionen Jahren betraten wir Menschen die Welt. Uns, den sprachfähigen und sprachbegabten Menschen, den so genannten Homo sapiens sapiens, gibt es sogar erst seit etwa 100.000 Jahren. Wenn wir die Gegenrechnung machen, wird deutlich, was das heißt: Über 99,99 % unserer genetischen Entwicklung erfolgte in Zellen und Tieren. Man könnte jetzt einwenden, dass dies wenig zu sagen hätte, wenn man die faszinierenden Erfindungen des modernen Menschen betrachtet: Flugzeuge, Computer usw. Dieser Fortschritt müsste sich doch auch in unseren Genen niedergeschlagen haben. Leider nicht: Über 98 % unserer Gene haben wir noch heute mit unserem „Bruder" Schimpansen gemeinsam, obwohl sich unsere und seine Entwicklungslinie bereits vor mehr als sieben Millionen Jahren getrennt hatte. Nicht vergessen dürfen wir bei dieser Betrachtung die Frage, warum wir Flugzeuge, Computer, aber auch Gewehre und Bomben bauen. Auch diese scheinbar rationalen Erfindungen verdanken ihre Existenz dem unbewussten Programm, mit dem wir uns in diesem Buch näher beschäftigen werden. Die Kenntnis dieses unbewussten Programms gibt überraschende und neue Antworten für (fast) alle Bereiche des Managements:

- Was haben High-Performer und Managementikonen wie Ferdinand Piëch, Jürgen Schrempp und Jack Welch gemeinsam?
- Warum überleben 90 % aller Unternehmen ihren 60. Geburtstag nicht?
- Was ist der wirkliche Grund für das Scheitern von Start-up-Unternehmen?
- Wie kann man bei Mitarbeitern den inneren Turbo einschalten?
- Was kennzeichnet erfolgreiche Teams?
- Warum macht Misserfolg krank?
- Was unterscheidet Frauen und Männer im Management?
- Was bedeutet charismatische Führung?
- Was zeichnet starke Marken wirklich aus?
- Gibt es Winnergene? Wie kann ich selbst erfolgreicher werden?

Angesichts dieser Versprechungen entstehen Zweifel: Kann man durch einen Blick in die Vergangenheit Erfolgsgesetze für heute und morgen erkennen? Leben wir nicht in einer schnellen Zeit des Wandels, die täglich neu Zusammenhänge und Trends hervorbringt? Sollten wir uns nicht vom Unbewussten verabschieden und uns mehr mit unserer Vernunft der bewussten Seite der Zukunft stellen? Müssen wir uns im neuen Jahrtausend nicht auf einen neuen Menschentyp als Kunden und Mitarbeiter einstellen – den Homo sapiens rationalis, einen Typ, der rational alle seine Entscheidungen trifft? Doch das ist ein fataler Irrtum. Denn ausgehend von der modernen Gehirnforschung und Evolutionsbiologie zeigt sich, dass sich der Mensch nicht so, wie er glaubt, aus seiner biologischen Vergangenheit befreit hat.

Nur wenige Forschungsbereiche haben in den vergangenen Jahren einen derartigen Fortschritt erzielt wie die moderne Gehirnforschung. Mit bildgebenden Verfahren war und ist es erstmals möglich, das Gehirn in Aktion zu sehen. Durch Messung und Reizung von kleinsten Zellverbänden konnten neue Einsichten gewonnen werden. Eine wichtige Erkenntnis ist, dass das so genannte limbische System das wahre Machtzentrum in unserem

Kopf ist und wesentlich größeren Einfluss auf unser Verhalten hat als der Neokortex, umgangssprachlich auch Großhirn genannt.

Doch dieses limbische Programm, das uns Menschen steuert, ist keineswegs nur für unsere Art gemacht. Was wir von der Natur mitbekommen haben, ist ein leicht erweitertes Softwareprogramm, dessen Grundfunktionen entstanden sind, lange bevor die Natur überhaupt an die Erschaffung des Menschen gedacht hat. Dieses Programm ist einfach und trotzdem hochintelligent. Es steuert unseren individuellen Erfolg – aber auch den von Gruppen und damit ganzen Unternehmen.

Wenn man sich auf das Experiment einlässt, unser Verhalten und das Verhalten von Unternehmen konsequent aus der Sicht des Erfinders zu betrachten, nämlich der Evolution, entdeckt man völlig neue Zusammenhänge. Mit dieser Entdeckung ist zugleich der Abschied vom Homo sapiens rationalis verbunden. Es zeigt sich nämlich, dass wir Gesetzen unterliegen, die uns zu 70 bis 80 % unbewusst steuern. Aber auch in den verbleibenden 20 bis 30 % haben wir nur eingeschränkte Freiheit. Unser unbewusstes Programm gibt uns nämlich einen genauen Spielraum vor, in dem wir entscheiden und uns bewegen können. Die Kenntnis der unbewussten Gesetze und des Spielraums verschafft aber einen großen Vorsprung, gleichgültig ob es um den persönlichen oder den Erfolg des ganzen Unternehmens geht. Mit diesen Gesetzen und ihren Auswirkungen werden wir uns in diesem Buch beschäftigen. Zum besseren Verständnis der Zusammenhänge habe ich das Buch in fünf Teile gegliedert:

- Teil 1 – *Limbic Revolution* – zeigt die Grundzüge des limbischen Programms, was dabei in unserem Kopf abläuft und wie wir Entscheidungen wirklich treffen.

- Teil 2 – *Limbic Winners* – beschäftigt sich mit den unbewussten Erfolgsgesetzen für Karriere und Führung.

- Teil 3 – *Limbic Companies* – beleuchtet den Einfluss unserer unbewussten Steuerung auf das Unternehmen als System und Organisation.

- Teil 4 – *Limbic Marketing* – demonstriert, wie man Kunden gewinnt, gleich ob für Konsumgüter oder B2B, und was die unbewussten Mechanismen starker und faszinierender Marken sind.

- Teil 5 – *Limbic Management* – stellt noch einmal kapitelübergreifende Zusammenhänge heraus.

Einleitung

Im Anhang findet sich ein Test, der es dem Leser ermöglicht, sein eigenes limbisches Persönlichkeitsprofil zu erstellen.

Mit Sicherheit wird dieser völlig neue Managementansatz, der das herkömmliche Denken auf den Kopf stellt, auch für Widerspruch sorgen. Mitunter sind Formulierungen etwas spitz – ohne moderierende und relativierende Zwischentöne. Die Lesbarkeit und Verständlichkeit eines Wirtschaftsbuchs erfordert eben eine etwas andere Argumentation als die eines wissenschaftlichen Lehrbuchs. Die Aussagen in diesem Buch sind manchmal provozierend – aber in der Sache wissenschaftlich fundiert. Sie verstoßen teilweise auch gegen die „Political Correctness", weil sich eine neurobiologische oder evolutionspsychologische Sichtweise gelegentlich nicht mit unserem herrschenden Menschenbild des „Alle sind gleich" verträgt. Aber: Wer sofort von allen akzeptiert wird, weil er nur die herrschende Meinung rezipiert, hat nichts wirklich Neues zu bieten. Die E-Mail-Adresse des Verfassers am Anfang dieses Buches ist deshalb auch eine herzliche Einladung zur offenen Diskussion. Der in Limbic Success dargestellte Ansatz hat einen universalistischen, aber keinen absolutistischen Anspruch. Man wird sehen, wie man durch diese Rückbesinnung auf unser unbewusstes Programm plötzlich neue Zusammenhänge quer über alle und für alle Managementbereiche entdeckt. Das ist der universalistische Anspruch. Aber Limbic Success hat nicht den absolutistischen Anspruch, alles allein zu erklären – es gibt viele Modelle und Theorien, die den Ansatz ergänzen oder zusätzliche Zusammenhänge aufzeigen, die von Limbic Success nicht erfasst werden.

Teil 1:

Limbic Revolution: Nutzen Sie die erfolgreichste Strategie aller Zeiten

Ziel und Zweck der Managementliteratur ist die Darstellung und Weitergabe von Erfolgsregeln und Erfolgsstrategien. Millionen von Büchern füllen die Buchhandlungen, die Firmenbibliotheken und Bücherschränke von erfolgshungrigen Managern. So wichtig und nützlich alle diese Regeln sind – sie haben ein großes Manko: Die wichtigste Erfolgsstrategie bleibt meist unberücksichtigt! Diese Strategie ist im Laufe der Milliarden Jahre alten Evolution entstanden. Sie steuert und beeinflusst unbewusst unser individuelles Verhalten, aber auch das Verhalten von ganzen Gruppen und Organisationen. Das Problem: Diesen unsichtbaren Einfluss sehen wir nicht, weil wir unsere sichtbare Welt, die Welt der harten Faktoren, als die einzig wahre und reale begreifen. Diese Welt nenne ich die Ebene 1. Doch dies ist eine Täuschung. Ausgehend von den Erkenntnissen der modernen Gehirnforschung zeigt sich, dass wir Menschen (und damit auch Unternehmen) weit stärker von unseren unbewussten Programmen gesteuert werden, als wir nur im Entferntesten ahnen. Wenn wir den Menschen und die tatsächlichen Erfolgsfaktoren im Management wirklich begreifen wollen, müssen wir radikal umdenken und Management aus einer völlig anderen Perspektive, nämlich aus dem Blickwinkel der unbewussten Ebene 2 betrachten. Im ersten Teil des Buches lernen wir die Grundmechanismen der Ebene 2 kennen und erfahren, wie Menschen wirklich „ticken". Dabei zeigt sich, dass nicht das scheinbar rationale Großhirn das Sagen hat, sondern unser entwicklungsgeschichtlich älteres limbisches System.

Kapitel 1:
Stellen Sie Ihr Weltbild auf den Kopf: Willkommen auf Ebene 2

Was Sie in diesem Kapitel erwartet:
Wir Menschen haben die Gewohnheit, die sichtbare Welt für die wahre und einzige Welt zu halten. Deshalb lieben wir im Management die harten Fakten, die sichtbaren Prozesse, Instrumente usw. Das ist die Ebene 1. Unter dieser Ebene 1 gibt es aber eine Ebene 2. Das ist die Ebene des Unbewussten. Unser Denken, unser Fühlen und unser Handeln – alles was wir tun, folgt einem Programm, das sich im Laufe der Milliarden Jahre der Evolution als erfolgreich erwiesen hat. Es ist das Programm der Ebene 2.

Nur Weniges fasziniert uns so wie Erfolg. Helden und Sieger haben seit jeher Hochkonjunktur. Waren es früher wackere Feldherren und tapfere Ritter, so sind es heute Wirtschaftsbosse wie Bill Gates, Jack Welch, Jürgen Schrempp oder Ferdinand Piëch. In vielen Büchern, den Heldensagen von heute, werden ihre Taten zu Erfolgsrezepten verkocht und einer erwartungsfrohen Leserschar als die „XY-Methode" serviert. Dem geneigten Leser wird suggeriert, dass der Erfolg eigentlich ganz einfach wäre – man müsste eben nur so handeln wie Welch & Co., und das könne schließlich ein jeder lernen.

Helden gibt es aber nicht nur in Form von Personen – auch Unternehmen erfüllen unsere unstillbare Siegersehnsucht. Gleich ob BMW oder Porsche, ob ALDI oder IKEA – auch diese Unternehmen taugen zum Mythos.

Doch was macht Erfolg aus? Was sind die Ursachen für „Success"? Auf die Strategie käme es an, sagen die einen; auf die kostengünstigste Beherrschung der Prozesse meinen die anderen und wieder andere sehen in der Informationstechnologie den Schlüssel zum Erfolg. Kein Zweifel – alle diese sicht- und messbaren Dinge sind wichtig – aber sind sie wirklich der gesuchte Schlüssel?

Verpackt in Schaubilder, Flussdiagramme und Zahlenreihen wird eine mach- und gestaltbare Zukunft vor- und hochgerechnet. Doch nur in den wenigsten Fällen gehen die Sandkastenspiele auf: Man denke dabei an die vielen gescheiterten Fusionen, die nicht, wie erwartet, zur Ausschöpfung gewaltiger Synergiepotenziale führten, sondern direkt im finanziellen Desaster endeten. Man erinnere sich auch an den Bestseller „In Search of Excellence" der ehemaligen McKinsey-Berater Peters und Waterman. Die meisten der von ihnen gefeierten Vorzeigeunternehmen sind in die „Amateurliga" abgestiegen oder existieren nicht mehr.

Man ahnt, dass der Versuch, die Welt berechenbar, messbar und dadurch planbar zu machen, mit erheblichen Schwierigkeiten verbunden ist. Sind Erfolg und Misserfolg also eine Frage des reinen Zufalls oder des Glücks oder einer Mischung aus beidem, „Serendipity" eben, wie die Engländer das Glück beschreiben, zur richtigen Zeit mit der richtigen Idee am richtigen Ort zu sein? Kein Zweifel, Glück gehört dazu. Wer in einem Slum in Bangladesh geboren wird, geht mit völlig anderen Karten in das Spiel als der Glückspilz, der von seinem Vater ein florierendes Unternehmen erbt. Weil wir dieses Glück nicht beeinflussen können, werden wir es in diesem Buch nicht weiter in Betracht ziehen.

Uns interessiert, ob es noch eine weitere Möglichkeit gibt, den Gesetzen des Erfolgs auf die Spur zu kommen: Kann es sein, dass die Ursachenforschung von Misserfolg und Erfolg häufig deshalb scheitert, weil man schlicht und einfach das Falsche betrachtet – die Ebene 1 nämlich, die Welt des Messbaren und des Offensichtlichen? Was ist die Ebene 1? Es ist, wie Abbildung 1 zeigt, die Ebene der Programme, der Stellenbeschreibungen, der Organigramme, der Maschinen und Strategiepapiere. Diese Welt lieben wir und halten sie für die einzig wahre und die alles bestimmende. Denn in dieser Welt stehen wir, der „Homo sapiens rationalis", der wissende und vernünftige Mensch, im Mittelpunkt des Geschehens und halten das Steuer vermeintlich fest in der Hand.

Hinter allem Sichtbaren stehen unsichtbare Zusammenhänge

Doch möglicherweise sitzen wir einem Trugschluss auf, ähnlich dem unserer Ahnen, die glaubten, dass die Erde im Mittelpunkt des Universums stünde. Auch sie waren in der Sichtbarkeitsillusion gefangen: Morgens ging für sie die Sonne auf und abends ging sie unter – das war doch für alle offensichtlich. Und weil es offensichtlich war, war es wahr. Lange Zeit haben sie mit diesem Irrtum bestens gelebt, suggerierte er ihnen doch, die mächtigsten Geschöpfe im Universum zu sein.

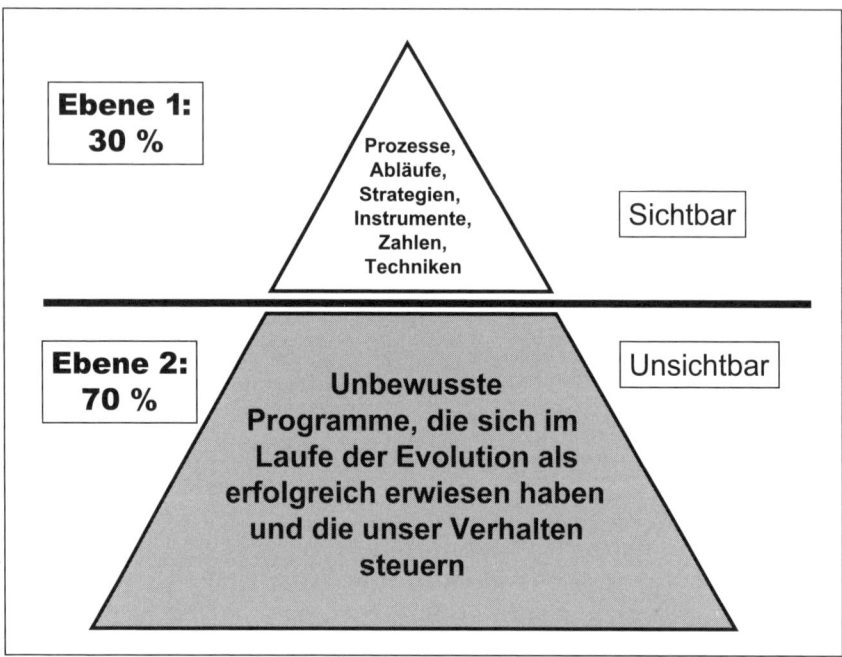

Abb. 1: Der Erfolg eines Unternehmens wird zu über 70 % von unbewussten Programmen gesteuert, die sich im Laufe der Evolution als erfolgreich erwiesen haben.

Kann es sein, dass wir einer ähnlichen Illusion aufsitzen, wenn wir glauben, das Management der Ebene 1 sei das einzig wahre und reale Management? Kann es sein, dass es unter der Oberfläche des Offensichtlichen und des Bewussten eine für uns unbewusste und unsichtbare Ebene gibt, die Ebene 2 nämlich, deren Einfluss auf Erfolg und Misserfolg um ein Vielfaches stärker ist, als wir in unseren kühnsten Träumen glauben?

Viele Unternehmer, Führungskräfte und Manager ahnen die Macht dieser Ebene 2. Sie nicken zustimmend, wenn Trainer auf Seminaren einen Eisberg auf ein Flipchart malen und die unter dem Wasserspiegel liegende Fläche als das Unbewusste des Unternehmens kennzeichnen und dabei auf den menschlichen Faktor im Unternehmen verweisen – auf Gefühle und Emotionen, die stets zu beachten wären. Doch auf die Nachfrage der Seminarteilnehmer, was da unten in Ebene 2 genau abliefe, hört man in der Regel einen Schlagwortbrei wie „Wünsche, Träume, Konflikte, Werte, Ängste der Mitarbeiter".

Da diese Antworten nicht sonderlich erhellend und schon gar nicht in die Praxis umzusetzen sind, bleibt für die Manager alles, wie es ist, verbunden mit der innerlichen Rückkehr zur „rationalen" Ebene 1, die fassbar und konkret ist. Das Unbewusste des Unternehmens scheint damit erkannt und auch beherrscht. Ein Irrtum, wie sich in diesem Buch zeigen wird.

Der Einfluss der unbewussten Ebene 2 auf Erfolg und Misserfolg ist nämlich um ein Vielfaches größer als der der Ebene 1. Ich behaupte sogar: Die Ebene 1 wird von Ebene 2 bestimmt.

Das soll nun nicht heißen, dass die Ebene 1 unwichtig wäre – im Gegenteil. Nur wenn Ebene 1 und Ebene 2 als Einheit gesehen werden, stellt sich der Erfolg ein. Aber: Man verkennt Ursache und Wirkung, wenn man sein Augenmerk in erster Linie auf die Ebene 1 legt. Da die Managementliteratur sich umfassend mit der Ebene 1 beschäftigt, werden wir diese Ebene nicht weiter beachten. Unsere Aufmerksamkeit soll ganz der Ebene 2 gehören – ihre Gesetze wollen wir erkunden.

Warum ist die Beachtung der Ebene 2 so wichtig? Ganz einfach, weil ein Unternehmen kein rationales Eigenleben führt. Unternehmen werden von Menschen gegründet, geführt und gemacht. Das ist nicht neu, werden Sie jetzt einwerfen – wir wissen doch, dass der Mensch wichtig ist – schließlich gestaltet er ja die Wirtschaft, er führt Unternehmen und er ist es, der Erfolg hat. So weit, so gut – nur die entscheidende Frage wird dabei nicht beantwortet: Nach welchen Gesetzen handelt und entscheidet er?

70 % sind unbewusst

Genau hier beginnt unsere Reise in das Unbewusste. Warum glauben wir so stark an den größeren Einfluss der Ebene 1? Warum sitzen wir dem Trugschluss des rationalen Managements auf? Das lässt sich leicht erklären – das Ebene-1-Denken wird von unserem heutigen Menschenbild bestimmt. Wie sieht das aus? Wir gehen beim Blick in den Spiegel davon aus, dass wir in erster Linie rational handeln, einen freien Willen haben, unsere biologische Erbschaft längst durch unsere Vernunft im Griff haben. Und wir sind davon überzeugt, dass wir fast alles, was wir tun, aus vollem Bewusstsein tun und dabei stets Einsicht in Zusammenhänge, in das „Was", „Wie" und „Warum" unserer Handlungen haben.

Unser Selbstbild vom Homo sapiens rationalis erhält täglich neue Bestätigung, insbesondere von den vielen Erfolgen in Wissenschaft und Technik, die uns suggerieren, durch dieses angehäufte Wissen alles im Griff und unter Kontrolle zu haben und Herrscher der Welt zu sein.

Leider erweist sich diese Annahme als falsch. Die Wahrheit ist, dass wir zu über 70 % von unbewussten Programmen gesteuert werden, und dass wir auch in den verbleibenden bewussten 30 % nicht so frei sind, wie wir glauben, sondern nach Gesetzen handeln, die sich im Laufe der Evolution als erfolgreich erwiesen haben. Im nächsten Kapitel werden wir gemeinsam erkunden, was sich dabei in unserem Gehirn abspielt.

Sie werden jetzt vielleicht einwenden: „Ich soll ein fremdgesteuertes Wesen sein? Das stellt doch unser heutiges Weltbild total auf den Kopf. Und vor allem: Es deckt sich überhaupt nicht mit meiner Selbsterfahrung – denn ich entscheide täglich, stündlich und jede Minute selbst und aus freiem Willen. Und", werden Sie ergänzen, „was ich entscheide und tue – ist durchdacht und höchst vernünftig". Nun, wir werden sehen, ob Sie am Ende des Buches nicht vielleicht ganz anders über sich und Ihre Mitmenschen denken.

Die Frage nach dem freien Willen

Die Frage des freien Willens und der Vernunft ist ein schwieriges Thema und beschäftigt die Philosophen schon immer. Seit Jahrhunderten sind sie hin- und hergerissen, ob der Mensch ein vernünftiges Wesen (homo rationalis), ein zur Vernunft fähiges Wesen (homo rationabile) oder gar nichts weiter als ein aufrecht gehendes Tier sei. Eng mit dieser Frage verknüpft ist auch die Frage, welche Rolle die Emotion (der Affekt) und welche Rolle der Verstand (die Ratio) im menschlichen Leben spiele. Und: Wie frei der Mensch eigentlich in seinen Entscheidungen sei – könne er seine Entscheidungen selbst aus freiem Willen treffen – oder hinge er, gleich einer Marionette, am Gängelband der Natur?

Schauen wir uns diese spannende philosophische Diskussion kurz etwas näher an. Für Aristoteles beispielsweise ist der Mensch ein vernünftiges Wesen – allerdings gibt es in seiner Seele auch eine animalische Seite – doch sie kann von der Vernunft beeinflusst und bestimmt werden. Und: Der Mensch ist in seinem Willen frei.

Eine ähnliche Position vertrat auch Augustinus. Da er aber ein ausschweifendes Sexualleben führte, bevor er ein frommer Kirchenmann wurde, sah er durchaus den starken Einfluss der menschlichen Begierden. Im 17. Jahrhundert verstärkte sich mit und durch Descartes der Einfluss der Rationalisten. Für ihn waren Emotionen ohne Belang. Er bezeichnete sie abwertend als „Störungen der Seele". Aufbauend auf den Überlegungen von Descartes schrieb Kant seine „Kritik der reinen Vernunft". Für ihn stand die Frage im Vordergrund, wie wir die Welt erkennen und wahrnehmen können. Das Erkennen der Welt gibt es aber für ihn nicht automatisch. Um vernünftig zu sein, also die Welt zu erkennen, braucht der Mensch Mut, seinen Verstand zu gebrauchen. Auch für Kant war der Mensch ein Wesen mit der Fähigkeit zur Vernunft.

Doch es gab auch eine starke Gegenfraktion, die, ausgehend von David Hume und Baruch de Spinoza, die Vorherrschaft der Gefühle über den Verstand betonte. Noch radikaler war im 19. Jahrhundert Arthur Schopenhauer, der hinter allem einen unverrückbaren „Welt-Willen" sah, der auch das menschliche Handeln bestimmt. Davon wurde auch Friedrich Nietzsche inspiriert. Er lehnte jede menschliche Vernunft ab – was die Welt beherrscht, ist das Naturgesetz der Macht. Die Gedanken von Nietzsche wiederum hatten großen Einfluss auf Siegmund Freud, der das Unbewusste, das „Es", mit seiner psychoanalytischen Theorie zum Gesellschaftsthema machte. Der Begriff des „Es" stammt übrigens nicht von Freud, sondern von Nietzsche. Im 20. Jahrhundert verabschiedete sich das Unbewusste immer stärker aus der Philosophie. Heidegger unterschied den Menschen vom Tier dadurch, dass Letztes „in der Natur verspannt", während der Mensch „zur freien Entscheidung fähig" sei. Auch Sartre proklamierte in seinem Existenzialismus die Entscheidungsfreiheit: „Der Mensch ist in die Entscheidungsfreiheit gestoßen – er ist verdammt dazu, frei zu sein."

Das Unbewusste trat aber auch mit dem Aufkommen der empirischen und der kognitiven Psychologie seinen Rückzug an. Weil man es nicht messen konnte, wurde es einfach vernachlässigt. Man beschäftigte sich lieber mit den einzigartigen kognitiven, also vernunftnahen, Leistungen des Menschen. An diesem von der modernen Philosophie und Psychologie geprägten Menschenbild des vernünftigen und freien Menschen, der längst seiner biologischen Vergangenheit entwachsen ist, orientieren wir uns heute. Darauf basiert unser Rechtssystem und dieses Menschenbild gibt vor, was wir als „politically correct" bezeichnen, welche Ansichten wir akzeptieren dürfen und welche wir ablehnen müssen, weil sie nicht der herrschenden Meinung entsprechen.

Nachdem wir uns also in den letzten 30 bis 40 Jahren wieder beruhigt zurücklehnen konnten, weil unsere Vernunft und Entscheidungsfreiheit scheinbar wiederhergestellt waren – kommt ausgerechnet jetzt, ausgehend von der Gehirnforschung, der Schock: Das Unbewusste soll weit mächtiger sein als das Bewusste!

Wir befinden uns mitten in einer wissenschaftlichen Revolution

Aber ob wir wollen oder nicht – wir müssen uns dieser Frage stellen. Und: Selbstkrisen sind schließlich auch Chancen. Wenn wir nämlich erkennen, wie wir unbewusst gesteuert werden, können wir in begrenztem Rahmen mit unserem Bewusstsein in diese Mechanismen eingreifen – und vor allem dieses Wissen für Business-Entscheidungen nutzen, gleich ob es sich um den persönlichen Erfolg oder den Erfolg des Unternehmens handelt.

Und tatsächlich, wenn man nämlich einmal die unbewussten Gesetze erkannt hat und weiß, wie der Mensch als Individuum, aber auch als Sozialwesen tickt, gibt es nichts Spannenderes, als plötzlich faszinierende Zusammenhänge zu entdecken, die man vorher einfach völlig übersehen hat oder die man sich nicht erklären konnte. Deshalb: Herzlich willkommen bei der limbischen Revolution.

Von Goethe stammt der Satz „Man sieht nur, was man weiß". Der Sinn dieser Aussage liegt darin, dass wir nur dann Zusammenhänge entdecken können, wenn wir dafür im Kopf ein Modell, eine „Schublade" haben, in die wir unsere Entdeckung einsortieren können. Wenn wir das falsche Denkmodell im Kopf haben, wie beispielsweise die geschilderte Sonnenauf- und Untergangstheorie unserer Ahnen, sehen wir zwar das gleiche Bild wie unser Nachbar. Weil dieser aber das richtige Modell im Kopf hat, kommt er zu völlig anderen Schlüssen als wir.

Vor einer ähnlich dramatischen wissenschaftlichen Revolution, die die gängige Meinung vom Menschen auf den Kopf stellt, stehen wir heute wieder. Aber wie es mit den meisten Revolutionen so ist, beginnen sie leise und haben es am Anfang immer mit harten Widerständen zu tun, die von den Vertretern der alten Theorien aufgebaut werden. Diese Revolution hat still und leise vor wenigen Jahren in den Labors der Gehirnforscher begonnen und wird heute als die „emotionale Wende" in der Gehirnforschung bezeichnet. Bis vor einigen Jahren war auch die Gehirnforschung fest in der Hand der

„Großhirn-Rationalisten". Im Mittelpunkt standen dabei eindeutig die Untersuchung der Großhirnrinde und die damit verbundenen einzigartigen Denkleistungen des Menschen. Aber immer häufiger beschäftigten sich vor allem jüngere Forscher mit dem Gehirnzentrum, das für Emotionen zuständig ist, nämlich dem limbischen System. Die Vertreter der so genannten „Affective Neuroscience" zeigen mit ihren Forschungen, warum Emotionen eine weit größere Wirkung haben als geglaubt. Und sie beweisen, dass nicht, wie Aristoteles und viele seiner Epigonen angenommen haben, die Vernunft die Emotionen, beherrscht, sondern dass es genau anders herum abläuft, nämlich dass ohne Emotionen keine sinnvollen Entscheidungen möglich sind. Wie wir aber in Kapitel 2 noch sehen werden, sind es nicht die Emotionen, die uns steuern, sondern unbewusste Programme, die sich über Emotionen in unserem Bewusstsein bemerkbar machen.

Zusätzliche Brisanz bekommt das Thema durch Untersuchungen der amerikanischen Neurowissenschaftler Libet und Haggard. Sie zeigten unabhängig voneinander, dass lange bevor wir in unserem Bewusstsein das Gefühl haben, mit unserem freien Willen eine Bewegung auszulösen, in tieferen Gehirnzentren bereits elektrische Bereitschaftspotenziale, also Gehirnströme zu messen sind. Die beunruhigende Schlussfolgerung daraus ist klar: Wenn unser Wille erst am Schluss einer Kette ins Spiel kommt, kann er nicht der Auslöser der Handlung sein!

99 % unserer Gene haben wir heute noch mit „Bruder Schimpanse" gemeinsam

Wir wollen uns jetzt mit den Programmen beschäftigen, die unbewusst unser Verhalten steuern. Um deren Einfluss zu verstehen, müssen wir uns kurz mit der Entwicklung des Menschen beschäftigen. Wir dürfen die Augen nicht davor verschließen, dass wir uns selbst und damit auch unser Verhalten als Produkt der Evolution betrachten müssen. Damit wir uns Menschen richtig in die Evolutionsuhr einordnen können, möchte ich hier einen kurzen Abriss geben.

- Vor 4,5 Milliarden Jahren ist die Erde in ihrer heutigen Form entstanden.
- Vor 3,5 Milliarden Jahren hat sich das erste Leben in Form von einfachen Bakterien gebildet.
- Vor 600 Millionen Jahren betraten die ersten kleinen Tiere die Welt.

- Vor 65 Millionen Jahren sind die Saurier ausgestorben.
- Vor 5,5 Millionen Jahren war die Geburtsstunde des Menschen. Zu dieser Zeit dürften wir aber noch mehr Affe als Mensch gewesen sein.
- Vor etwa 100.000 Jahren erst entstand der moderne Mensch – der Homo sapiens sapiens. Zu dieser Zeit begann auch die Entwicklung der menschlichen Sprache.

Setzen wir nun diese Zeiten zueinander ins Verhältnis, wird deutlich, dass wir, der „vernünftige Mensch", im Vergleich zur gesamten Evolutionszeit erst seit 0,001 % existieren, also ein extremes Kurzzeitprodukt sind. Und: Über 99,9 % unserer genetischen Entwicklung erfolgte in Zellen und Tieren. Selbst heute, nach sieben Millionen Jahren getrennter Entwicklung von unserem Bruder Schimpanse, haben wir noch 99 % an gemeinsamen Genen.

In unseren Genen ist aber nicht nur der Bauplan für unseren Körper gespeichert, sondern auch alle Erfahrungen, die sich im Laufe der Evolution als erfolgreich erwiesen haben, und damit auch unser Verhaltensprogramm.

Das hat sich auch nicht, wie wir das vielleicht gerne hätten, vor tausend oder hunderttausend Jahren entwickelt. Das Grundprogramm, das wir gleich kennen lernen werden, dürfte fast drei Milliarden Jahre alt sein. In der langen Zeit der Evolution hat sich dieses Programm verfeinert. Je nach Spezies haben sich einige Spezialmodule entwickelt, die dieser Tierart helfen, besser in ihrer jeweiligen Umwelt zu überleben. In seinem Grundaufbau aber ist es gleich geblieben. Auch unser heutiges „modernes" Gehirn ist letztlich uralt – und hat sich in den letzten 30.000 Jahren fast nicht mehr verändert!

Unser alles bestimmendes Basisprogramm

Doch wie sieht unser unbewusstes Programm aus? Eine Antwort auf diese Frage scheint zunächst unmöglich: Über 1500 Motive, Persönlichkeitseigenschaften, Triebe und Instinkte geistern nämlich heute durch die Fach- und Managementliteratur! Auf diese Weise sieht man vor lauter Bäumen den Wald nicht mehr. Geht man aber anders an die Sache heran und legt die Ergebnisse aller Disziplinen, die sich mit dem Menschen beschäftigen, übereinander und sucht nach Gemeinsamkeiten, wird plötzlich ein verbindendes Grundmuster sichtbar. Genau dies ist die wissenschaftliche Basis des limbischen Ansatzes. Folgende Disziplinen und Fragestellungen wurden dabei berücksichtigt:

- Molekularbiologie: Wie hängen Gene und menschliches Verhalten zusammen? Wie spielen Gene und Umwelt zusammen? Was ist angeboren, was kann verändert werden?
- Neurobiologie: Was läuft auf neuronaler Ebene ab? Welche Funktionen haben einzelne Gehirnbereiche? Welche Prozesse laufen im Gehirn ab?
- Neuroendokrinologie: Welchen Einfluss haben Neurotransmitter und Hormone auf unser Verhalten?
- Neuropsychologie: Welchen Zusammenhang gibt es zwischen beobachtbarem Verhalten und Abläufen im Gehirn?
- Evolutionsbiologie und Evolutionspsychologie: Warum sind bestimmte Verhaltensweisen und Verhaltensprogramme aus Sicht der Evolution entstanden? Welchen Sinn haben sie?
- Klassische Psychologie: Welche Zusammenhänge lassen sich im menschlichen Verhalten und Erleben konkret beobachten?
- Soziologie: Welche Zusammenhänge gibt es auf der Ebene sozialer Systeme?
- Philosophie: Was ist Vernunft? Was ist die Bestimmung des Lebens? Was ist Bewusstsein? Wie kann ein bewusstes Erlebnis aus physikalisch-materiellen Prozessen entstehen?

Die Einzigartigkeit dieses Zugangs liegt darin, dass die Erkenntnisse aus diesen Bereichen zu einem faszinierenden und wissenschaftlich begründeten Modell zusammengefasst wurden. Schauen wir uns das unbewusste Programm in Abbildung 2 einmal an. Wie wir erkennen, besteht unser zentrales Verhaltensprogramm aus drei großen Komplexen:

- der Balanceinstruktion,
- der Dominanzinstruktion,
- der Stimulanzinstruktion.

In der Mitte unseres Verhaltensprogramms liegen die so genannten Vitalbedürfnisse wie Essen, Trinken, Schlaf, Atmung und Sexualität. Direkte Aufgabe dieses Verhaltensprogramms ist es, die Vitalbedürfnisse zu erfül-

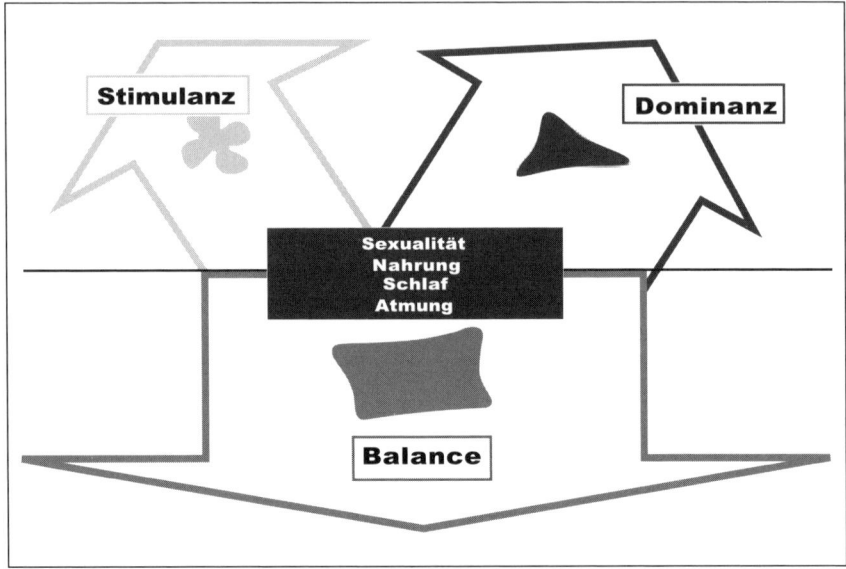

Abb. 2: Diese drei limbischen Instruktionen steuern und bestimmen unser Verhalten. Ihr Einfluss ist für uns weitgehend unbewusst und kaum veränderbar. Während die Balanceinstruktion die Bewahrung des Bestehenden fordert, bilden die Dominanz- und die Stimulanzinstruktion die expansiven Kräfte im Menschen.

len. Das übergeordnete Ziel im Sinne der Evolution für dieses Programm dagegen lautet, möglichst viele eigene Gene in die nächste Generation zu bringen. Dieses evolutionsbiologische Grundgesetz allen Lebens ist heute unumstritten.

Die drei großen Steuerungskomplexe Balance, Stimulanz und Dominanz nenne ich die „limbischen Instruktionen", weil wir im Gehirn mit ihnen und durch sie vom limbischen System aus gesteuert werden, mit weit reichenden Folgen für alle Bereiche des Managements – denn mit diesem Ansatz bekommt die alles bestimmende Ebene 2 plötzlich Struktur und Gesicht. Durch die Kenntnis der unbewussten Zusammenhänge wird nämlich ein bewussteres Management der erfolgsentscheidenden Ebene 2 möglich. Zwar kann man die Gesetze der Natur nicht aushebeln – man kann sie aber nutzen und ist ihnen nicht mehr hilflos ausgeliefert!

Im nächsten Kapitel werden wir uns dann genauer damit beschäftigen, wie uns dieses Programm unbewusst beeinflusst und was dabei in unserem Gehirn vorgeht. Jetzt beleuchten wir zunächst einmal die Grundbausteine des limbischen Programms.

Das limbische Programm bestimmt alle Ebenen unseres Lebens

Alle drei limbischen Instruktionen lassen sich, wie angedeutet, schon in den frühen Einzellern vor 3,5 Milliarden Jahren nachweisen. Im Laufe der Entwicklung vom Einzeller zum Menschen und der damit verbundenen Funktionsspezialisierung der Zellen veränderte sich der Grundcharakter und vor allem der Einfluss der Instruktionen nicht. Mit der Differenzierung der Zellen wuchsen zwar die körperlichen und kognitiven Möglichkeiten der Organismen, beispielsweise wurden Beine und Augen ausgebildet, Gehirnstrukturen erweiterten und spezialisierten sich, doch alle neu hinzukommenden Funktionen konnten sich nur innerhalb der durch die Instruktionen vorgegebenen Struktur und Zielsetzung entfalten. Auf diese Weise strukturiert bzw. bestimmt dieses einmal gebildete Grundgesetz auch alle neuen oder differenzierteren Ebenen des Lebens bis hin zu unserem heutigen menschlichen Denken. Die von Descartes postulierte Trennung zwischen körperlichen und geistigen Prozessen, die bis zum heutigen Tag für reichlich Diskussionsstoff sorgt, verkennt diese Tatsache: Die geistigen Prozesse führen kein Eigenleben, sondern bleiben streng im Rahmen dieser biologischen Vorgaben. Unsere limbischen Instruktionen steuern uns auf allen vier Ebenen unseres Lebens:

– physisch-körperliche Ebene

– soziale Ebene (menschliches Zusammenleben)

– kognitive Ebene (Denken und Wahrnehmen)

– gnostische Ebene (Glauben und Sinn)

Mit dieser Überlegung wird deutlich: Die limbischen Instruktionen sind biologische Imperative, die unsere körperliche und geistige Existenz, unser Denken und unser Verhalten ganzheitlich prägen und durchdringen. Wir werden uns jetzt kurz mit den einzelnen limbischen Instruktionen beschäftigen.

Die Balanceinstruktion – die Kraft der Bewahrung

Die größte und mächtigste Instruktion ist die so genannte „Balanceinstruktion". Sie gibt uns vor, nach Sicherheit und Ruhe zu streben, jede Gefahr und jede Unsicherheit zu meiden. Sie lässt uns nach Harmonie streben und macht uns glücklich, wenn alles in unserem Leben am gewohnten Platz ist und seine Ordnung hat. Entstanden ist sie aus dem Grundprinzip jeder biologischen Zelle, der Homöostase (Biologen sprechen lieber von Homöodynamik), die dafür sorgt, dass eine Zelle möglichst energiearm leben kann und ein energiesparender Gleichgewichtszustand zwischen innerem und äußerem Milieu erreicht wird. Ihre Befehle lauten:

- Vermeide jede Gefahr!
- Vermeide jede Veränderung; baue Gewohnheiten auf und behalte sie so lange wie möglich bei!
- Vermeide jede Störung und Unsicherheit!
- Strebe nach innerer und äußerer Stabilität!
- Optimiere deinen Energiehaushalt und vergeude nicht nutzlos Energie!

Auf der physisch/körperlichen Ebene zeigt sich diese Instruktion auf vielfältige Weise. Zunächst einmal ist sie der Auslöser der Furcht und Angst. Unser Wunsch, gesund zu bleiben und die damit verbundene Bereitschaft, große Teile unseres Einkommens in die Gesundheit zu investieren, haben ebenfalls ihre Ursache in dieser Instruktion. Der Schutzaspekt der Balanceinstruktion sichert Versicherungen, Industriebereichen, die Sicherheitsprodukte herstellen, aber auch öffentlichen Dienstleistern, wie z. B. Polizei und Feuerwehr, eine solide Existenz.

Auf der nächsten, der sozialen Ebene, ist diese Instruktion ein Auslöser dafür, dass sich der an sich „egoistische" Mensch zu Gruppen zusammenschließt. In der Gruppe ist seine Sicherheit um ein Vielfaches höher als als Einzelgänger. Gruppen erhöhen deshalb die Chancen des Individuums, seine Gene zu verbreiten. Unser Wunsch nach der Geborgenheit in der Familie oder der Zugehörigkeit zu einem Verein hat darin seine genetische Ursache.

Wie alle Instruktionen durchdringt auch die Balanceinstruktion unsere Wahrnehmung und unser Denken: Auf der kognitiven Ebene gibt uns diese Instruktion vor, Komplexität und Unsicherheit zu vermeiden bzw. nach kognitiver Harmonie zu streben. Alles, was dazu dient, Störungen in Form von Problemen oder verunsichernden Fragen zu vermeiden oder zu reduzieren, ist deshalb herzlich willkommen. Die Balanceinstruktion kümmert es dabei wenig, ob die Erklärung im wissenschaftlichen Sinne richtig ist. Ihr kommt es einzig und allein nur darauf an, dass sie für uns einleuchtend ist. Die Balanceinstruktion versucht also, die „Unbestimmtheit" unseres Lebensumfelds aufzulösen, indem sie uns mit Welterklärungen versorgt.

Die letzte Ebene, die gnostische Balanceebene ist eng verwandt mit der kognitiven. Während „kognitive" Elemente auch bei Tieren bereits angelegt sind, ist der gnostische Bereich an die Entwicklung der Sprache gebunden. Denn erst mit der Entwicklung der Sprache war es dem Menschen möglich, sich Gedanken über die Zukunft, sich selbst und seine Existenz nach dem Tod zu machen. Die daraus entstehende Unsicherheit lässt die Balanceinstruktion nicht zu: Über 98 % der Menschen gehören deshalb einer Religion, Sekte, Sinngemeinschaft an und/oder glauben an Astrologie, Wahrsager oder geheime Mächte. Auch menschliche Begräbnisrituale, die fast zeitgleich mit der Entwicklung der Sprache entstanden sind, zeigen die enge Verbindung der Sprache mit dieser Balanceebene.

Hauptaufgabe unserer Balanceinstruktion ist es, ein Höchstmaß an Sicherheit, Stabilität und Konstanz in unserer äußeren Lebensumwelt, in unserem Denken und in unserem Körper zu erreichen bzw. zu erhalten.

Die Dominanzinstruktion – die Kraft der Expansion und Zerstörung

Die Dominanzinstruktion ist mit Sicherheit die ideologisch umstrittenste, weil sie im Kern auf Verdrängung des Konkurrenten abzielt. Sie gibt uns vor, den Konkurrenten im Kampf um Ressourcen und Sexualpartner auszustechen, unsere Macht und unser Territorium auszubauen. Sie steht damit am stärksten im Widerspruch zu einem humanistisch geprägten Menschenbild. Oder wie es der österreichische Dramatiker Thomas Bernhard treffend ausgedrückt hat: „Ausgerechnet der Mensch ist unmenschlich". Doch es hilft nichts. Wir müssen der Wahrheit ins Gesicht sehen. Diese Instruktion ist fest im limbischen System verankert. Ihre Befehle lauten:

- Setze dich durch!
- Strebe nach oben!
- Sei besser als andere!
- Vergrößere deine Macht!
- Verdränge deine Konkurrenten!
- Erweitere dein Territorium!
- Erhalte deine Autonomie!
- Sei aktiv!

Doch diese Instruktion hat nicht nur negative Seiten. Es wird nämlich völlig verkannt, dass sie letztlich der Motor des Fortschritts ist. Unser angenehmes – und im Vergleich zu unseren Vorfahren bequemes – Leben verdanken wir nämlich dieser Instruktion: Ohne die Dominanzinstruktion gäbe es keine Autos, keine Flugzeuge, keine Antibiotika und keine Computer. Dieser Fortschritt basiert letztlich darauf, dass wir, gleichgültig ob wir Wissenschaftler, Politiker, Techniker, Sportler oder Schauspieler sind, an die Spitze unserer Zunft wollen. Und um an die Spitze zu kommen, müssen wir uns mit außerordentlichen Leistungen durchsetzen. Für den großen Philosophen Friedrich Nietzsche war sie in Form der Macht gar die treibende und wichtigste Kraft allen Lebens. Unsere wettbewerbsorientierte Wirtschaftsordnung basiert auf unserer Dominanzinstruktion. Wie die Balanceinstruktion strukturiert auch die Dominanzinstruktion alle Ebenen unseres Lebens.

Auf der körperlich/physischen Ebene versuchen wir den „Konkurrenten" durch physische Gewalt zu verdrängen. Kriege sind dafür das beste Beispiel. Unseren inneren Drang nach physischer Autonomie erleben wir am deutlichsten, wenn wir im Gefängnis sitzen oder gefesselt werden. Und mit welcher Inbrunst wir physische Territorien verteidigen, zeigt ein Blick von unserem Fenster in den Garten, den wir mit hohen Gartenzäunen vom Nachbarn abgrenzen.

Die soziale Ebene der Dominanzinstruktion ist geprägt vom Kampf um Führungs- und Machtpositionen (Durchsetzung, Verdrängung). Der soziale Dominanzanspruch zeigt sich auch darin, möglichst viele Mitarbeiter zu befehligen. Darüber hinaus ist die Dominanzinstruktion auch eine wichtige Ursache dafür, warum wir uns zu Gruppen zusammenschließen, nämlich immer dann, wenn von Gruppen als Kollektiv ein starkes Machtversprechen ausgeht.

Der Einfluss der Dominanzinstruktion auf der kognitiven Ebene zeigt sich in unserem Bestreben, unsere Meinung und unsere Ideen durchzusetzen und Recht zu behalten. Es spielt dabei keine Rolle, ob es sich dabei um eine Stammtischdiskussion über Fußball oder einen wissenschaftlichen Disput über Quantenphysik handelt.

Natürlich gibt es auch kognitive Territorien: Denken wir nur an Profitcenter, Wissensgebiete oder Aufgabenbereiche, die von ihren Besitzern hartnäckig gegen Eindringlinge verteidigt werden. Und wie wichtig schließlich kognitive Autonomie ist, enthüllt ein Blick in die Geschichte: Viele Kämpfe und Revolutionen sind letztlich aus dem Wunsch nach Meinungsfreiheit entstanden.

Bleibt schließlich noch die gnostische Dominanzebene. Sie äußert sich in Ideologien und Religionen, die eine goldene Zukunft versprechen und so versuchen, die Macht über den Menschen zu erhalten und auszubauen. Welchen enormen Machtfaktor die gnostische Macht darstellt, erkannten übrigens auch schon die Herrscher zu Beginn unserer Zeitrechnung. Im dritten Jahrhundert nach Christus z. B. ließ der Kaiser Diokletian alle Wahrsager, Astrologen und Heiler hinrichten, weil er sah, dass sie durch ihre gnostische Macht und ihren Einfluss auf die Bevölkerung seine politische Macht untergruben.

Die Stimulanzinstruktion – die Kraft der Entdeckung und Innovation

Der durchschnittliche Bundesbürger verbringt mehr als drei Stunden pro Tag vor dem Fernseher. Medien, Tourismus und Unterhaltungsindustrie gehören heute zu den größten und schnell wachsenden Bereichen unserer Wirtschaft. Für uns ist dies selbstverständlich, denn erstens sind wir damit aufgewachsen und zweitens buchen wir mit gleicher Freude wie alle anderen unseren Urlaub, gehen ins Kino oder genießen beim Italiener oder Chinesen fremde Speisen. Schon das Ausmaß der wirtschaftlichen Bedeutung lässt erahnen, dass die Stimulanzinstruktion offensichtlich ein zentraler Bestandteil der menschlichen Existenz ist. Welche Befehle gibt sie uns nun vor?

- Suche nach neuen, unbekannten Reizen!
- Brich aus dem Gewohnten aus!
- Entdecke und exploriere deine Umwelt!
- Suche nach Abwechslung!
- Vermeide Langeweile!
- Sei anders als die anderen!

Der scheinbar ziellose „Genuss- und Lustcharakter" dieser Instruktion verstellt aber den Blick auf eine für jedes Unternehmen weit wichtigere Konsequenz dieser Instruktion: Sie ist, wenn sie von der Dominanzinstruktion unterstützt wird, der stärkste Motor für Innovation. Jede Innovation entsteht nämlich durch den Ausbruch aus Gewohntem und aus der Suche nach Neuem. Mit diesem Aspekt werden wir uns gleich noch näher befassen, vorher werfen wir aber noch einen kurzen Blick in die Entstehungsgeschichte dieser Instruktion.

Die limbische Instruktion „Stimulanz" ist fast genauso alt wie die Balance- und die Dominanzinstruktion: nämlich über drei Milliarden Jahre. Schon für die ersten Einzeller brachte die aktive Erkundung ihrer Umgebung oder das Aufnehmen und vorsichtige Probieren neuer Nahrungsstoffe wichtige Evolutionsvorteile.

Auf der körperlich-physischen Ebene suchen wir neue Reize durch gutes Essen und Trinken, auch das erfrischende Bad im kühlen Meer oder der Besuch einer Sauna haben ihre Ursache in dieser Instruktion. Die Einnahme von Stimulanzien und Drogen, wie z. B. Nikotin oder Coffein, sind ebenfalls unter diesem Aspekt zu sehen. Gleichzeitig haben solche Drogen eine weitere wichtige Wirkung. Diese Stoffe verstärken unsere lustvollen Gefühle und Empfindungen.

Wenn wir abends z. B. mit Freunden ausgehen und die Unterhaltung über Gott und die Welt genießen, uns über den Klatsch oder die Witze freuen, die am Tisch erzählt werden, zeigt sich der Einfluss der Stimulanzinstruktion auf der sozialen Ebene. Auch der gemeinsame Spaß in der Gruppe bei sportlichen Aktivitäten oder im Urlaub zählt dazu.

Genießen wir abends die Spannung eines Buches, eines Theaterstückes oder eines Musikstückes, ist dies der kognitiven Ebene der Stimulanzinstruktion zu verdanken. Genauso freuen wir uns über die Entdeckung neuer unbekannter Zusammenhänge in einem Fachbuch oder sitzen nächtelang im Labor, um eine Hypothese aufzustellen und durch Versuche zu bestätigen (allerdings ist dabei meist auch die Dominanzinstruktion beteiligt).

Auf der gnostischen Ebene letztlich forschen und suchen wir nach der Erkenntnis, was die „Welt im Innersten zusammenhält".

Bis heute hat sich das Grundmuster der Stimulanzinstruktion nicht sonderlich verändert: Entdecken, Erlebnissuche, Suche nach Sensationen, Neugier, all dies sind Bezeichnungen und Verhaltensweisen, die direkt auf sie zurückgehen.

Limbic Map: Der Spielraum, in dem sich unser Leben abspielt

Nun werden Sie vielleicht einwenden, man könne unser Leben doch nicht auf drei Kräfte reduzieren. Diese Vereinfachung entspräche nicht der Vielfalt unseres Lebens und der Werte, die uns wichtig sind. Diesem Einwand wollen wir jetzt nachgehen. Können wir mit den drei limbischen Instruktionen wirklich unseren menschlichen Verhaltensspielraum abbilden? Ja, wir können!

Was wir bedenken müssen, ist, dass diese drei limbischen Instruktionen selten alleine und pur vorkommen, sondern sich meist in Mischungen im konkreten Leben zeigen. Diese Vermischung macht sich beispielsweise in Gegenständen oder in Tätigkeiten bemerkbar, die uns wichtig sind und die wir gerne tun. Wir gehen in die Berge, weil wir etwas erleben und gleichzeitig etwas für unsere Gesundheit tun wollen. Damit haben wir aber der Stimulanz- und der Balanceinstruktion zugleich Folge geleistet.

Aber auch unsere Werte sind oft Mischungen aus verschiedenen limbischen Instruktionen. Disziplin, ein besonders beliebter Wert in unserer Kultur, hat sowohl eine Balance- als auch eine Dominanzkomponente. Die Balancekomponente sorgt für die Ordnung, die Einhaltung der Regeln; die Dominanzinstruktion steht für den Aspekt der Kontrolle. Die Stimulanzinstruktion, die ja permanent die Veränderung, das Verlassen der Ordnung anstrebt, fehlt bei „Disziplin" dagegen völlig. Das bedeutet: Wir müssen alle menschlichen Verhaltensweisen und Werte immer aus dem Blick des limbischen Gesamtprogramms sehen und sie systematisch auf die zugrunde liegenden drei limbischen Instruktionen (plus Vitalbedürfnisse) hin analysieren.

Wenn wir mit dieser Form der limbischen Analyse unsere Welt sezieren, wird plötzlich deutlich, dass es hinter der sichtbaren Ebene einen deutlichen Zusammenhang gibt. Unser Leben, gleich aus welchem Blick wir es auch betrachten, ist zutiefst limbisch, wie Abbildung 3 zeigt.

Schauen wir uns den Werte- und Motivraum der „Limbic Map" etwas genauer an. Die Hauptachsen werden natürlich von unseren drei limbischen Instruktionen gebildet. Dann gibt es die Mittelachsen, die zwischen zwei limbischen Instruktionen liegen. Die Mittelachse zwischen Dominanz und Stimulanz ist „Abenteuer". Warum ist das so? Betrachten wir „Abenteuer" unter der limbischen Lupe, stellen wir fest, dass darin eine expansive und

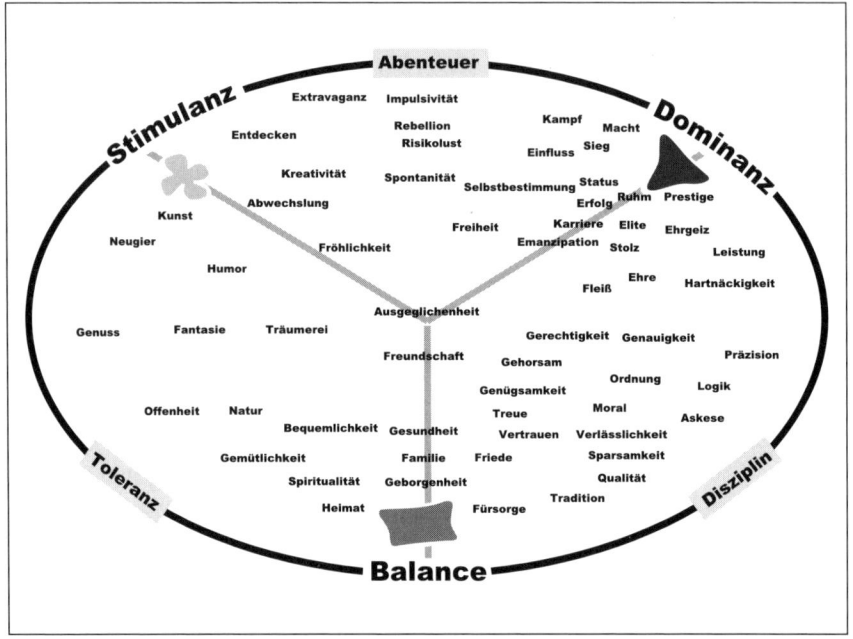

Abb. 3: Die Limbic Map: Der „Verhaltensraum" des Menschen
Die drei limbischen Instruktionen bilden den Rahmen unseres Verhaltens. Alles was wir tun, aber auch unsere Werte und Ziele setzen sich aus den Mischungen dieser drei Instruktionen zusammen und finden in der Limbic Map ihren Platz

eine entdeckende, aber keine bewahrende Komponente enthalten ist. Die Mittelachse zwischen Dominanz und Balance nennen wir „Kontrolle/Disziplin". Auf der einen Seite wird eine strenge Ordnung angestrebt und gleichzeitig wird versucht, die Macht über diese Ordnung nicht aus der Hand zu geben. In dieser Ecke ist übrigens auch die Sparsamkeit angesiedelt.

Völlig anders sieht die Mittelachse zwischen Balance und Stimulanz aus. Wir nennen sie „Offenheit/Toleranz". Während „Kontrolle/Disziplin" keine Abweichungen duldet, sieht das bei „Offenheit/Toleranz" anders aus. Die Stimulanzinstruktion schafft die Offenheit für neue Erfahrungen, die Balanceinstruktion ist bestrebt, das Alte zu bewahren. Die Mischung daraus ist eine eher passive, risikolose Offenheit und Toleranz. Auf dieser Seite liegt auch der sanfte Genuss, der sich z. B. in der Wellness-Bewegung und in gutem Essen und Trinken manifestiert. Nachdem wir nun die Raumgrenzen aufgespannt haben, können wir Werte, Motive und Einstellungen in diesem Raum relativ klar einordnen. Dabei sehen wir, dass unsere drei limbischen

Instruktionen tatsächlich unser ganzes Leben bestimmen. Die Limbic Map ist für das Verständnis des menschlichen Verhaltens von entscheidender Bedeutung, wir werden ihr im Laufe dieses Buches noch sehr oft begegnen und durch sie völlig neue Zusammenhänge entdecken!

Kultur? Natur? Die limbische Antwort!

Bei der Betrachtung der Limbic Map kommt automatisch eine weitere Frage auf, die seit Jahrzehnten für gewaltigen Zündstoff und für erbitterte öffentliche Diskussionen zwischen eher humanistisch-geisteswissenschaftlichen und naturwissenschaftlich–biologischen Disziplinen sorgte: die Frage nämlich, ob unser menschliches Leben eher von der Kultur oder eher von der Natur geprägt sei. Als vor mehr als 30 Jahren der Biologe und Ameisenforscher Edward O. Wilson sein Buch Sociobiology veröffentlicht hatte, in dem er anklingen ließ, dass auch der Mensch und seine Kultur nicht unabhängig von der Biologie betrachtet werden dürfe, ging zunächst ein Aufschrei der Entrüstung durch Wissenschaft und Presse. Seit dieser Zeit wird die „Kultur-Natur-Frage" heiß diskutiert – bisher ohne Ergebnis.

Wenn wir nun die limbische Landkarte betrachten, wird deutlich, dass darin auch unsere Kultur Platz findet. Die Kunst liegt eindeutig bei der Stimulanzinstruktion, unser Rechtssystem findet sich in der Kontroll-/Disziplin-„Ecke". Der Sport liegt zwischen Dominanz und Stimulanz. Und der Glauben und die Kirche finden auf der Balanceinstruktion ihren Platz, genauso wie unser Gesundheitssystem. Aber auch Werte wie Individualismus oder Humanismus können zugeordnet werden. Während sich Individualismus aus einer Mischung zwischen Stimulanz (Diversität) und Dominanz (Autonomie) erklärt, liegt Humanismus durch seinen bewahrenden Charakter mehr auf der Balanceseite. Diese Erkenntnis, dass auch Kulturen und Wertsysteme durch und durch limbisch sind, wird für uns auch von großer Bedeutung sein, wenn wir in Kapitel 9 über Unternehmenskulturen sprechen.

Limbic Dynamic: Die geniale Logik unseres limbischen Betriebssystems

Nachdem wir nun die drei limbischen Instruktionen im Einzelnen kennen gelernt haben, wollen wir uns mit ihrer Gesamtheit, dem System und seiner inneren Dynamik beschäftigen. Wenn wir die Richtung der Pfeile in Abbildung 4 betrachten, wird deutlich, wie dieses Programm aufgebaut ist.

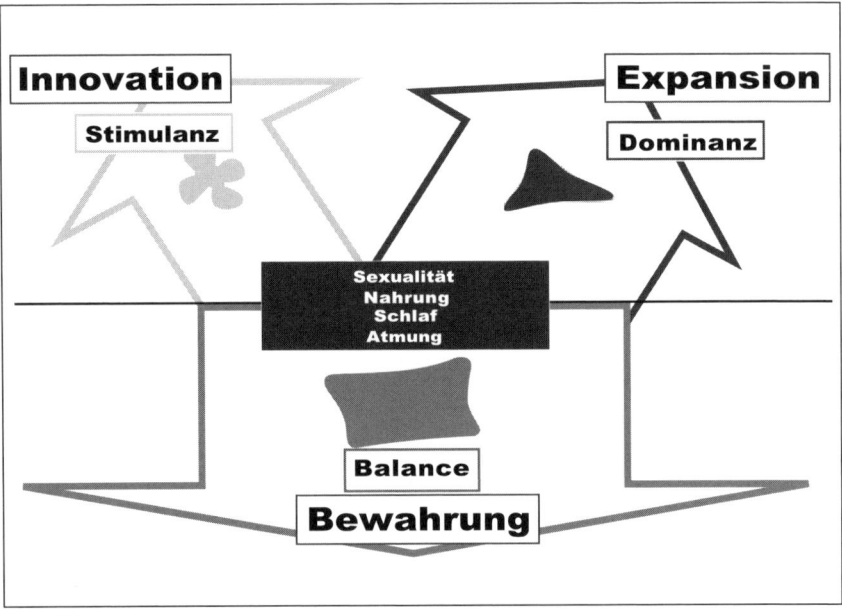

Abb. 4: Das intelligente Kräftesystem der Natur: Während die Balanceinstruktion die Bewahrung des Bestehenden fordert, sorgen die Dominanz- und die Stimulanzinstruktion als Gegenkräfte für Expansion und Fortschritt.

Die drei Kräfte operieren nämlich nicht alleine und wahllos nebeneinander her, sie sind in einer genialen Steuerungslogik miteinander verknüpft. Das ist der entscheidende Punkt, der von der klassischen Psychologie, der Biologie und der Philosophie völlig übersehen wird. Erst wenn wir diese Logik begriffen haben, verstehen wir, warum wir uns so verhalten müssen, wie wir uns verhalten. Diese geniale Logik des limbischen Betriebssystems birgt das Grundgeheimnis der Ebene 2!

Die Stimulanz- und die Dominanzinstruktion sind unsere innovativen und expansiven Kräfte, die bildlich nach oben streben. Sie sind die Kräfte der Veränderung! Ihnen entgegen wirkt die Balanceinstruktion – sie ist unser veränderungshemmendes und bewahrendes Programm. Die bewahrende Balanceinstruktion ist demnach die Seite, die versucht, die Kräfte der Veränderung, also die Stimulanz- und die Dominanzinstruktion im Zaum zu halten. Sie wirkt ihnen sozusagen entgegen! Weil sie zwei „ungestüme" Kräfte zügeln muss, ist die Balanceinstruktion in der Regel auch die stärkste Kraft in uns. Wie wir aber noch sehen werden, gibt es viele Abweichungen von dieser Regel, seien es Persönlichkeits-, Alters- oder Geschlechtsunterschiede.

Dieser limbischen Systemdynamik begegnen wir überall in unserem Leben, sei es in der Familie oder in der Gesellschaft bzw. Politik. Denn diese Systemdynamik bestimmt den Lauf der menschlichen Welt. Sie ist die unsichtbare Struktur hinter unserem sichtbaren Leben. Alle menschlichen Entwicklungen, aber auch soziale Systeme wie Unternehmen, befinden sich immer in diesem Spannungsfeld zwischen der bewahrenden und erhaltenden Balancekraft und der expansiven und erneuernden Stimulanz- und Dominanzkraft.

Auf die limbische Systemdynamik treffen wir in allen Kulturen. Denken wir nur an die altchinesischen taoistischen Yin- und Yang-Kräfte. Sie symbolisieren die beiden Urkräfte allen Seins, die stets zusammenwirken. Yang steht für hell, stark, schöpferisch, fest, Himmel, Bewegung, klar und rational. Yin ist schwach, ruhig-kontemplativ, nachgiebig, unten (Erde), Ruhe, kompliziert-intuitiv. Man sieht deutlich, wie in Yang die Dominanz- und Stimulanzkräfte und im Yin die Balanceinstruktion zum Ausdruck kommen.

Diese innere Systemdynamik prägt aber nicht nur unsere Kultur – sie ist der eigentliche Motor der Ebene 2 eines Unternehmens und entscheidet letztlich über Erfolg und Misserfolg. Jede Entscheidung in einem Unternehmen wird immer auf Basis der limbischen Instruktionen getroffen. Wenn wir uns entscheiden zu wachsen oder zu expandieren, ist die treibende Kraft die Dominanzinstruktion. Wenn wir über völlig neue Produkte und Innovationen nachdenken, regiert die Stimulanzinstruktion. Und wenn wir uns gegen Veränderungen sträuben oder Risiken zu vermeiden versuchen, führt die Balanceinstruktion die Regie. Tagtäglich macht sich im Unternehmen dieser Grundkonflikt des Lebens zwischen expansiven und verändernden Kräften und der beharrenden und bewahrenden Kraft bemerkbar.

Gesunde Systeme erkennt man nun daran, dass sie immer wieder einen Ausgleich zwischen den beiden entgegengesetzten Kraftfeldern schaffen. Kippt nämlich das Gesamtsystem zu stark in eine Richtung, beispielsweise durch zu starke Stimulanz-/Dominanzkräfte, gerät das ganze System durch zu hohe Risikoneigung in die Gefahr der Selbstzerstörung. Wir werden uns mit diesem Zusammenhang in Kapitel 7 bei der limbischen Betrachtung von Start-up-Unternehmen beschäftigen. Sind dagegen die Balancekräfte auf Dauer zu stark, entwickelt sich das System nicht weiter – es verliert im alles beherrschenden Kampf um Ressourcen seine Wettbewerbsfähigkeit.

Die limbische Erfolgsarchitektur eines Unternehmens

Wir gehen nun der Frage nach, ob es so etwas wie eine Idealstruktur, eine Idealmischung dieser drei limbischen Kräfte für ein Unternehmen gibt. Im Prinzip kann man diese Frage bejahen. Mit einer wichtigen Einschränkung allerdings: Die Idealstruktur hängt sehr stark vom Markt- und Wettbewerbsumfeld eines Unternehmens ab. Legt man aber alle Branchen übereinander, dürfte sich, wie Abbildung 5 zeigt, folgendes Idealprofil herauskristallisieren: Die Dominanzkraft, die Kraft der Expansion, muss mit die stärkste Kraft sein, denn sie bestimmt das Wachstum und die Marktaggressivität des Unternehmens. Ihr Wert dürfte bei zirka 80 % liegen. Wie kommt diese Prozentzahl zu Stande? Sie drückt die Stärke der jeweiligen limbischen Instruktion aus. 0 % würden also bedeuten, dass keinerlei Dominanzkräfte vorhanden sind. 100 % wären das Maximum, also eine extrem hohe Aggressivität bzw. ein extrem hoher Expansionsdrang. Diese Prozentangabe erfolgt für jede Instruktion gesondert, weil die Instruktionen weitgehend unabhängig voneinander sind. Deshalb kann die Prozentsumme über alle Instruktionen auch mehr als 100 % betragen.

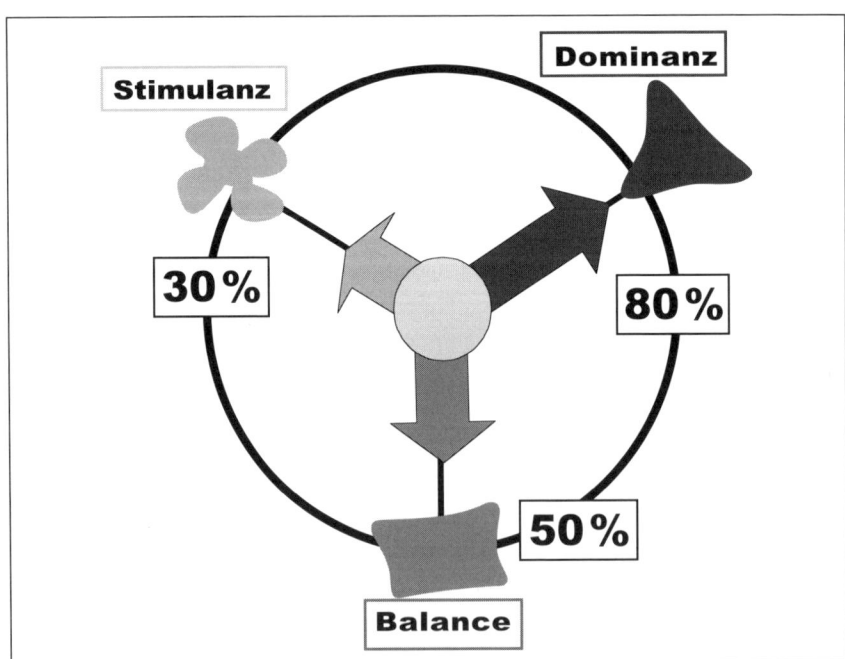

Abb. 5: Das limbische Idealprofil für Unternehmen

Doch zurück zu unserem Ideal-Profil. Warum soll ein Unternehmen nicht 100 % im Dominanzwert erreichen? Dafür gibt es mehrere Gründe:

- Eine überhöhte Aggressivität birgt die Gefahr, dass das Unternehmen „heiß" läuft, weil der Druck auf die Mitarbeiter auf Dauer zu groß wird.
- Ein zu hoher Dominanzwert macht sich negativ in der Unternehmenskultur bemerkbar, wie wir in Kapitel 9 sehen werden. Die Neigung zum kollektiven Betrug, aber auch die Missachtung der Mitarbeiter nehmen zu.

Wie stark ist die ideale Stimulanzausprägung, die Innovationsneigung? Nicht – wie man vermutet – 100 %. Ist sie nämlich zu hoch, verliert sich das Unternehmen im Neuen und gefährdet die konsequente Umsetzung des eingeschlagenen Weges. Ist die Stimulanzinstruktion dagegen zu niedrig, versäumt das Unternehmen, sich mit neuen Entwicklungen zu beschäftigen – seine Produkte oder Dienstleistungen veralten mit der Zeit. Ein Stimulanzwert von etwa 30 % dürfte demnach ideal sein.

Bleibt noch die Balanceinstruktion. Ihr Idealwert liegt bei ungefähr 50 %. Dieser hohe Wert ist wichtig, weil die Balanceinstruktion im Unternehmen zu hohe Risiken verhindert und dazu anhält, das Bewährte nicht gedankenlos zu gefährden. Aber die Balanceinstruktion hat im Unternehmen noch eine weitere wichtige Funktion. Während nämlich die Stimulanz- und die Dominanzinstruktion eher die Kräfte des Individualismus und des Egoismus sind, ist die Balanceinstruktion die Kraft des „Wir". Auch mit diesem Aspekt werden wir uns in Kapitel 9 näher beschäftigen.

Wie wir gesehen haben, sind die drei limbischen Kräfte zwar in einem System verbunden, aber für sich unabhängig, jede Kraft bewegt sich zwischen einem Minimalwert von 0 % und einem Maximalwert von 100 %. Ein Balancewert von 100 % bedeutet also, dass das Streben nach Sicherheit und Ordnung maximal ausgeprägt ist. Wie gesagt, diese Idealstruktur ist ein Durchschnitt über alle Branchen. High-Tech-Unternehmen oder Werbeagenturen, die in hoch innovativen Märkten tätig sind, brauchen sicher eine höhere Ausprägung der Stimulanzinstruktion, während Unternehmen oder Organisationen mit einem konservativen Grundauftrag, wie beispielsweise die Kirche, weniger Stimulanz, dafür mehr Balance brauchen.

Mit dieser Betrachtung wird aber gleichzeitig noch ein anderes Blickfeld frei – nämlich die Vielzahl der Erfolgsrezepte, Managementkonzepte und

Erfolgsstrategien, die allesamt vorgeben, das allein wirksame Rezept zu sein. In der Regel unterstützen und verstärken diese Ansätze immer nur eine limbische Kraft. Verlässt man sich ausschließlich auf ein Rezept, kippt das Kräftegleichgewicht. Richtet ein Unternehmen sein ganzes Augenmerk nur auf die Zertifizierung und Qualitätskontrolle der Abläufe und Produkte, bleibt es in der Balanceinstruktion hängen und verliert an Wachstumsdynamik und Innovationskraft. Ein Unternehmen im Gegenzug, das alle bestehenden Gewohnheiten über Bord wirft, um getreu einem Erfolgsrezept zum „Revolutionären Unternehmen" zu werden, landet schließlich im Chaos und nicht beim Erfolg.

Wie entsteht aber die innere Dynamik eines Unternehmens? Wer entscheidet darüber, welche Strategien, Instrumente und Prozesse eingesetzt werden? Es sind nicht Strategien, Instrumente und Prozesse von Ebene 1 selbst. Es sind die Menschen im Unternehmen: der Chef, die Führungskräfte und die Mitarbeiter. Auch das Verhalten dieser Menschen wird vom unbewussten limbischen Programm bestimmt. Damit wird deutlich, wie die Erfolgszusammenhänge wirklich sind. Die entscheidende Rolle für den Erfolg eines Unternehmens spielt nicht die sichtbare Ebene 1, sondern es sind die unsichtbaren und weitgehend unbewussten Mechanismen von Ebene 2. Erfolg auf Ebene 1 ist nur durch Beachtung und Nutzung der Mechanismen und Gesetze von Ebene 2 möglich. Aber: Ohne Ebene 1 entfaltet auch Ebene 2 nicht ihre volle Wirkung!

Kapitel 2:
Das Amygdala-Syndikat: Die Supermacht in unserem Kopf

Was Sie in diesem Kapitel erwartet:

Nachdem wir im ersten Kapitel die drei limbischen Kräfte und ihren ungeheuren Einfluss kennen gelernt haben, wollen wir nun in die Tiefe gehen. Zum einen stellt sich die Frage, ob es tatsächlich diese drei Kräfte sind, die uns steuern, und zum anderen, wie diese unbewusste Steuerung aussieht, was also in unserem Gehirn konkret dabei vor sich geht. Wie ist es möglich, dass uns die limbischen Instruktionen an die Hand nehmen und führen, ohne dass wir diesen Einfluss bewusst wahrnehmen?

Was den Menschen antreibt, welche Motive er hat und wie er entscheidet, bewegt Philosophen und Psychologen seit jeher. Ein weites Feld spekulativer Theorien ist dadurch entstanden. Angefangen bei der legendären Maslow-Pyramide im Managementalltag über Berichte in populärwissenschaftlichen Psychologiezeitschriften, die fast jedes Jahr ein neues Motivsystem entdecken, bis hin zu den aktuellen Psychologielehrbüchern, die weit davon entfernt sind, ein einheitliches Motivsystem anzubieten. Die Verwirrung ist groß – zwar tauchen bestimmte Motive immer wieder einmal auf, aber nie (außer bei Maslow) werden sie im Zusammenhang betrachtet, sondern geistern als Einzelkämpfer durch die Fach- und Managementliteratur. Über 1000 Motive sind auf diese Weise zusammengekommen. Man beobachtet ein Verhalten, kann es sich nicht erklären, und flugs wird ein Motiv daraus gemacht. Möglich wurde diese Vielfalt, weil es bisher keine Methode gab, die Falschheit eines Motivs zu beweisen. Wenn man nämlich viele Menschen beobachtet, die gerne in einen Sessel sinken, dann ist es schwierig zu beweisen, dass es das dadurch postulierte Bequemlichkeitsmotiv nicht gibt. Ein weiterer Grund für die Motivinflation ist in unserem Selbstbild zu suchen: dem Homo sapiens rationalis. In dieses Paradigma der Einzigartigkeit und der Individualität des Menschen passt eine Ausweitung der Motive eher als eine biologisch orientierte Reduzierung und Fundierung.

Inzwischen verändert sich das Bild in der Forschung. An vielen Universitäten werden biopsychologische Lehrstühle ins Leben gerufen. Mit der Frage, was unser Verhalten begründet und was in unserem Kopf und Gehirn dabei vor sich geht, beschäftigen sich heute interdisziplinäre Teams aus Neuropsychologen, Neurologen und Neurobiologen. Aber nicht nur durch diese interdisziplinäre Zusammenarbeit hat die Gehirn- und Verhaltensforschung in den letzten Jahren eine Revolution erfahren, auch die Instrumente und Methoden haben einen Quantensprung hinter sich:

Mit bildgebenden Verfahren, wie z. B. der Positronen-Emissions-Tomographie (PET), kann man am Bildschirm beobachten, welche Gehirnbereiche an welchen Denk- und Verarbeitungsprozessen beteiligt sind. Mit Mikrosonden lassen sich Aktivitäten von kleinsten Neuronengruppen messen.

Durch die interdisziplinäre Zusammenarbeit und die zur Verfügung stehenden modernen Instrumente und Apparate ist es heute möglich, psychologische Konstrukte, wie Motive, daraufhin zu überprüfen, ob es im Gehirn bestimmte Bereiche gibt, die an deren Entstehung beteiligt sind, bzw. ob durch elektrische Reizung bestimmter Bereiche entsprechende Verhaltensweisen erzeugt werden können.

Im Rahmen meiner Promotion, die ich beim inzwischen verstorbenen Direktor Prof. Brengelmann am Max-Planck-Institut für Psychiatrie begann, stieß ich auf die Grundstruktur der drei limbischen Instruktionen. Quer durch unterschiedlichste Lebensbereiche – zum Beispiel im Umgang mit Geld, aber auch in der Stressbewältigung oder im beruflichen Erfolg – die limbische Grundstruktur leuchtete überall durch, sowohl auf der Ebene des Verhaltens als auch auf der physiologischen Ebene. Die Vermutung lag nahe, dass sich dieses Modell und seine Grundkomponenten Balance, Dominanz, Stimulanz auch im Gehirn nachweisen lassen müssten. Dies war für mich Anlass, die Sache nach der Promotion konsequent weiterzuverfolgen.

Die limbischen Instruktionen lassen sich im Gehirn nachweisen

Die Beharrlichkeit wurde belohnt. Wertet man die Ergebnisse der weltweiten Gehirnforschung aus, zeigt sich, dass unser inneres Antriebssystem im Kopf tatsächlich weitgehend den limbischen Instruktionen entspricht. Im Laufe der Evolution haben sich innerhalb der drei limbischen Instruktionen und zwischen ihnen kleinere Sondermodule entwickelt, die eine noch effizientere Anpassung an die Umwelt ermöglichen. Bestimmte Sondermodule wurden auch artspezifisch ausgebildet. Allerdings führen sie in der Regel kein unabhängiges Eigenleben, sondern sind in die limbischen Instruktionen eingebettet und eng mit ihnen verknüpft: meist, weil sie in den gleichen Gehirnkernen angesiedelt sind, oft aber auch über die Aktivierung durch die gleichen Neurotransmitter und Hormone.

Schauen wir uns die detailliertere Struktur unseres inneren Programms, so wie es sich im Gehirn nachweisen lässt, genauer in Abbildung 1 an.

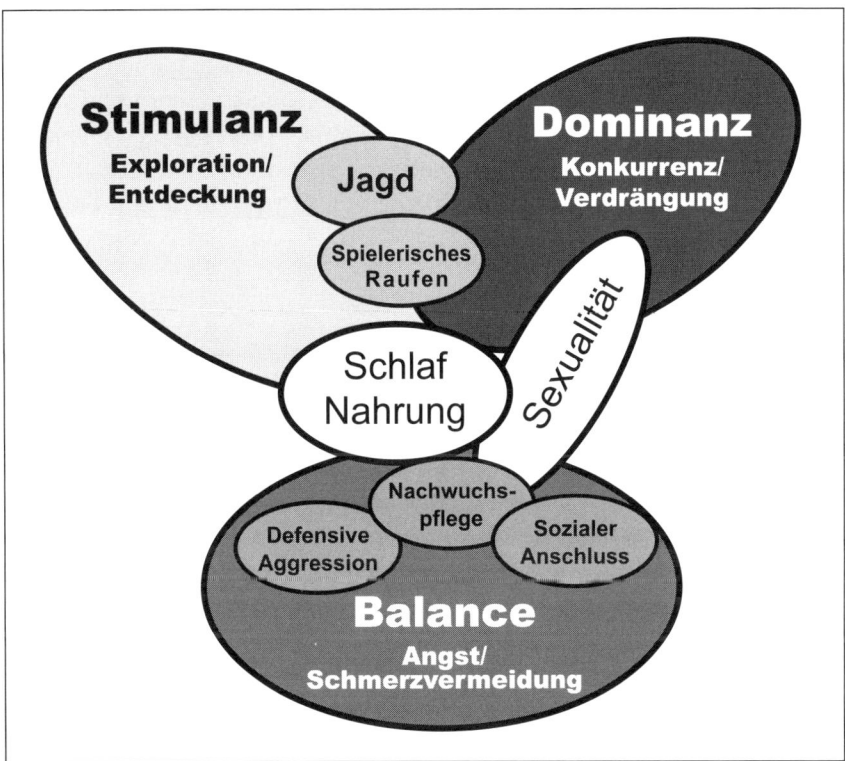

Abb. 1: Der Aufbau unserer Psyche aus der Sicht der Gehirnforschung
Die drei limbischen Instruktionen als übergeordnete Verhaltenssysteme und einige in sie eingebettete zusätzliche Sondermodule bestimmen unser Verhalten. Im Gehirn lassen sich dafür spezielle Gehirnstrukturen nachweisen.

Sowohl für die großen Systeme, unsere drei limbischen Instruktionen, als auch für die kleineren Spezialmodule – wie beispielsweise spielerisches Raufen, Jagd, defensive Aggression, Nachwuchspflege und sozialer Anschluss – konnten spezifische Gehirnbereiche im limbischen System lokalisiert werden. Das unterscheidet auch das „Limbische Modell" von allen anderen Motivations- und Persönlichkeitsmodellen: Diese haben keine oder nur eine geringe Entsprechung auf der Ebene des Gehirns.

Die Vitalbedürfnisse Schlaf und Nahrung werden vereinfacht dargestellt, weil sie für Fragen des Erfolgs keine Bedeutung haben. Zu beachten ist, dass es im Gehirn deutliche Unterschiede zwischen Frau und Mann gibt: Bei Frauen beispielsweise spielen der soziale Anschluss und die Nachwuchspflege eine wichtigere Rolle als beim Mann. Interessant in diesem Zusammenhang ist das Sexualmodul. Vor allem beim Mann hat es eine starke Überdeckung mit der Dominanzinstruktion. Mit den Konsequenzen dieser Kopplung und ihren Ursachen werden wir uns innerhalb der nächsten Kapitel intensiver beschäftigen. Ihre Tragweite ist von enormer Bedeutung. Diese besondere Beziehung zwischen Dominanz und Sexualität hob Freud in seiner psychoanalytischen Theorie hervor. Er postulierte den Eros, den Liebestrieb, und Thanatos, den Todestrieb, als die alles beherrschenden Kräfte im Menschen. Das Sexualität = Eros ist, ist offensichtlich. Weniger deutlich ist die negative Seite der Dominanzinstruktion, sie ist neben der Unternehmensexpansion auch für Krieg und Tod zuständig. Man sieht, wie durch die Gehirnforschung plötzlich alte Theorien in einem völlig neuen Zusammenhang verstanden werden können.

In Abbildung 1 erkennt man auch Module, die zwischen den großen limbischen Instruktionen liegen, beispielsweise spielerisches Raufen, das sowohl zum Stimulanz- als auch zum Dominanzmodul gehört. Für unsere weitere Betrachtung wollen wir uns aber dem bekannten vereinfachten Modell zuwenden, da es insbesondere für die Fragen im Management ausreichend ist.

Vor einer zu starken Vereinfachung muss allerdings gewarnt werden. Die Vermutung, es gäbe einen Kern für Balance, einen für Stimulanz und einen für Dominanz, ist falsch. An der Umsetzung unserer limbischen Instruktionen sind immer gleichzeitig oder sukzessive mehrere Gehirnbereiche im limbischen System und unterschiedlichste Neurotransmitter und Hormone beteiligt. Auch der Neokortex, insbesondere der so genannte präfrontale Teil, der teilweise mit zum limbischen System gerechnet wird, ist aktiv mit im Spiel.

Ein kleiner Rundgang durchs Gehirn

Nachdem wir unser unbewusstes Programm nun etwas detaillierter kennen, gehen wir jetzt der Frage nach, wo und wie diese Steuerung erfolgt. Dazu ist es notwendig, uns mit dem Aufbau unseres Gehirn zu beschäftigen. Wir wollen diesen Rundgang einfach halten. Diejenigen, die sich intensiver damit beschäftigen wollen, seien auf „Think Limbic"[1] verwiesen, wo die Funktionen und Abläufe im Gehirn genauer beschrieben sind. Beginnen wir ganz oben in Abbildung 2 bei der größten Gehirnstruktur, der Großhirnrinde, dem Neokortex. Er ist in eine rechte und eine linke Hälfte aufgeteilt, die Hemisphären, die über ein Nervenfaserbündel, genannt Corpus Callosum, verbunden sind. Beide Gehirnhälften verarbeiten Informationen in unterschiedlicher Form, damit wollen wir uns jedoch etwas später beschäftigen.

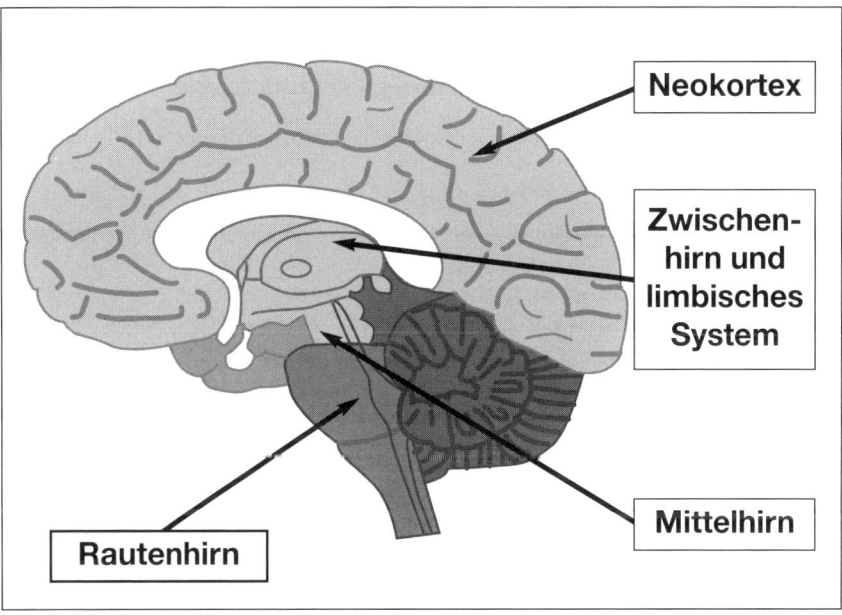

Abb. 2: Der Aufbau des menschlichen Gehirns

Neben der rechten und linken Hälfte gibt es in der Großhirnrinde unterschiedliche Zonen, auch Lappen genannt. Im vorderen Lappen, dem so genannten Frontallappen, sitzt unsere kognitive und emotionale Intelligenz. Hier verarbeiten wir soziale Reize wie beispielsweise das Erkennen von Gesichtern. Hier liegen aber auch wichtige Bewusstseinsfunktionen

---

[1] Häusel, Hans-Georg: Think Limbic!, Die Macht des Unbewussten verstehen und nutzen für Motivation, Marketing, Management, Haufe 2000

wie unsere Fähigkeit, über unsere eigene Geschichte und unsere Zukunft nachzudenken. Aber auch der Glaube an Gott, der eng mit Zukunft und Vergangenheit zusammenhängt, wird in diesem Gehirnbereich verarbeitet. Der Umkehrschluss, es gäbe Gott, weil bestimmte Gehirnbereiche, die bei glaubensbehafteten Denkprozessen auf dem Bildschirm aufleuchten, ist falsch. Gleiche oder benachbarte Gehirnareale leuchten auch auf, wenn Versuchspersonen gebeten werden sich vorzustellen, was sie mit einem Lottogewinn machen würden.

Bis vor einiger Zeit nahm man auch an, dass im vorderen Kortex alle bewussten „Ich-Funktionen" beheimatet seien – dies erweist sich aber zunehmend als falsch. Die Frage nach dem „Ich" ist heute mit die größte Herausforderung der Neurowissenschaften. Denn das „Ich" als Einheit ist keineswegs so selbstverständlich, wie es uns in unserem Bewusstsein erscheint. Wir sagen einfach „Ich", weil wir uns selbst als Einheit wahrnehmen. Genauso selbstverständlich ist für uns, dass es <u>unsere</u> Arme und <u>unsere</u> Beine sind, die wir bewegen, und dass das Gesicht im Spiegel <u>unser</u> Gesicht ist.

So selbstverständlich ist es nicht. In den neurologischen Kliniken gibt es viele Patienten, die beispielsweise nach einem Schlaganfall, der zu Ausfällen in bestimmten Gehirnbereichen führt, ihr eigenes Gesicht im Spiegel nicht mehr erkennen können. Patienten mit anderen Schädigungen lehnen rundum die Eigentümerschaft über ihre Beine und Arme ab. Sie betrachten ihre Glieder als fremde Gegenstände, die nichts mit ihnen zu tun haben. Diese Menschen sind ansonsten völlig normal.

In unserem Gehirn werden Informationen über unsere Umwelt, aber auch über unseren eigenen Körper in unterschiedlichsten Gehirnbereichen verarbeitet und abgespeichert. Eine bis heute ungeklärte Frage ist das so genannte „Bindungsproblem": Wie werden die Informationen und Erinnerungen, die aus unterschiedlichsten neuronalen Netzwerken stammen, wieder zu einem einheitlichen Bild in unserem Bewusstsein, zum „Ich" zusammengesetzt? Am „Ich" und am „Bewusstsein" sind viele Gehirnstrukturen beteiligt – das Bewusstsein sitzt also nicht allein im Neokortex. Über das Unbewusste zu sprechen, ist heute einfacher, als das Mysterium des Bewusstseins befriedigend zu erklären.

Der Neokortex war und ist aber der Stolz des Menschen. Im Vergleich zum „Kollegen Schimpansen" hat er sich im Laufe der Evolution von 300 ccm auf 1200 ccm erweitert. Durch diese Erweiterung, die vor allem ein ungeheures Anwachsen von Neuronen mit sich brachte, und mit der Entstehung der Sprache vor 50.000 bis 100.000 Jahren, wurde es dem Menschen möglich, komplexere Denkvorgänge zu bewältigen. Auch unsere (begrenzte) Fähigkeit, über uns selbst und unser Bewusstsein nachzudenken, beispielweise in Form der Philosophie, ist zweifellos eine Leistung des Neokortex.

Unser neokortikaler Selbststolz, er wurde als Beweis für die menschliche Vernunft ins Feld geführt, beeinflusste über viele Jahre auch die Neurowissenschaften. Über 90 % aller wissenschaftlichen Untersuchungen beschäftigten sich mit den kognitiven (erkennenden) Leistungen des Neokortex. Schließlich, so glaubte man, sei er der Sitz der Vernunft. Inzwischen allerdings hat sich das Blatt gewendet. Zwar ist die Erkundung des Neokortex immer noch ein wichtiges Ziel. Jedoch wird in der Gehirnforschung von heute immer stärker erkannt, dass uns der Neokortex befähigt, komplexe und schwierige Sachverhalte zu erfassen. Die Entscheidung aber, was für uns wichtig ist und wie wir uns verhalten, wird weniger im Neokortex, sondern vor allem im limbischen System getroffen! Während unser Kollege Schimpanse – mit nur kleinen Neokortex-Arealen – seinen Konkurrenten mit Steinen bewirft, nutzen wir durch unseren größeren Neokortex die ausgefeilte Technologie von radargelenkten Fernraketen. Natürlich spielt auch der Neokortex bei Entscheidungen eine wichtige Rolle: Im Neokortex sind die positiven und negativen Erfahrungen gespeichert, die wir im Laufe unseres Lebens machen. Auf diese Weise wird unsere Lebensführung mit den Jahren immer angepasster und damit scheinbar vernünftiger. Diese Erfahrungen werden dem limbischen System bei Entscheidungen zur Verfügung gestellt. Fallen entsprechende Speicherareale im Neokortex durch Verletzung aus oder werden sie von Geburt an nicht richtig ausgebildet, treten die limbischen Instruktionen ungefiltert in Aktion, weil die Lernerfahrungen fehlen. Dies führt meist zu erheblichen sozialen Konflikten und unangepasstem Verhalten.

ROM- und RAM-Strukturen in unserem Gehirn

Nicht bestreiten lässt sich allerdings die hohe Lernfähigkeit des Menschen, allein wenn man die vielen Erfindungen der letzten hundert Jahre betrachtet. Daraus könnte man schließen, unsere limbischen Programme wären genauso lernfähig und veränderbar. Dem ist jedoch nicht so. Im Neokortex kommt es durch Lernen zu einer Veränderung der neuronalen Strukturen.

Die motorischen Areale im Kortex eines Meistergeigers, die für Fingerbewegungen zuständig sind, sind beispielsweise weit größer als die des Durchschnittsbürgers. Man nennt diese mögliche Umorganisation von neuralen Strukturen auch Neuroplastizität. Unser Neokortex ist also für das Lernen, für unsere Anpassung an sich verändernde Umweltbedingungen zuständig: Ein Papua-Indianer braucht völlig andere Fähigkeiten und Fertigkeiten als ein Eskimo um zu überleben. Das ist Sache des Neokortex. In der Computersprache würde man diese Struktur als RAM-Struktur (Read and Memory) bezeichnen. Sie kann aufgerufen, verändert und neu abgespeichert werden.

Das limbische System, seine Programme und seine neuronalen Verbindungen sind viel starrer. Sie operieren umweltunabhängiger. Die Programme im limbischen System arbeiten also auf der ROM-Basis (Read only Memory). Sie können aufgerufen, aber nicht verändert werden. Alles, was wir tun und machen, wird von diesem Programm gesteuert und bewegt sich innerhalb dieses Programms. Das Programm selbst verändert sich nicht – durch seine hochintelligente Systemlogik ermöglicht es uns aber, uns optimal und situativ an unsere Umwelt anzupassen. In gefährlichen Situationen wird die Balanceinstruktion aktiviert. Wenn sich dagegen die Chance ergibt, ungestraft die Macht oder das Territorium zu vergrößern, tritt die Dominanzinstruktion in Kraft.

Grüße vom Reptilienhirn

Werfen wir also einen Blick auf das wahre Machtzentrum in unserem Kopf. Ich möchte hier, um auch für wenig mit Gehirnforschung bewanderte Leser verständlich zu bleiben, nur die wesentlichen Bereiche des limbischen Systems kurz vorstellen. Interessierte Leser, die sich intensiver mit dem Gehirn und dem limbischen System auseinander setzen wollen, finden im Anhang aufschlussreiche Literaturtipps.

Die wichtigsten Akteure des limbischen Systems, das wir in Abbildung 3 näher betrachten, sind Teile des präfrontalen Kortex, die Amygdala, auch Mandelkern genannt, der Hippocampus, der so genannte mesolimbische Bereich mit dem vorderen Teil der Basalganglien, insbesondere dem Nucleus accumbens, der Hypothalamus und einige Bereiche und Kerne im Hirnstamm. Das limbische System unserer Säugetierkollegen ist unserem übrigens fast gleich. Hohe funktionale Ähnlichkeiten hat unser limbisches System selbst heute noch mit dem Gehirn unserer ganz frühen Vorfahren,

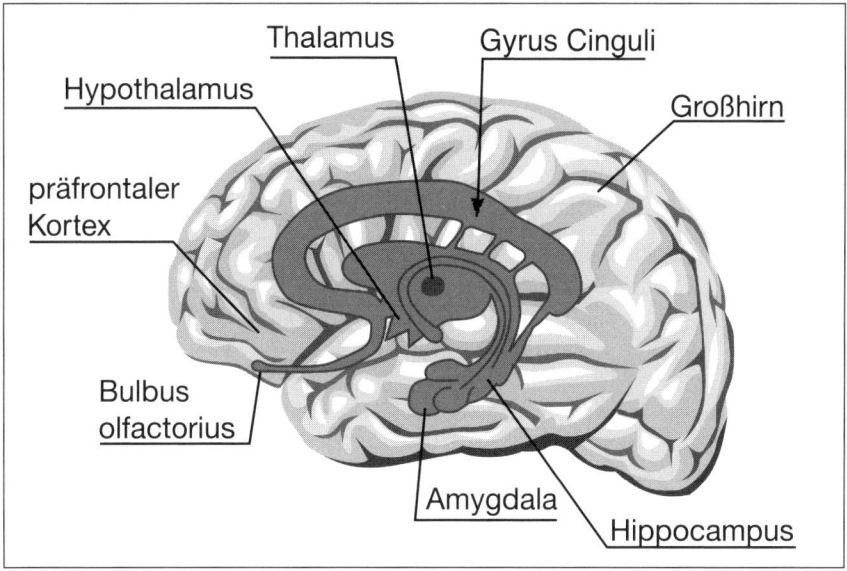

Abb. 3: Das limbische System – die Supermacht in unserem Kopf

der Reptilien. Das Reptil auf dem Cover dieses Buches soll uns mit einem Augenzwinkern an diese biologische Erbschaft erinnern.

Wie funktioniert das limbische System?

Hier kommen die Gefühle, die Emotionen ins Spiel. Gefühle sind, damit der Begriff wissenschaftlich auch einigermaßen korrekt geklärt ist, nur ein Teil der Emotion. Eine Emotion besteht genau genommen aus 1.) einem Gesichtsausdruck bzw. einer Körperhaltung, 2.) einem erlebten Gefühl und 3.) körperlichen Veränderungen, seien es gesteigerte Durchblutung, schnellerer Herzschlag usw. Wie meistens in der Wissenschaft gibt es noch viele weitere Definitionen, die wir hier jedoch nicht beachten. Auch wollen wir nicht weiter unterscheiden zwischen einer lang anhaltenden Stimmung wie beispielsweise einer allgemeinen Grundängstlichkeit und der spontanen Furcht, die uns überfällt, wenn wir einer giftigen Schlange in der freien Wildbahn begegnen. Auf den ersten Blick erfolgt die Steuerung also über Gefühle. Das limbische System bewertet nämlich Situationen im Sinne der limbischen Instruktionen. Das Prinzip ist relativ einfach – jede limbische Instruktion hat eine positive und negative Seite. Oder anders ausgedrückt: eine lustvolle und eine unlustvolle. Die Lustvolle versuchen wir zu erreichen, die Unlustvolle zu vermeiden. Auf diese Weise werden wir unbewusst auf Autopilot-Modus durchs Leben gesteuert. Abbildung 4 macht das Grundprinzip deutlich:

- Balanceinstruktion:
  Die Angst und Furcht versuchen wir zu vermeiden bzw. zu beseitigen (Unlust), Geborgenheit und Gemütlichkeit dagegen lieben wir (Lust).
- Dominanzinstruktion
  Niederlagen, Wut und Unzufriedenheit, z. B. mit unserer Position, versuchen wir zu vermeiden bzw. zu beseitigen (Unlust), das Siegesgefühl, das Lob etc. (Lust) dagegen schätzen wir.
- Stimulanzinstruktion
  Langeweile, Eintönigkeit (Unlust) versuchen wir zu vermeiden, spannende und prickelnde Erlebnisse und Abwechslung lieben wir (Lust).

Man sieht bei dieser Aufzählung, die nicht komplett ist, warum das so genannte „Lustprinzip" von Freud zu unkonkret ist. Lust hat viele unterschiedliche Gesichter – und die sind alle limbisch.

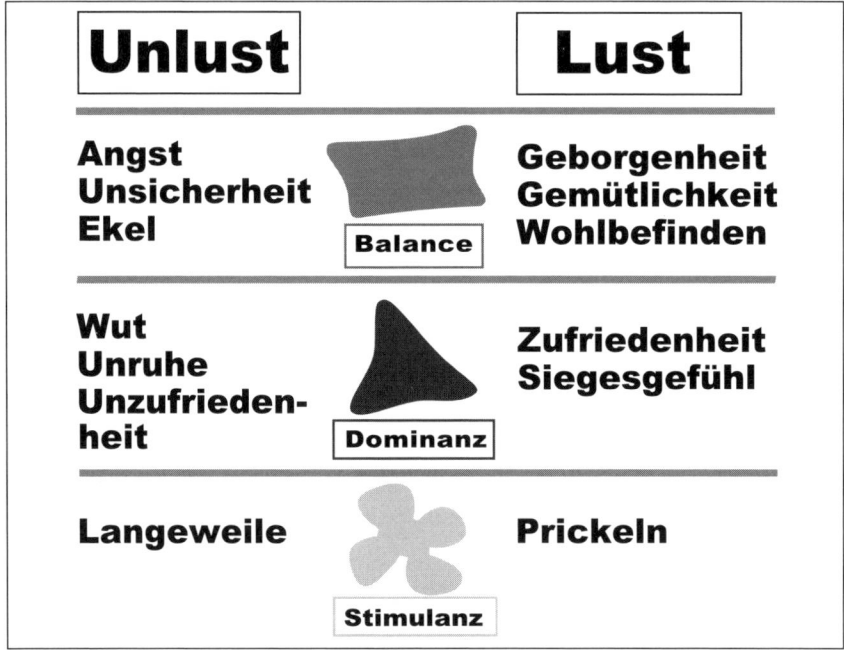

Abb. 4: Wie wir von Gefühlen gesteuert werden. Die limbischen Instruktionen steuern uns unter anderem über Gefühle wie ein Autopilot. Die Unlustgefühle vermeiden wir, die Lustgefühle suchen wir.

Der Kategorienfehler: Warum wir letztlich nicht von Gefühlen gesteuert werden

Wie das limbische System arbeitet, können Sie an einem kleinen Selbstversuch testen. Nehmen wir an, Sie fahren mit dem Auto in die Stadt, Sie wollen ins Kino, sind aber etwas spät dran. Vor dem Kino sind alle Parkplätze belegt und Sie fahren Runde um Runde um den Block. Der Vorstellungsbeginn ist erreicht und Sie sitzen völlig entnervt im Auto. Da plötzlich ist vor Ihnen ein Parkplatz frei – Sie fahren ein Stück vor, um rückwärts einzuparken. In diesem Moment stellt sich von hinten ein anderer in die Parklücke. Was geht in Ihrem Bewusstsein vor? Zunächst einmal überfällt Sie die blanke Wut: Jemand anders hat sich auf Ihren Parkplatz gestellt und damit Ihr Territorium besetzt. Auf diese Weise wurde Ihre Dominanzinstruktion aktiviert. In Ihrem Bewusstsein sind aber nicht nur Gefühle entstanden – es gibt auch kognitive Inhalte, nämlich der spontane Gedanke, dass Sie den anderen verprügeln oder erwürgen wollen. Was damit deutlich werden soll, ist, dass aus dem limbischen System nicht nur Gefühle kommen, sondern auch Ideen und Denkstrukturen, die unser Handeln leiten.

Von vielen Forschern wird der Denkfehler begangen, das limbische System lediglich als Sitz der Emotionen zu bezeichnen. Diese Betrachtung greift viel zu kurz. Was wir in unserem Bewusstsein erleben, sind Gefühle, und wir glauben aufgrund unseres Erlebens, wir würden über die Gefühle gesteuert. Was wir dabei aber verkennen, ist die Tatsache, dass die Gefühle nicht die Ursache, sondern nur ein Mittel zum Zweck sind. Die Gefühle sind Mittler, sie sind Boten unseres limbischen Programms: Nicht die Gefühle sind der Schlüssel zum Verständnis unserer Welt, sondern unser limbisches Programm. Gefühle, um es in einem Bild auszudrücken, haben lediglich die Funktion der Kardanwelle, die die Kraft des Motors auf die Räder überträgt. Es sind also nicht Gefühle, die uns steuern, sondern unsere limbischen Instruktionen.

Wenn wir den Menschen verstehen wollen, dürfen wir nicht bei den Gefühlen ansetzen. Wir haben es durch die oft gleichzeitige Aktivierung aller limbischen Instruktionen immer mit einem Gefühlsmischmasch zu tun, den wir kaum auflösen können. Liebe beispielsweise unterscheidet sich fundamental darin, ob es um eine sexuell getönte zwischen Mann und Frau oder um die Liebe zwischen einer Mutter und ihrem Kind geht. Bei der sexuellen Liebe, zum Beispiel beim Mann, wird das „Sexualmodul", das „Bindungsmodul" der Balanceinstruktion und das Stimulanzmodul aktiviert.

Bei der Mutterliebe ist es vor allem das „Bindungs- und Fürsorgemodul", das aktiv wird und für entsprechende Gefühle sorgt. So wichtig Gefühle auch in unserem eigenen Erleben sind, sie sind nur Mittler und nicht die Ursache. Schauen wir uns deshalb den zugrunde liegenden Steuermechanismus etwas genauer an.

Die Amygdala – ein kleiner Kern mit riesigem Einfluss

Heute hat man eine ungefähre Vorstellung von den hochkomplexen Prozessen, die unser Verhalten aus dem limbischen System heraus steuern, auch wenn die genauen Hirnsysteme und vor allem ihr Zusammenspiel bei weitem noch nicht erforscht sind. Schon ein kleiner Kern wie die Amygdala besteht wieder aus vielen weitgehend unabhängigen Subkernen. Genauso komplex ist die innere Struktur des Hypothalamus, des Hippocampus oder des Hirnstamms. Doch nun zu den neuronalen Abläufen in unserem Gehirn, von denen ich die wichtigsten beschreiben will (s. Abbildung 2).

Außenreize, die z. B. über Auge und Ohr hereinkommen, werden zunächst einmal vom Thalamus für die innere Weiterverarbeitung vorbereitet und kodiert. Vom Thalamus laufen Nervenbahnen in den Neokortex und in die Amygdala. Die Amygdala, auch Mandelkern genannt, ist das zentrale Bewertungszentrum in unserem Kopf. Sehr enge Verbindungen bestehen mit dem präfrontalen Kortex, der sowohl an der Bewertung selbst beteiligt ist, gleichzeitig aber auch gespeicherte Erfahrungen beisteuert. Die Amygdala ist insbesondere an der Dominanz- und Balancebewertung, aber auch an der Steuerung der Sexualität beteiligt. Auf die Aktivierung der Stimulanzinstruktion hat sie nur geringen Einfluss – sie greift aber hemmend ein, wenn wir uns in Dinge vorwagen, die gefährlich werden.

Wird die Amygdala beidseitig beschädigt, versagt die Verhaltenssteuerung weitgehend – Patienten, die durch Unfall oder Krankheit dieses Schicksal erleiden, sind sozial völlig unangepasst, hemmungslos und fallen gleichzeitig oft in völlige Antriebslosigkeit. Ähnliche Ausfälle, aber lange nicht so dramatisch, ereignen sich auch bei einer Schädigung des präfrontalen Kortex.

Der belohnende bzw. vermeidende Aspekt wird teilweise in der Amygdala selbst produziert, oder die Amygdala aktiviert andere Kerne, wie beispielsweise den Nucleus accumbens, die uns dann belohnen. Wirft man nun einen Blick vom Inneren des Gehirns auf die Welt, wird deutlich, welch ungeheuren Einfluss ein paar daumengroße Kerne mit der Amygdala im Mittelpunkt auf alle Bereiche unseres Lebens haben. Dieses Amygdala-Syndikat regiert letztlich die Welt!

Aber die Bewertung ist noch kein Verhalten, es fehlt noch die grundsätzliche Aktivierung. Hier spielt der Hypothalamus als wesentliche Schalt- und Aktivierungsstelle die entscheidende Rolle. Er ist mit seinen Kernen bei allen drei limbischen Instruktionen beteiligt. Man könnte ihn daher als Feldwebel bezeichnen. Die Amygdala wäre in diesem Bild der General, der sagt, was zu tun ist. Der Hypothalamus führt diese Befehle aus, indem er die benachbarte Hypophyse zur Ausschüttung von verhaltenssteuernden Hormonen veranlasst und/oder auf direktem Weg über entsprechende Kerne und Nervenbahnen im Hirnstamm unser Verhalten aktiviert.

Aber nicht nur die Verhaltensaktivierung und Verhaltenssteuerung läuft wesentlich und unbewusst über das limbische System. Auch unsere Gedächtnisinhalte werden im limbischen System, genauer im Zusammenspiel zwischen Amygdala und Hippocampus, zur Speicherung im Neokortex vorbereitet. Sie werden aber nicht neutral, sonder mit einer limbischen Bewertung abgespeichert. Nur durch diese beigefügte Bewertung haben die gemachten Erfahrungen eine lebenserhaltende und lebenssichernde Funktion. Wenn der Gedächtnisinhalt „Feuer" beispielsweise nicht mit der Balancebewertung „Schmerz" verbunden wäre, würden wir uns jedes Mal von neuem die Finger verbrennen. Alle wichtigen Gedächtnisinhalte haben so eine limbische Bewertung. Wie kommt es aber, dass auch Gedächtnisinhalte Gefühle auslösen? Hier spielen biochemische Stoffe, die so genannten Neuromodulatoren, denen wir uns jetzt kurz zuwenden, eine entscheidende Rolle.

Hormone und Neurotransmitter – die chemische Steuerung unseres Verhaltens

Neben den beschriebenen Gehirnstrukturen und ihren neuronalen Verschaltungen gibt es ein biochemisches System, das zur Verhaltenssteuerung beiträgt: die so genannten Neuromodulatoren, also Neurotransmitter und Hormone. Grob unterscheidet man beide dadurch, dass die Neurotransmitter in den Nervenzellen gebildet werden, während Hormone in Drüsen entstehen. Die biochemischen Abläufe in unserem Gehirn sind eng mit den funktionalen Gehirnstrukturen verbunden. Die Wissenschaft, die sich mit dem Einfluss der Neuromodulatoren auf unser Verhalten beschäftigt, heißt Psycho- oder Neuroendokrinologie.

Die Neuromodulatoren spielen also eine extrem wichtige Rolle bei der unbewussten Steuerung. Bei einem Noradrenalinschub erleben wir das Gefühl der Aktivierung, Dopamin sorgt für positive Erregung und Exploration, eine Cortisolüberschwemmung löst in unserem Bewusstsein Stress bzw. Angst aus, Testosteron verstärkt die männliche Kampfeslust und Serotonin sorgt für ein zufriedenes Glücksgefühl. Oxytozin erhöht bei der Frau die Bindung an Kind und Partner. Zu den Neuromodulatoren zählen auch die körpereigenen Opiate, beispielsweise Endorphine, die in unserem Bewusstsein belohnende, d. h. lustvolle Gefühle erzeugen.

Für jeden Neuromodulator gibt es bestimmte Nervenzellen, die besonders sensibel auf ihn reagieren. Man findet diese Rezeptorzellen im gesamten Gehirn – auch überall im Neokortex, was zeigt, dass auch er kein Eigenleben führt, sondern ganz im Dienste unseres limbischen Programms steht. Besonders starke Konzentrationen dieser Rezeptorzellen finden sich natürlich im limbischen System und im Hirnstamm. Auch die Neuromodulatoren haben übrigens kein Eigenleben. Sie sind die chemischen Boten unserer limbischen Instruktionen.

Noch ein anderer Aspekt ist bei dieser Betrachtung von großer Bedeutung: Frauen und Männer unterscheiden sich erheblich, sowohl in der Stärke der limbischen Instruktionen und der einzelnen Submodule, aber auch im Mix der Neuromodulatoren. Zudem verändert sich unser Mix aufgrund biologischer Gesetzmäßigkeiten stark mit dem Alter. Die teilweise enormen Auswirkungen dieser Veränderungen begleiten uns durch das Buch.

Kapitel 3:
Der Mythos vom rationalen Management

Was Sie in diesem Kapitel erwartet:
Befragt man hochkarätige Manager, wie sie ihre Entscheidungen treffen, hört man meist: „Ich entscheide frei, rational und niemals emotional aus dem Bauch heraus". Doch das ist ein Irrtum. Unsere Entscheidungen sind weder frei noch rational. Und: Eine Kopfentscheidung ist nicht das Gegenteil von einer Bauchentscheidung, genauso wenig wie „emotional" das Gegenteil von „rational" ist.

In Kapitel 2 haben wir gesehen, was in unserem Kopf tatsächlich abläuft. Unser Bewusstsein ist eine Art Theater, das nicht von uns selbst inszeniert wird. Wir können manchmal in das Stück eingreifen, aber die Regiehoheit hat letztlich unser limbisches System. Doch diese Erkenntnis verträgt sich ganz und gar nicht mit unserer Selbstwahrnehmung. Wenn wir in uns selbst hineinschauen und unser eigenes „Ich" betrachten, haben wir stets den Eindruck, dass alles, was wir tun, aus freiem Willen passiert und bewusst ist. Doch das täuscht. Tatsächlich ist unser Wille lange nicht so frei, wie wir glauben. Die Frage der Willensfreiheit beschäftigt seit langem auch die Philosophie. In dieser Disziplin gibt es inzwischen eine Art Grundkonsens darüber, wann man einen Willen als „frei" bezeichnen kann. Drei Kriterien werden dabei angeführt:

- Das Urheberschaftskriterium:
  Es besagt, dass man selbst, das eigene Ich, Urheber der Handlung ist.

- Das Freiheitskriterium:
  Es besagt, dass man unter identischen Bedingungen auch anders handeln kann.

- Das Intelligibilitätskriterium:
  Es besagt, dass man selbst Einsicht in das Warum und Wie seines Handelns hat.

Schauen wir uns aus diesem Blickwinkel den Entscheidungsprozess eines Unternehmers an, der im Gespräch mit Kollegen von den wirtschaftlichen Schwierigkeiten eines Konkurrenten erfährt. Spontan entsteht daraufhin in seinem Bewusstsein die Überlegung, den Konkurrenten zu kaufen. Woher kommt nun dieser Gedanke? Hatte unser Manager Einfluss auf den spontanen Einfall? Er hatte ihn nicht. Sowohl der Gedanke als auch der Inhalt waren plötzlich da. Und wer war der Urheber? Genau: das limbische System mit seiner Dominanzinstruktion. Es witterte sofort die Chance, das Territorium und die Macht auszubauen. Klar wird aber dadurch, dass nicht das vernünftige „Ich" unseres Managers Urheber des Wunsches war, sondern ein Dominanzbefehl aus dem limbischen System. Das erste Kriterium der Willensfreiheit, das Urheberschaftskriterium, wird also nicht erfüllt.

Gehen wir weiter zum Freiheitskriterium. Im Bewusstsein unseres Unternehmers spielt sich nun folgende Szene ab: Die Dominanzinstuktion signalisiert „kaufen". Nun meldet sich die risikohemmende Balanceinstruktion zu Wort, was sich im Bewusstsein unseres Managers wie folgt abspielen dürfte: „Der Kauf ist gefährlich, weil er unsere finanziellen Mittel überfordern könnte". Dagegen argumentiert die Dominanzinstruktion: „Mit dem Kauf haben wir den Markt in der Hand, weil wir Marktführer sind". Dieses Pro und Kontra geht einige Male hin und her. Bis plötzlich im Bewusstsein die Entscheidung fällt: „Ich will den Konkurrenten kaufen". Diese Entscheidung wird aber nicht im Bewusstsein, sondern im limbischen System getroffen, das die Stärke der beiden konkurrierenden limbischen Instruktionen abgleicht und der stärkeren den Zuschlag gibt. Bei diesem Abgleich werden Erfahrungen aus dem Neokortex einbezogen und limbisch bewertet, aber auch die Persönlichkeitsstruktur spielt eine wichtige Rolle. Unser Entscheidungsverhalten wird nämlich maßgeblich von unserer Persönlichkeit bestimmt. Persönlichkeitsunterschiede basieren aber, wie wir sehen werden, auf einer unterschiedlichen Ausprägung der limbischen Instruktionen. Unser Unternehmer hat das Gefühl, selbst entschieden zu haben; tatsächlich ist dies möglicherweise eine Illusion. Der bekannte deutsche Hirnforscher Gerhard Roth kommt zum Ergebnis: *„Das Gefühl, etwas zu wollen, kommt erst, nachdem das limbische System schon längst entschieden hat, was getan werden soll. Die Quintessenz ist, dass dieses System die letzte Entscheidung darüber hat, ob wir etwas tun oder nicht".*

Damit wird gleichzeitig deutlich, dass auch das Freiheitskriterium eher nicht erfüllt wurde. Schauen wir uns nun noch das letzte Kriterium des freien Willens an, das Intelligibilitätskriterium. Es fordert Einsicht in das eigene Handeln. Weiß unser Unternehmer, dass es die Dominanzinstruktion ist, die ihn nach dem Konkurrenten greifen lässt? Hat unser Unternehmer Einsicht, dass es die Balanceinstruktion ist, die ihn zur Vorsicht mahnt? Mit Sicherheit nicht! Damit ist auch dieses Kriterium letztlich nicht erfüllt. Das

Problem der Willensfreiheit wird hier deutlich: Was sich in unserem Bewusstsein als so selbstverständlich darstellt, sieht aus dieser neurophilosophisch-limbischen Perspektive völlig anders aus. Man sieht an diesem Beispiel, auf welch tönernen Füßen unsere vermeintliche Entscheidungsfreiheit steht. Noch ein kleiner Gedanke am Rande: Warum ist uns eigentlich unsere Willens- und Entscheidungsfreiheit so wichtig? Freiheit und Autonomie sind Teile der Dominanzinstruktion! Die Paradoxie wird deutlich – das, wofür wir kämpfen, ist schon ein Beweis für unsere Unfreiheit. Unsere scheinbar freien und bewussten Ebene-1-Entscheidungen sind offensichtlich gar nicht so frei, wie uns unser Bewusstsein vorspiegelt. Aber: Wir gewinnen erheblich an Willens- und Entscheidungsfreiheit, wenn wir Einsicht in die Funktionsweise unseres unbewussten Programms haben und diese Erkenntnisse nutzbar machen!

Der Rationalitätsirrtum im Management

Unsere Entscheidungen sind also keineswegs so frei, wie wir glauben – sind sie dann wenigstens vernünftig? In unserem Alltag, im Management, aber auch bei vielen Wissenschaftlern trifft man häufig auf die Gegenüberstellung Emotionalität versus Rationalität: „Ich entscheide nicht emotional – ich entscheide rational!"

Man geht davon aus, Emotion sei das Gegenteil von Rationalität. Gleichzeitig wird suggeriert, der gute und erfolgreiche Manager würde allein der Ratio gehorchen. Doch das ist falsch: Emotion ist nicht das Gegenteil von Rationalität! Wer das glaubt, hängt in der Falle des Ebene-1-Denkens fest!

Die Gegenüberstellung „Emotion versus Ratio" beherrscht seit den großen griechischen Philosophen unser Weltbild. Platon nahm an, es gäbe ein Ideal, das hinter den sichtbaren Dingen steht. Durch seine Erkenntnisfähigkeit, durch seine Vernunft, soll der Mensch dieses der Welt innewohnende Ideal entdecken. Vernunft ist also die Fähigkeit, das Wahre zu entdecken. Dieser Traum vom Ideal, das der Mensch durch seine Vernunft entdecken kann, durchzieht die Philosophie wie ein roter Faden – über Aristoteles, Augustinus bis hin zu Hegel, Adorno, Popper oder Habermas. Die Emotionen wurden dabei stets bewusst oder unbewusst als Gegensatz oder Störung des Vernunftprozesses gesehen. Insbesondere Descartes hat diesen Dualismus deutlich formuliert. Auf der Suche nach der wahren Erkenntnis sah er die menschliche Vernunft als gegeben an, die aber in ihrer Entfaltung durch Emotionen gestört würde.

Natürlich gab es auch eine philosophische Gegenbewegung: ausgehend von Hume über Spinoza bis zu Nietzsche. Während Hume die Vernunft als Sklave der Emotionen bezeichnet, lehnt Nietzsche jede Art von Vernunft völlig ab: Weder die Welt noch der Mensch ist vernünftig, das geltende Weltgesetz ist der Wille zur Macht. Doch die Meinung dieser „Enfants terribles" der Philosophie setzte sich nicht als herrschende Meinung durch. Die Freude über die vielen Entdeckungen, die der Mensch in Naturwissenschaft, Technik und anderen Gebieten machte, waren doch ein sichtbarer Beweis für die Vernunft.

Damit sind wir aber schon bei der zentralen Frage angelangt, die hinter aller Philosophie steht. Warum wollen wir eigentlich entdecken? Warum sind wir auf der Suche nach dem, was die Welt zusammenhält? Die Antwort darauf lautet: Weil vor aller Erkenntnis ein unbewusstes Programm steht, das uns antreibt, erkennen zu wollen. Es sind unsere limbischen Instruktionen: die Stimulanzinstruktion als Kraft der Exploration, die Balanceinstruktion als Kraft, die uns vorgibt, kognitive Unsicherheit zu vermeiden, und die Dominanzinstruktion, die uns vorgibt, uns jenes Wissen anzueignen, das uns einen Vorsprung über unsere Konkurrenz verschafft. Vor jeder Erkenntnis und dem „Wie" des Erkennens, also der Methodik, steht deshalb das „Warum", das limbische Programm! Dieses beeinflusst und bewegt uns über Emotionen. Dadurch wird klar, dass Emotionen nicht das Gegenteil der Vernunft sind, also unserer Fähigkeit zur Erkenntnis, sondern die Voraussetzung: Ohne limbisches Programm (inklusive Emotionen) keine Vernunft!

Es gibt aber noch einen anderen Vernunfts- und Rationalitätsbegriff, nämlich die Fähigkeit des Menschen, sich Ziele vorzunehmen, diese Ziele in Abläufe aufzuteilen, Projektpläne abzuleiten und diese Ziele systematisch zu verfolgen. Das ist der Rationalitätsbegriff des Managements. Aber ist diese Art der Rationalität das Gegenteil von Emotionalität? Mit Sicherheit nicht! Denn woher kommen die Ziele, die wir anstreben? Warum wollen wir expandieren? Warum rufen wir nach Innovation? Warum versichern wir uns gegen Wechselkursrisiken? Die Antwort ist klar: Alle diese Ziele stammen aus unserem limbischen Programm (einschließlich Emotionen). Auch hier zeigt sich wieder deutlich, dass es ohne Emotionen keine Ratio gibt. Emotionen sind nicht das Gegenteil der Ratio, sondern ihre Voraussetzung.

Bleibt noch ein letzter Rationalitätsbegriff: die Volkswirtschaft. Der egoistische Homo oeconomicus, der Mensch, der versucht, seinen Nutzen rational zu maximieren. Von den Ökonomen völlig unbeantwortet bleibt die Frage, was Nutzen überhaupt und was maximaler Nutzen ist. Man reduziert das Ganze aufs Geld und wundert sich, warum der egoistische Mensch entgegen der Hypothese auch altruistisch ist. Trotz vieler Widersprüche behält man aber seine Grundannahmen bei. Deshalb noch kurz eine Rationalitätsanalyse für die Volkswirtschaft. Was ist für den Menschen Nutzen? Das, was seine limbischen Instruktionen erfüllt. Was ist nun Rationalität? Die limbischen Instruktionen stehen, wie wir wissen, im Gegensatz zueinander: Die Dominanzinstruktion wünscht sich einen teuren Designeranzug, die Balanceinstruktion mahnt, die finanzielle Sicherheit nicht zu gefährden. Die rationale Entscheidung fällt, wie wir gesehen haben, im limbischen System: Je nach Typ, je nach finanziellem Polster entscheidet sich dieses für oder gegen den Anzug: Fast alle rationalen Entscheidungskonflikte sind Zielkonflikte zwischen unseren limbischen Kräften – rational ist in diesem Fall gleichbedeutend mit emotional. Bleibt noch eine letzte Frage der Volkswirtschaft zu beantworten: Wenn der Mensch doch rationaler Egoist ist, warum also hilft er dann den anderen und handelt oft auch altruistisch? Die Antwort: Weil die Evolution unser limbisches Programm so aufgebaut hat, dass wir möglichst viele Gene an die nächste Generation weitergeben können. Dazu brauchen wir aber die soziale Gruppe – weil, wie wir wissen, die Gruppe auch dem egoistischen Gen bessere Chancen für die nächste Generation eröffnet. Aus diesem Grund gibt es in unserem limbischen System innerhalb der Balanceinstruktion zwei Sondermodule, die Bindung und Fürsorge zum Ziel haben. Man sieht auch hier, dass das (emotionale) limbische Programm weit rationaler im Sinne der Nutzenmaximierung angelegt ist als der falsche und enge Rationalitätsbegriff, der bis heute die Volkswirtschaft oder moderner: die „Makroökonomie" beherrscht.

Auch unser Gehirn ist in Ebene 1 und Ebene 2 organisiert

Wenn wir die wesentlichen Erkenntnisse aus dem vorhergehenden Abschnitt zusammenfassen, wird also deutlich, dass Emotion nicht das Gegenteil, sondern die Voraussetzung für Rationalität ist. Bei der so genannten „theoretischen Vernunft", die sich mit dem Erkennen der Welt beschäftigt, ist unser limbisches Programm der Motor für die Erkenntnis, bei der „praktischen Vernunft", die sich mit unserem Handeln und seinen Zielen beschäftigt, verhält es sich genauso. Die Ziele entstammen unserem (emotionalen) limbischen Programm, die dann in Abläufe unterteilt und planbar gemacht werden. Würde man das wieder in unser Bild von Ebene 1 und Ebene 2 übertragen, würde deutlich: Ohne Ebene 2 wäre Ebene 1 ziel- und sinnlos. Aber auch: Ebene 2 braucht Ebene 1, um ein optimales Ergebnis zu erreichen.

Das Verblüffende an der Sache ist nun, dass unser Gehirn genauso organisiert ist: Aus dem limbischen System erfolgt der Antrieb, etwas zu tun, es gibt die Ziele vor. Die Ausführungsplanung und Detaillierung aber erfolgt im Neokortex. Das limbische System initiiert in enger Kopplung mit dem präfrontalen und frontalen Kortex unsere Aktivitäten und Handlungen. Es bewertet durch Abruf von Erfahrungen aus diesen Kortexarealen die möglichen (limbischen) Konsequenzen – also ob den drei limbischen Instruktionen zuwidergehandelt oder ob ihnen entsprochen wird. Diese Abgleichprozeduren können mehrere Male durchlaufen werden. Liegt dann ein befriedigendes Ergebnis vor, wird das Ganze über den frontalen Kortex und die darunter liegenden so genannten Basalganglien in eine Handlungsplanung umgesetzt. Auch die Handlungsplanung durchläuft oft mehrere Optimierungsläufe durch das Gehirn. Beide Kreisläufe – der Initierungs-/Bewertungskreislauf und der Planungskreislauf sind stets miteinander verbunden. Das Faszinierende an dieser Erkenntnis der Gehirnforscher: Auch unsere Gehirnorganisation spiegelt Ebene 1 und Ebene 2 des Managements wider. Die Ebene 1 wird vom frontalen Kortex und den hinteren Basalganglien gebildet, die Ebene 2, die eigentliche Entscheidungsebene, dagegen vom limbischen System. Deutlich wird auch die Hierarchie – das limbische System schafft an und entscheidet. Der Kortex setzt die Entscheidung in einen sauberen Plan um und führt ihn aus. Das Pikante daran ist die eigentlich paradoxe Anordnung der beiden Gehirnbereiche in unserem Kopf. Die Vorstandsetage „Limbisches System" ist im Verwaltungsgebäude „Kopf" unter dem Sachbearbeiterstockwerk „Neokortex" zu finden! Ausgehend von unserem Wunschselbstbild des „Homo sapiens rationalis" war diese paradoxe Anordnung mit ein Grund, an die Übermacht des vernünftigen Neokortex zu glauben.

Wir sehen also auch hier, dass Emotion nicht das Gegenteil von Ratio ist, sondern der bestimmende Teil in einem Gesamtprozess. Die Ratio führt kein Eigenleben, sondern ist ein Hilfsprogramm, das dem Befehl unseres limbischen Programms untersteht. Alle Schritte werden einer strikten Bewertung durch das limbische Programm unterzogen – nur was für unser limbisches Programm Sinn macht, hat für uns Menschen einen Sinn. Weil auch viele Wissenschaftler und Philosophen diesen Zusammenhang nicht erkennen, beherrscht das alte, aber völlig falsche Bild „Emotio versus Ratio" bis heute unser Denken – im Alltag wie im Management.

Dieses falsche Denken wird durch Gehirntheorien verstärkt, die auch im Management breite Beachtung gefunden haben. Ihnen wenden wir uns jetzt zu, um vor dem Hintergrund dieser Erkenntnis Wahrheit von Glauben zu trennen.

Der Irrtum von Paul MacLean

Diese „Emotio verus Ratio"-Illusion wurde durch inzwischen überholte Ergebnisse früherer Gehirnforschung unterstützt. Der prominenteste Vertreter ist der Gehirnforscher Paul MacLean. Ich erwähne ihn deshalb, weil sein Konzept des „Drei Gehirne in Einem" (Triune-Brain) als wissenschaftliche Grundlage für ein im Management weit verbreitetes Verfahren zur Mitarbeiterauswahl und zur Unternehmensführung etc. eingesetzt wird, besser bekannt unter „Biostruktur-Analyse". Die Theorie von MacLean lautet, dass die Instinkte im Stammhirn, die Emotionen im limbischen System und die Vernunft im Neokortex säßen. Insbesondere der vernünftige Neokortex wäre kaum mit den unteren Gehirnbereichen verbunden und würde wie ein vernünftiger Reiter auf einem wilden und unberechenbaren Pferd sitzen. Die Persönlichkeitsunterschiede zwischen Menschen ließen sich aus der unterschiedlichen und individuellen Einflussstärke der drei Gehirnbereiche erklären. Und: Die menschliche Persönlichkeit könne man im Kreisdiagramm dadurch beschreiben, dass der prozentuale Anteil des Einflusses der jeweiligen Hirnschicht aufgetragen wird. Inzwischen gibt es sogar Firmen, bei denen außen an der Tür des Mitarbeiters dessen „Biostruktur" angebracht ist. MacLean hat sich damals wenig Gedanken darüber gemacht, was eigentlich Vernunft ist. Auch er hing, dem Zeitgeist entsprechend, in der Ebene-1-Falle fest.

Der Neokortex ist kein Gegenspieler und auch nicht der vernünftige Reiter des limbischen Systems – sondern eng mit ihm verzahnt und ihm auch gehorchend. Der bereits zitierte Gehirnforscher Gerhard Roth kommt in seinem Buch „Denken, Fühlen, Handeln" zu folgendem Ergebnis:

"Verhängnisvoll wirkte sich in diesem Zusammenhang auch die populär gewordene Lehre Paul MacLeans von den „drei Gehirnen" im menschlichen Gehirn aus. Das erste dieser „Gehirne im Gehirn" ist nach MacLean ein „stammesgeschichtlich altes Reptiliengehirn", bestehend aus Mittelhirn und verlängertem Mark (Medulla oblongata), welches die lebenserhaltenden, vegetativen Funktionen, aber auch die ‚niedere' Instinkte beherbergt. Das zweite ist ein ‚frühes Säugergehirn', das er als den Sitz der Emotionen ansieht und das mehr oder weniger identisch ist mit dem subcortical-limbischen Gehirn (als dessen Zentrum MacLean irrtümlich den Hippocampus annimmt). Das dritte ist das ‚entwickelte Säugergehirn' mit dem Neokortex als Sitz von Verstand, Vernunft und Logik. Die Kernaussage dieses Konzeptes lautet, es gäbe zwischen limbischem System und Neokortex nur wenige Verbindungen, und dies erkläre, weshalb es uns schwer fällt, unsere Affekte und Gefühle rational zu kontrollieren. Diese Vorstellung MacLeans von drei voneinander weitgehend unabhängig arbeitenden Gehirnen ist falsch und ebenso die Idee einer stammesgeschichtlichen Abfolge solcher Gehirnteile. Alle Wirbeltiere besitzen neben einem Hirnstamm ein in Grundzügen identisches limbisches System im Mittelhirn, Zwischenhirn und ventralem Endhirn. Auch sind die Verbindungen zwischen dem vegetativen, dem limbischen und dem corticalen Subsystem sehr eng."

Wir sehen also auch hier, dass wir den Menschen und seine Steuerung nicht in unabhängige Teile zerlegen dürfen. Limbisches System und Neokortex sind im System eng miteinander verbunden und führen kein Eigenleben. Aus diesem Grund hören sich Persönlichkeitsmodelle, die den Menschen in Verstand, Emotion und Instinkte zerlegen, zwar gut an, weil sie noch dem herrschenden Denken und der damit verbundenen „Emotion versus Ratio"-Illusion entsprechen. Trotzdem sind sie falsch, weil das zugrunde liegende Denkmodell genauso falsch ist wie die zugrunde liegenden Annahmen über den Aufbau des Gehirns.

Das Missverständnis von der rechten und der linken Gehirnhälfte

Bleiben wir noch kurz bei Gehirntheorien, die auch starke Verbreitung im Management gefunden haben: Die legendäre Gehirnhälftentheorie. Auch hier treffen wir auf das Emotion-Ratio-Missverständnis. Die rechte Seite, so wird gerne behauptet, sei die emotionale und die linke die rationale Seite.

Doch damit greift man zu kurz. Der erste Fehler liegt darin, Emotion als Gegensatz zur Ratio zu begreifen, was unsinnig ist. Den zweiten Fehler begeht man, wenn man glaubt, dass die rechte Neokortexhälfte der Sitz der Emotionen sei. Der gesamte, besonders der frontale und präfrontale Neokortex, sind eng mit dem limbischen System verbunden und im Management der limbischen Instruktionen involviert. Das emotionale Hauptquartier ist aber das limbische System. Die linke Gehirnhälfte ist stärker optimistisch, die rechte Gehirnhälfte dagegen eher pessimistisch.

Richtig ist allerdings, dass rechte und linke Gehirnhälfte unterschiedliche Verarbeitungsmodi haben. Die rechte Gehirnhälfte verarbeitet eher räumlich-ganzheitliche Signale, die linke Hälfte denkt detaillierter und analytischer. Die rechte Seite sieht also den Wald, die linke Seite sieht den Baum. Rechts wird die Form des Gegenstandes gesehen, links die Funktion. Aber diese Verarbeitung ist oft auch abhängig vom Wahrnehmungskanal: Bei Musik ist die linke Hälfte und nicht wie vermutet die rechte diejenige, die stärker Melodien verarbeitet.

Man geht heute davon aus, dass die neuronalen Verschaltungen in der rechten Hälfte weiträumiger, in der linken engmaschiger sind. Das bedeutet, dass rechts größere neuronale Assoziationsräume verknüpft werden als links.

Warum sagt man nun, die rechte Gehirnhälfte sei die „emotionale"? Der Grund dafür ist, dass die Erkennung von Gesichtern, die wichtigsten emotionalen Signalreize des Menschen, stärker in der rechten Gehirnhälfte erfolgt. Gesichter sind aber zusammenhängende Gestalten, die im Gesamteindruck wirken – aus diesem Grund werden sie rechts verarbeitet. Daraus aber zu schließen, die rechte Hälfte sei nur emotional und die linke nur rational, ist falsch. Wird nämlich durch eine Operation z. B. die linke Gehirnhälfte ausgeschaltet, verändert sich der Stimmungszustand des Patienten – er wird pessimistischer. Wird dagegen die rechte ausgeschaltet, wird der Patient in der Regel optimistischer. Dies zeigt, dass beide Gehirnhälften emotional aktiv sind. Die linke Gehirnhälfte ist stärker optimistisch, die rechte Gehirnhälfte dagegen eher pessimistisch. Man kann daraus die Hypothese ableiten, dass die Balanceinstruktion etwas mehr auf die rechte Gehirnhälfte und die eher optimistische Dominanzinstruktion etwas stärker auf die linke Gehirnhälfte Einfluss nimmt. Diese Überlegungen werden auch dadurch unterstützt, dass sich Frauen und Männer hinsichtlich der Hemisphärendominanz unterscheiden. Bei Männern ist in der Regel die linke Gehirnhälfte zusätzlich aktiviert, also dominanter. Dies könnte mit dem männlichen Sexual- und Dominanzhormon Testosteron zusammenhängen, das stark an dieser geschlechtsspezifischen Gehirnentwicklung beteiligt ist und sich stärker in der linken Gehirnhälfte findet. Aber auch alle anderen Neurotransmitter und Hormone, die einen starken Einfluss auf unser Gefühlsleben haben, findet man über beide Gehirnhälften verteilt.

Auch bei der Hemisphärentheorie ist es also wichtig, genauer hinzuschauen und nicht in die „Emotion versus Ratio"-Illusion zu verfallen. Die rechte Gehirnhälfte ist nicht – wie die Illusion suggeriert – der Gegenspieler der linken, sondern beide gemeinsam bilden ein zusammenhängendes System. Dies sind die wesentlichen Fakten der Hemisphärenforschung. Bleiben wir noch etwas bei den Mythen – bei den so genannten Bauchentscheidungen.

Der Mythos der Bauchentscheidungen

Was ein gestandener Manager ist, der rühmt sich seiner Bauchentscheidungen. Auch hier begegnen wir wieder der „Emotion versus Ratio"-Illusion. Allerdings in etwas anderer Form. Die Emotion sitzt nach landläufiger Meinung im Bauch und die Ratio sitzt in unserem Kopf, Sinnbild für den Verstand allgemein. Scheinbar kämpft die Vernunft im Kopf gegen die Emotionen aus dem Bauch. Bücher, die Bauchentscheidungen im Management propagieren – im Sinne von „höre auf deine Gefühle, höre auf das, was der Bauch dir sagt" –, verkaufen sich prächtig, obwohl die Aussagen völlig falsch sind. Hohe Beachtung auch im Management findet und fand aus diesem Grund eine junge neurobiologische Forschungsrichtung, die sich mit dem Magen-Darm-Trakt beschäftigt, die so genannte Neuro-Gastroendokrinologie. Eine weit verbreitete deutsche populärwissenschaftliche Zeitung hatte über die Arbeit des amerikanischen Forschers Michael Gershon berichtet. Er hatte ein Buch mit dem Titel „Das zweite Gehirn" veröffentlicht, worin er aufzeigte, dass wir im Magen-Darm-Bereich hochkomplexe Nervenstrukturen haben, die denen in unserem Gehirn ähnlich sind. Gleichzeitig zeigte er, dass der Neurotransmitter Serotonin, der in unserem Gehirn ein wichtige Rolle spielt, im zweiten Bauchgehirn ebenfalls eine Hauptrolle spielt.

Diese Forschungserkenntnisse wurden aber von der Presse in eine völlig falsche Richtung verdreht: In die „Emotion versus Ratio/Bauch versus Kopf"-Illusion. Tenor des Berichtes war, dass Entscheidungen nicht nur im Gehirn fallen, sondern dass wesentliche Entscheidungen auch im Bauch getroffen würden, und zwar oft gegen das Gehirn. Für die Vernunft sei der Kopf zuständig und für die Emotionen der Bauch – und beide seien Gegenspieler. Klar, dass diese Aussage begeistert zur Kenntnis genommen wurde. Erstens entspricht sie unserem Selbstverständnis des weitgehend vernünftigen Menschen, der halt ab und an einmal von seinen Emotionen gelenkt wird. Zweitens entspricht sie unserer Selbstwahrnehmung. Bei vielen Entscheidungen spüren wir nämlich ein angenehmes oder unangenehmes Prickeln im Bauch. Unsere (trügerische) Selbstwahrnehmung bestätigt zunächst die publikumswirksame Darstellung.

Tatsächlich läuft die Sache mit den Bauchentscheidungen aber völlig anders ab – und man muss Michael Gershon in Schutz nehmen – denn das, was die Presse behauptet hatte, hat er mit keinem Wort gesagt. In seinem Buch ist überhaupt nicht die Rede davon, dass der Bauch in Gehirnentscheidungen eingreift. Gershon zeigt lediglich auf, warum die hochkomplexen neuronalen Strukturen in unserem Bauch sinnvoll sind: Zur Steuerung unseres Verdauungstrakts und zur Entlastung unseres Gehirns.

In unserem Verdauungstrakt haben wir tatsächlich eine hochkomplexe Nervenstruktur. Dieses zweite Gehirn hat sich aber nicht ausgebildet, um dem Kopf Konkurrenz zu machen, sondern um dort Kapazitäten für übergreifende Managementaufgaben freizumachen. Damit hat die Evolution nichts anderes verwirklicht, als die Entscheidung dorthin zu verlagern, wo sie am besten und am sachgemäßesten getroffen werden kann. Unser zweites Gehirn hat nämlich die Aufgabe, giftige oder förderliche Nahrungsstoffe zu erkennen und den hochkomplexen Verdauungsvorgang zu steuern. Durch diese Delegation wird das erste Gehirn entlastet.

Was hat dies aber mit Bauchentscheidungen zu tun und warum spüren wir ein Kribbeln im Bauch? Alle unsere Entscheidungen sind limbisch gesteuert – die Dominanzinstruktion beispielsweise aktiviert uns zum Kampf, die Balanceinstruktion zur Flucht. Alle diese Reaktionen erfordern den Stop des Verdauungsvorgangs, wenn das Blut anderswo dringender gebraucht wird, um diese Regionen mit Energie zu versorgen. Diese Prozesse werden durch das zweite Gehirn mitgesteuert bzw. unterstützt. Das zweite Gehirn führt dabei kein Eigenleben, sondern reagiert insbesondere auf die Botschaften aus dem limbischen System, vor allem auf die vom Hypothalamus. Es gibt aber einige Entscheidungen, die vom Bauch ausgehen: Wenn wir nach einem üppigen Mittagessen müde und abgeschlafft lieber schlafen als arbeiten, führt der Bauch die Regie. Doch diese Erkenntnis ist uralt.

Trotzdem ist der „Bauch" wichtig für unsere Emotionen: Was das bedeutet, lässt sich an tragischen Unfällen studieren, bei denen das Opfer beispielsweise vom Hals abwärts gelähmt wird. Diese Opfer erleben nach dem Unfall zwar die gleichen Gefühle wie vor dem Unfall, aber lange nicht mehr in der Intensität wie vorher. Der Körper ist also so etwas wie ein Resonanzkasten. Damit wird noch ein weiterer wichtiger Zusammenhang deutlich: Gehirn und Körper gehören untrennbar zusammen. Sie sind ein biologisches Gesamtsystem mit der Aufgabe, den limbischen Instruktionen und den Vitalbedürfnisse optimal Rechnung zu tragen. Nach der Überwindung des Leib-Seele-Dualismus von Descartes ist es jetzt an der Zeit auch den Gefühl-Verstand-Dualismus ad acta zu legen.

Wie man seine Entscheidungen optimieren kann

Wie wir gesehen haben, ist die Unterteilung in rationale und emotionale Entscheidungen sinnlos. Entscheidungen bestehen immer aus zwei Prozessen: Initiierung und Bewertung durch das limbische System und planende Ausführung durch den Neokortex. Auch wenn diese Prozesse eng verknüpft sind und permanent ineinander greifen, macht es Sinn, sie getrennt zu betrachten, wenn man über optimale Entscheidungen nachdenkt. Da es für die optimale Entscheidungsausführung tausende von guten Ratschlägen gibt, möchte ich mich hier auf die optimale Entscheidungsfindung beschränken. Wie wir wissen, trifft das limbische System seine Entscheidungen vor dem Hintergrund des limbischen Kräftesystems der drei Instruktionen in Abhängigkeit von der Entscheidungssituation. Doch die Stärke der drei Kräfte ist, wie wir noch sehen werden, höchst unterschiedlich ausgeprägt bei einzelnen Personen. Und: Unsere individuelle Ausprägung dieser Kräfte bestimmt, wie wir entscheiden. Diesen Einfluss bemerken wir aber nicht: Wir selbst haben das Gefühl, völlig rational, vernünftig und richtig entschieden zu haben. Nur: Eine andere Person mit einer anderen Ausprägung der limbischen Instruktionen, die in der gleichen Entscheidungssituation zu völlig anderen Ergebnissen kommt, hat das gleiche Gefühl. Auch sie behauptet, völlig bewusst, rational und vernünftig entschieden zu haben.

Wer hat nun Recht? Keiner oder alle beide! Wenn meine Persönlichkeit von einer sehr starken Balanceinstruktion geprägt ist, werde ich jedes Risiko vermeiden – aber damit auch alle Wachstumschancen verpassen. Das Gegenteil ist der Fall, wenn meine Stimulanz- und Dominanzausprägungen sehr hoch sind. In diesem Falle werden meine Entscheidungen in der Regel von einer hohen Risikobereitschaft geprägt sein. In beiden Fällen ist mir aber nicht bewusst, warum ich so entschieden habe.

Was kann ich nun tun um meine Entscheidungen zu optimieren? Es gibt zwei Möglichkeiten, die sich ergänzen. Die erste ist, dass ich meine eigene limbische Persönlichkeitsstruktur kennen muss – mit dieser Kenntnis kann ich gegensteuern. Die zweite Möglichkeit ist die, dass ich anderen Personen mit einer völlig anderen Persönlichkeitsstruktur das Problem zur Entscheidung vorlege. Aus deren Differenz zu meiner Entscheidung erkenne ich mögliche Probleme, die ich dann gezielt bearbeiten kann. Entscheiden muss ich zwar immer selbst und eine Sicherheitsgarantie gibt es nicht, wie z. B. die Börse täglich zeigt. Durch die Nutzung der aufgezeigten Optimierungsmöglichkeiten an anderen Meinungen werden Entscheidungen, wie sich in vielen spieltheoretischen Versuchen zeigt, im Durchschnitt wesentlich besser. Dabei liegt die Betonung auf Durchschnitt! Denn im Einzelfall kann es passieren, dass genau in dieser einen Situation und den damit verbundenen Bedingungen die spontane Entscheidung, die ohne langes Nachdenken getroffen wurde, besser ist als die „Durchschnittsentscheidung" (genauso ist natürlich eine Verschlechterung möglich). Diese Entscheidung wird übrigens als „Bauchentscheidung" bezeichnet. Weil man aber in einer Situation nie weiß, ob es genau die Situation für „Bauchentscheidungen" ist, fährt man auf Dauer besser, wenn man seine Entscheidungen im Team beleuchten lässt. Allerdings muss man dafür das richtig zusammengesetzte Team haben, wie sich in Kapitel 8 noch zeigen wird.

Die wichtigsten limbischen Erfolgsregeln aus Teil 1

1. Denken Sie immer an Ebene 2
Setzen Sie sich vor und bei allen Entscheidungen, die Sie treffen, konsequent Ihre limbische-Ebene-2-Brille auf. Trauen Sie nie dem, was Ihre Augen sehen (Ebene 1), sondern versuchen Sie immer, die wahren Mechanismen hinter den Kulissen zu erkennen.

2. Denken Sie so einfach wie die Natur

Nur wir Menschen glauben, dass wir selbst unergründlich und unerklärbar sind. Die Natur denkt so nicht: Sie hat uns mit einem genial einfachen Programm ausgestattet, das sich in allem zeigt, was wir tun. Misstrauen Sie deshalb allen, die Ihnen die menschliche Welt komplizierter machen wollen, als sie in Wirklichkeit ist.

3. Denken Sie stets an die erfolgreichste Strategie der Welt

Prägen Sie sich die limbische Idealkräfteverteilung gut ein: Die limbische Idealverteilung von 80 % Dominanz, 30 % Stimulanz und 50 % Balance ist eine einfache Faustregel für den persönlichen und den Unternehmenserfolg. Nutzen Sie damit eine Strategie, die sich über Milliarden Jahre der Evolution entwickelt und bewährt hat.

4. Analysieren Sie sich und Ihre Entscheidungen

Alle wichtigen Entscheidungen sind limbisch gesteuert und sehr stark abhängig von unserer Persönlichkeitsstruktur. Beim gleichen Sachverhalt kommen deshalb unterschiedliche Personen zu höchst unterschiedlichen Ergebnissen. Um Ihre Entscheidungen zu optimieren gibt es zwei Möglichkeiten, die sich ergänzen. Erstens: Verschaffen Sie sich Klarheit über Ihre limbische Persönlichkeitsstruktur. Wenn Sie z. B. eine hohe Balanceausprägung haben, gehen Sie auf Nummer Sicher. Zweitens: Diskutieren Sie Ihre Entscheidungen mit Kollegen, die eine andere Persönlichkeitsstruktur als Sie haben (siehe Kapitel 8).

5. Nutzen Sie das Großhirn richtig

Auch wenn die Entscheidungen im limbischen System fallen, ist das Großhirn sehr wichtig: Es hilft uns, komplexe Entscheidungen zu strukturieren, konkrete Maßnahmen abzuleiten und den Fortgang zu kontrollieren. Wirklicher Erfolg entsteht, wenn man limbisches System und Großhirn richtig verknüpft. Im ersten Schritt gilt es, die richtigen Entscheidungen zu treffen (siehe Punkt 4) und sie dann im zweiten Schritt richtig umzusetzen.

Teil 2:
Limbic Winners: Entdecken Sie die Naturgesetze des persönlichen Erfolgs

Nachdem wir uns im ersten Teil mit den wissenschaftlichen Hintergründen der limbischen Revolution und der Grundstruktur unseres limbischen Programms beschäftigt haben, wenden wir uns nun der Praxis zu.

Die meisten Menschen setzen Erfolg mit Karriere gleich. Im zweiten Teil wenden wir uns den individuellen Aspekten dieser Form des Erfolgs zu. Fragen, die uns in diesem Zusammenhang beschäftigen, sind: Kann man die Voraussetzungen, die für eine Spitzenkarriere erforderlich sind, lernen oder sind sie angeboren? Gibt es, wie häufig behauptet „Siegergene?" Warum macht Erfolg gesund und Misserfolg krank? Karriere ist in der Regel aber auch mit Führungsverantwortung verbunden. Hier stellen sich demnach ähnliche Fragen: Ist die Fähigkeit zum Führen angeboren? Und: Was ist eigentlich das Geheimnis charismatischer Führung?

Kapitel 4:
Die Wahrheit über Siegergene

Was Sie in diesem Kapitel erwartet:
Von manchen Managern wird behauptet, sie wären deshalb so erfolgreich, weil sie Siegergene hätten. Erfolg wäre also angeboren. Im Gegensatz dazu stehen Managementberater, die Siegergene ablehnen und postulieren, die persönlichen Voraussetzungen für Spitzenerfolge könne man lernen. Tatsächlich aber gibt es Siegergene. Was dahinter steckt und wie sie wirken, erfahren Sie auf den nächsten Seiten.

Erfolgstrainer sind „in". Mit Appellen wie „du musst an dich glauben", „du musst positiv denken", „du musst kämpfen" füllen sie Säle. Ein gläubiges Publikum nickt begeistert und geht mit der Überzeugung nach Hause, jetzt genau zu wissen, wie man es macht. Ganz einfach: Man muss eben nur besser sein als die Konkurrenz. Wechselt man die Seite und spricht mit Topmanagern über die Erfolgsgründe ihrer Karriere, hört man ähnliche Statements, diesmal lediglich in Ich-Form: „Ich habe härter gearbeitet als alle anderen", „mein Ziel, Karriere zu machen, habe ich konsequent ein Leben lang verfolgt".

Also ist alles eine Frage der inneren Einstellung und des festen Willens? Muss man nur wollen, und dann kommt der Erfolg automatisch? Hat jeder den Marschallstab in seinem Tornister, den es eigentlich nur auszupacken gilt?

Ganz so einfach ist die Sache nicht. Zwar erntet man wesentlich mehr Beifall, wenn man einem erfolgshungrigen Publikum suggeriert, alle Menschen seien gleich und jeder hätte deshalb auch die gleichen Karrierechancen. Doch dieser Beifall hat seinen Preis. Man muss mit Wahrheit dafür bezahlen. Die Chancengleichheit gibt es ganz einfach nicht. Oder, um es noch deutlicher zu formulieren: Es gibt sie wirklich, die viel beschworenen Siegergene!

Um das zu verstehen, müssen wir uns etwas näher mit den Persönlichkeitseigenschaften eines Menschen befassen. Wir akzeptieren heute fraglos, dass wir uns in Aussehen, Körpergröße und sportlichen oder musikalischen Fähigkeiten unterscheiden, und zwar von Geburt an. „Der hat Musik im Blut", „ein echtes Tennistalent" usw. – all dies sind Aussagen, die eine angeborene Eigenschaft unterstellen und damit eine genetische Ursache anerkennen.

Doch wie kann Karriere zu einem gewissen Grad angeboren sein? Welche Persönlichkeitseigenschaften sind es, die eine Karriere wahrscheinlicher machen? Ein Blick in den Alltag zeigt bei uns Menschen nicht nur Unterschiede in unserem Aussehen und in unserer Größe. Auch in unserer Persönlichkeit, in unserem Temperament unterscheiden wir uns erheblich. Der eine lebt still und zurückgezogen vor sich hin, der andere genießt es, abends auf Partys und Empfängen im Mittelpunkt zu stehen. Wie setzt sich Persönlichkeit zusammen? Was ist Temperament? Sowohl in der wissenschaftlichen Psychologie als auch bei den im Management gebräuchlichen Tests gibt es darüber recht unterschiedliche Vorstellungen.

Manche gehen von vier, andere von fünf und wieder andere von 16 grundlegenden Eigenschaften aus, aus denen sich unsere Persönlichkeit zusammensetzt. Legt man alle diese Persönlichkeitsverfahren nebeneinander, wird das Problem schnell sichtbar – alle geben vor, dieselbe Persönlichkeit zu messen – aber jeder Test misst etwas völlig anderes. Kein Test deckt den kompletten menschlichen Verhaltensraum ab, die Persönlichkeitseigenschaften werden zufällig aneinandergereiht und die innere Systemdynamik zwischen unseren hemmenden und expansiven Kräften wird ebenso wenig berücksichtigt.

Die Ursache des Problems liegt darin, dass diese Tests vor vielen Jahren entstanden, als die Gehirnforschung noch in den Kinderschuhen steckte – eine neurobiologische Fundierung, also eine Überprüfung, ob sich die gemessenen Eigenschaften auch im Gehirn wiederfinden ließen, war nicht möglich. Man beobachtete Verhaltensweisen und versuchte sie zu größeren Gruppen, zu Eigenschaften zu bündeln. Das Problem dieses Vorgehens liegt darin, dass man äußerliche Gleichheiten zusammenpackt, obwohl etwas ganz anderes dahinter steckt. Mit diesem Verfahren würde Messing, Gold und Pyrit (Katzengold) zu einer Gruppe „Gold" zusammengefasst, obwohl ihre chemische Struktur völlig verschieden ist – auch Haifische und Delfine wären eine Klasse, obwohl auch sie nichts miteinander zu tun haben. Genauso wie mit Motiven ist es auch mit den Persönlichkeitseigenschaften: Verlässliche Eigenschaften bekommt man nur, wenn man für beobachtbares Verhalten auch entsprechende Hirnregionen lokalisieren kann, die dieses Verhalten auslösen und/oder beeinflussen.

Tatsächlich ist es so, dass die drei limbischen Instruktionen (einschließlich Sondermodule) auch die tragenden Grundsäulen unserer Persönlichkeit sind. Es kann auch nicht anders sein – denn woher und zu welchem Zweck sollen plötzlich völlig neue Eigenschaften auftreten? Natürlich gibt es eine Reihe von Fertigkeiten und Fähigkeiten, die von dieser Grundstruktur nicht oder nur teilweise erfasst werden, weil sie eher im Neokortex anzusiedeln sind, wie z. B. die Intelligenz, musikalische oder sprachliche Fertigkeiten.

Woher kommen nun Persönlichkeitsunterschiede? Sie erklären sich aus den unterschiedlichen Mischungen, dem limbischen Mix, den wir Menschen haben. Zwar sind alle drei Instruktionen bei allen Menschen vertreten – aber in höchst unterschiedlich starker Ausprägung. Doch was hat dies mit den eingangs angesprochenen Siegergenen zu tun? Sehr viel. Wir Menschen kommen nämlich nicht mit dem gleichen limbischen Mix auf die Welt, sondern unterscheiden uns darin von Geburt an erheblich (warum das aus Sicht der Evolution Sinn macht, sehen wir in Kapitel 5). Und diese angeborenen Persönlichkeitsunterschiede sind genetisch bedingt.

40 bis 50 % unserer Persönlichkeit sind angeboren

Man geht heute davon aus, dass unsere Persönlichkeit zu etwa 40 bis 50 % angeboren ist. Durch Erziehung, aber auch durch Erfolge oder Misserfolge im Leben (siehe nächstes Kapitel) kann sich unsere Persönlichkeitsmischung zwar verändern, die Wahrscheinlichkeit aber, dass es dabei zu wirklichen Persönlichkeitsrevolutionen kommt, ist sehr gering. Wenn nicht schwerwiegende Einflüsse während des Kindes- oder Jugendalters zu verzeichnen sind, bleibt unsere Persönlichkeit relativ stabil. Eine für unsere Entwicklung wichtige Zeit sind die ersten fünf Lebensjahre. Denn in dieser Zeit ist unsere Persönlichkeit noch am stärksten formbar. Kinder beispielsweise, die von Geburt an mit einer höheren Balanceinstruktion ausgestattet sind (sie sind ängstlich) können von Eltern durch Ermutigung und das Verschaffen von Erfolgserlebnissen, einen Teil der Ängstlichkeit abbauen. Auch zeigt sich beispielsweise, dass Kinder, die als Baby viel gestreichelt wurden, weniger Angst- und Stresshormone im Erwachsenenalter entwickeln.

Auf der anderen Seite muss man sich aber darüber im Klaren sein, dass auch die Erziehung die Persönlichkeit nicht völlig verändern kann. 50 % der Temperamentsunterschiede sind nun mal angeboren. Und das ist auch gut so. Denn wie wir in den nächsten Kapiteln sehen werden – gibt es keine ideale Persönlichkeit, sondern die Natur und Evolution setzt auf Differenz und Variabilität.

Die limbischen Manager-Prototypen

Wenn wir nun von unserem limbischen Grundmodell ausgehen – welche Persönlichkeitstypen lassen sich daraus ableiten? Die Persönlichkeit eines Menschen basiert zwar immer auf allen drei limbischen Instruktionen – ich möchte hier bewusst etwas vereinfachen, um die prototypische „Siegerpersönlichkeit" deutlich zu machen. Konkret: Wir beachten die Ausprägungen, die am stärksten sind. Betrachten wir einmal Abbildung 1 und unser limbisches Verhaltensmodell als Grundlage, dann können wir von sechs limbischen Prototypen ausgehen. Schauen wir sie uns im Zusammenhang an:

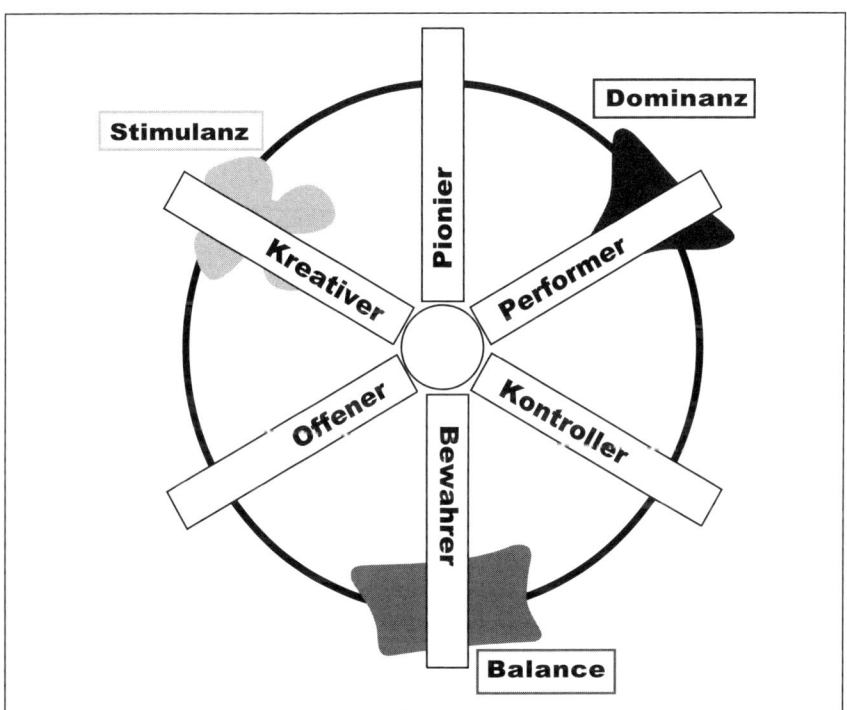

Abb. 1: Die limbischen Managertypen (vereinfachte Prototypen)

– Der Performer: hohe Ausprägung der Dominanzinstruktion
– Der Kontroller: hohe Ausprägung der Dominanzinstruktion, mittlere Ausprägung der Balanceinstruktion
– Der Bewahrer: hohe Ausprägung der Balanceinstruktion

- Der Offene: hohe Ausprägung der Balance- und der Stimulanzinstruktion
- Der Kreative: hohe Ausprägung der Stimulanzinstruktion
- Der Pionier: hohe Ausprägung der Dominanzinstruktion, mittlere bis hohe Ausprägung der Stimulanzinstruktion

Jeder dieser Prototypen hat seine Stärken und seine Schwächen. Damit wollen wir uns jetzt aber nicht befassen, die erstaunliche Bio-Logik die dahinter steckt, werden wir in Kapitel 8 näher kennen lernen. Uns interessieren hier nur die Prototypen, die als Unternehmer oder Manager besonders erfolgreich sind. Wir gehen also der Frage nach, welche Ausprägung der limbischen Instruktion eine Spitzenkarriere ermöglicht.

Vielleicht können Sie es sich schon denken: Grundvoraussetzung für eine Spitzenkarriere in der Wirtschaft ist zunächst eine ausgeprägte Dominanzinstruktion. Das ist eindeutig der Prototyp des Performers.

Um nämlich an die Spitze zu kommen gilt es, einen starken Willen zur Führung und zur Macht zu haben und Konflikte und Konkurrenzkämpfe nicht zu scheuen. Darüber hinaus ist es wichtig, sein Ziel und seinen Weg eisern zu verfolgen, getrieben vom unerbittlichen Wunsch, der Beste, der Sieger zu sein. Dies bedeutet auch, sich durchzusetzen und für den Sieg manche Entbehrung auf sich zu nehmen.

Diese innere Denk-, Erlebnis- und Handlungsstruktur, die für den Erfolg notwendig ist, die einen permanent antreibt und jede Entscheidung beeinflusst, ist tief in der Persönlichkeit, besser: im limbischen System, verankert. Wer zeitlebens die schönen Seiten des Lebens genossen hat (höhere Ausprägung der Stimulanz- und Balanceinstruktion) kann nicht über Nacht seine Persönlichkeit, sein Selbst verändern. Man kann sich nicht durch Autosuggestion von einem zufriedenen Karpfen in einen kämpferischen Hecht verwandeln!

Die limbische Struktur von Siegern

Doch wie sieht das limbische Profil des Performers im Detail aus? Schauen wir dazu zusätzlich Abbildung 2 an. Wie bereits beschrieben, hat er eine hohe Ausprägung im Dominanzbereich, die bei etwa 80 % liegt, eine mittlere bis geringe Ausprägung im Balancebereich (20 bis 30 %) und eine ebenso

Die limbische Struktur von Siegern

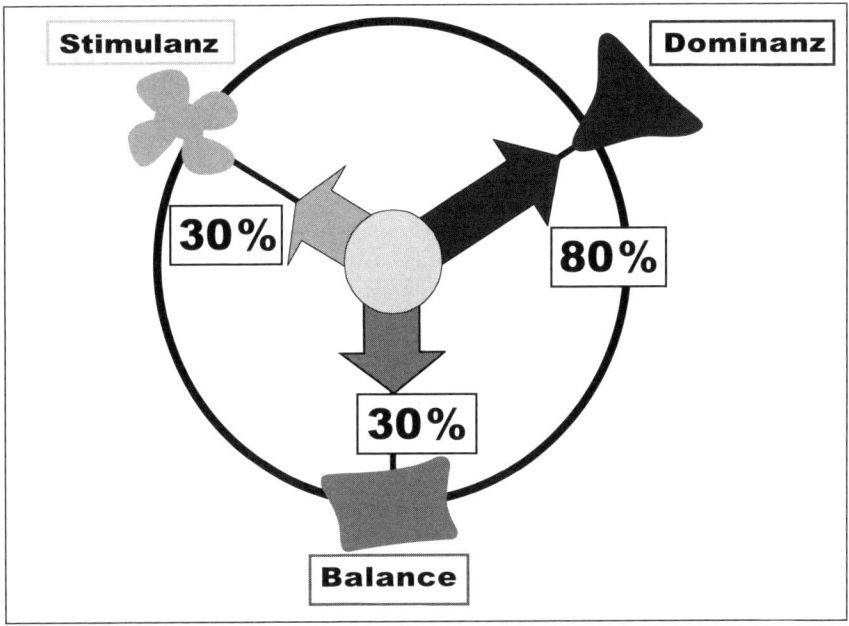

Abb. 2: Das limbische Profil von Siegern

geringe Ausprägung im Stimulanzbereich (30 %). Warum, werden Sie jetzt fragen, liegt der Dominanzwert nicht bei 100 %? Die Antwort: Eine ganz extreme Ausprägung der Dominanzinstruktion (100 %) bringt erhebliche Probleme mit sich. Menschen mit dieser Ausprägung bewegen sich fast immer am Rande der Überlastung. Das Wahrnehmungsfeld und das Denken sind stark eingeschränkt. Gleichzeitig führt die fast schon krankhafte Aggressivität zu Ablehnungsreaktionen in der Organisation.

Durch die hohe Dominanz- und eher geringe Balanceinstruktion hat der Performer auch keine Angst vor unpopulären Entscheidungen. Warum aber soll die Stimulanzinstruktion nicht zu hoch sein? Man sagt doch immer, dass erfolgreiche Manager hoch kreativ und unkonventionell sein sollen. Doch diese Annahme ist falsch. Genau dafür werden Manager nicht belohnt! Ein hoch kreativer Manager mit einer hohen Stimulanzinstruktion hat nämlich ein Problem besonderer Art: Jeden Tag ist er auf der Suche nach einer neuen Idee. Nur: Die bestehenden Aufgaben und Ziele werden dabei vernachlässigt.

Der wirkliche Performer hat aber auch Schwächen: Seine emotionale Intelligenz ist nicht sonderlich ausgeprägt. Untergebenen gegenüber verhält er sich oft arrogant und überheblich. Auch die Fähigkeit zur Selbstkritik gehört nicht zu seinen Stärken. Dazu kommt ein weiteres Problem: Menschen mit diesem inneren Profil sind nie wirklich glücklich und zufrieden – kaum haben sie ein Ziel erreicht, steht schon das nächste auf dem Plan. Betrachten Sie unter diesem Aspekt einmal die Fotos von Topmanagern oder Spitzenpolitikern in den Zeitungen: dünne Lippen, leicht nach unten gezogene Mundwinkel und hohe Spannung im Gesicht: alles Zeichen einer gewissen Unzufriedenheit mit dem Status quo. Damit wird aber auch deutlich: Zufriedenheit und Erfolg sind etwas völlig anderes – sie schließen sich oft sogar aus!

Das limbische Profil des erfolgreichen Unternehmers

Gibt es eigentlich einen Unterschied zwischen einem angestellten Topmanager und einem erfolgreichen Unternehmer? Diesen Unterschied gibt es, er ist allerdings nicht sehr groß. Der wirklich erfolgreiche Unternehmer hat fast die identische Struktur wie der Performer, in einem Punkt unterscheidet er sich aber: In der Ausprägung der Stimulanzinstruktion nämlich liegt er mit etwa 30 bis 40 % etwas höher. Der erfolgreiche Unternehmer ist neugieriger als der Performer und offener, sich auf neue, unbekannte Wege einzulassen. Der erfolgreiche Unternehmer ist also ein echter Pionier. Während der Unternehmer nur für sich selbst verantwortlich ist und sich für eingegangene Risiken nicht rechtfertigen muss, sieht es beim Performer anders aus. Im Laufe der Karriere lernt er Risiken zu vermeiden und genau das umzusetzen, was von ihm erwartet wird. Ist er an der Spitze des Unternehmens, kann er sein Verhalten nicht verändern. Das wäre auch gefährlich: Er ist seinen Aktionären oder Anteilseignern verpflichtet. Solche Entscheidergruppen meiden aber in der Regel eher das Risiko. Wer solchen Gremien eine berechenbare Strategie des „Mehr im Gleichen" präsentiert, hat deutlich „bessere Karten" als der, der eine völlig neue und innovative Strategie präsentiert.

Nice Guys finish second

Wie wichtig die Dominanzinstruktion für Karriere und Unternehmenserfolg sind, zeigen auch viele empirische Untersuchungen. Eine breit angelegte Längsschnittuntersuchung, die vor einigen Jahren in Finnland mit Unternehmern durchgeführt wurde, bestätigt diese Behauptung. In dieser

Untersuchung wurden die Versuchspersonen über viele Jahre hinweg beobachtet. Das Untersuchungsziel war festzustellen, ob die Höhe der Machtmotivation – alle Versuchspersonen waren Unternehmer – den Unternehmenserfolg beeinflusst. Für alle Jungunternehmer waren die ökonomisch-strukturellen Startvoraussetzungen in etwa gleich. Worin sie sich erheblich unterschieden war die Machtmotivation. Nach zehn Jahren zeigte sich eindeutig, dass die Unternehmer mit hoher Machtmotivation wesentlich erfolgreicher waren als die mit geringer Machtmotivation. Und noch etwas zeigte sich: Die ganz Erfolgreichen kümmerten sich nicht um die Meinung anderer und hatten auch einige Defizite in der emotionalen Intelligenz.

Vergleichbare Ergebnisse brachten auch psychologische Untersuchungen zum Zusammenhang von Karriere und Führungsverhalten in der amerikanischen Armee. Jene Offiziere, die bei allen beliebt waren, machten lange nicht die Karriere wie jene, bei denen eine hohe Machtmotivation gemessen wurde und die sich deshalb auch wenig um ihre Beliebtheit kümmerten. Das Sprichwort „Nice Guys finish second" trifft den Kern der Sache genau. Und Topmanager wie Jack Welch, Ferdinand Piëch, Kajo Neukirchen und Jürgen Schrempp werden, wie wir wissen, auch nicht gerade als Referenzmodelle für emotionale Intelligenz gehandelt. Da nice Guys in der Regel für Harmonie sorgen, erfreuen sie sich hoher Beliebtheit – allerdings ist die Gefahr groß, dass das von ihnen geführte Team oder Unternehmen seinen Kampfeswillen und damit seine Wettbewerbsfähigkeit verliert.

Zuviel Kreativität schadet der Karriere

Nun zur Kreativität. Auch für meine Aussage, zuviel Kreativität sei für unternehmerischen Erfolg oder eine Spitzenkarriere eher schädlich, gibt es eine empirische Bestätigung. Immer wieder wird in Wirtschaftsgazetten behauptet, die wichtigste Eigenschaft eines Unternehmers sei Kreativität. Die Zeitschrift Impulse führte 2001 eine Untersuchung über den Persönlichkeitstyp „erfolgreicher Unternehmer" durch. Obwohl die Typbezeichnungen bei Impulse anders waren, lassen sie sich durch die Charakterisierung und Analyse der Fragen auf unsere limbischen Managertypen übertragen. Abbildung 3 zeigt das auf das limbische Modell übertragene Ergebnis. Am erfolgreichsten als Unternehmer sind eindeutig die „Pioniere", danach kommen die „Performer". Noch erfolgreich, aber schon mit deutlichem Abstand, sind die Controller. Nicht erfolgreich dagegen sind die Kreativen, sie heißen bei Impulse die Tausendsassas und die Bewahrer.

Limbic Winners: Entdecken Sie die Naturgesetze des persönlichen Erfolgs

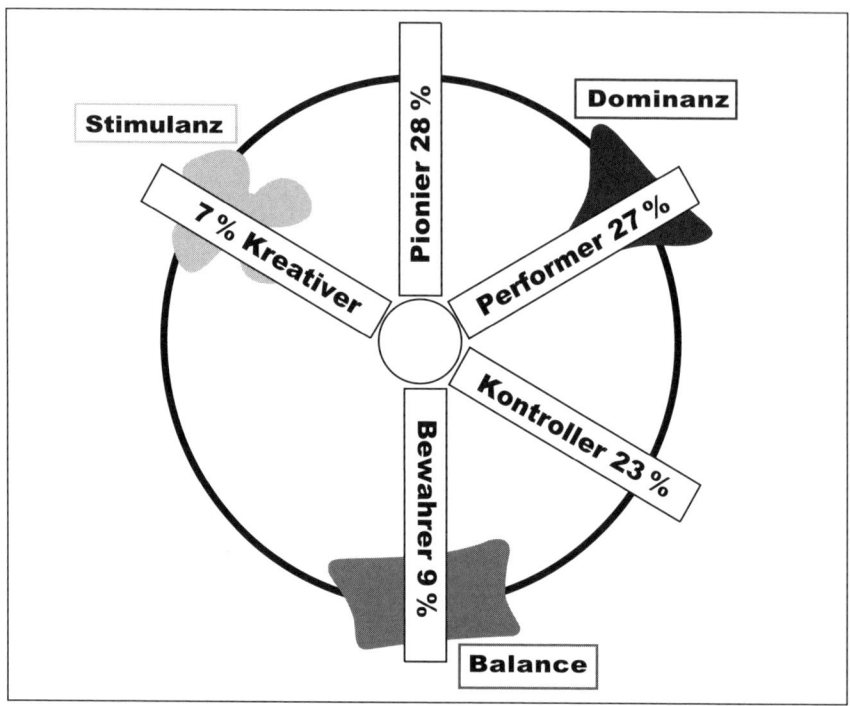

Abb. 3: Die limbische Übersetzung der Impulse-Unternehmerbefragung
Deutlich wird, dass der Pionier der erfolgreichste Prototyp ist.

Diese Ergebnisse machen deutlich, dass es im limbischen Modell, wie Abbildung 4 zeigt, so etwas wie ein magisches Erfolgsdreieck für Karriere und Unternehmererfolg gibt: Es liegt eindeutig im Bereich der Dominanzinstruktion – mit einem nicht zu großen Schuss Stimulanz. Die besonders Erfolgreichen verfolgen klare und eindeutige Ziele und sie werden von einer weit überdurchschnittlichen Dominanzinstruktion täglich von neuem angetrieben. Gleichzeitig beobachten sie aber alle Entwicklungen und Trends (Stimulanzinstruktion), ohne aber sofort auf jede neue Idee oder jedes neue Erfolgsrezept anzuspringen.

Damit wird aber auch die prinzipielle Richtigkeit von Erfolgsstrategien deutlich, deren Inhalt lautet: sich nicht zu verzetteln, sondern sich und seine Kräfte auf ein Ziel zu konzentrieren. Das Problem dabei ist nur, dass diese Fähigkeit eng an eine bestimmte Persönlichkeitsstruktur gekoppelt ist. Und: Eine starke Dominanzinstruktion lässt sich ebenso wenig durch Knopfdruck aktivieren, wie sich eine starke Balance- oder Stimulanzinstruktion ausschalten lässt.

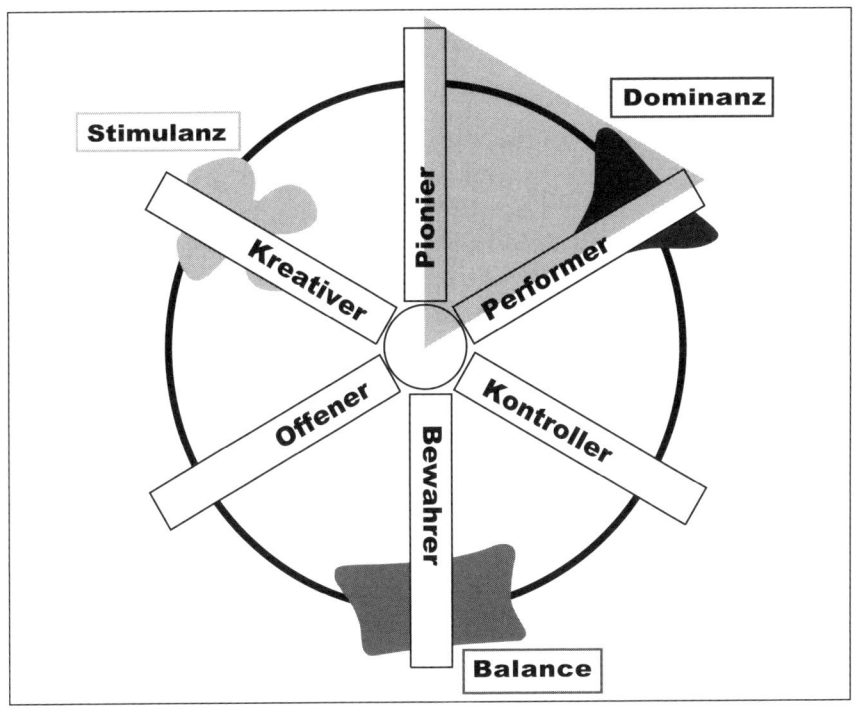

Abb. 4: Das limbische Erfolgsdreieck
Menschen mit dieser Persönlichkeitsstruktur sind als Unternehmer und Manager am erfolgreichsten.

Testosteron – das Superbenzin für Karriere, Macht und Expansion

Aber von was wird die Dominanzinstruktion beeinflusst? Was macht die Stärke dieser Dominanzinstruktion aus? Um diese Dynamik zu verstehen, müssen wir uns mit der Neuroendokrinologie, also den Hormonen und Neurotransmittern beschäftigen, die neben den Gehirnstrukturen entscheidend sind für die individuelle Stärke und Ausprägung der limbischen Instruktionen.

Die Dominanzinstruktion, die ein wesentlicher Motor für Karriere ist, wird nämlich erheblich vom Sexual- und Dominanzhormon Testosteron beeinflusst. Je höher der Testosteronspiegel in unserem Blut, desto höher ist mit großer Wahrscheinlichkeit auch der Wille zur Macht und die Lust und Freude am Kampf. Testosteron ist nicht der einzige Motor der Macht – sein großer Einfluss ist aber unbestritten. Testosteron sorgt für eine optimistische, zukunftsorientierte Stimmung und erhöht die Bereitschaft, sich größeren Herausforderungen zu stellen.

Diese Aussage gilt aber nur für Männer. Denn Testosteron ist in erster Linie das männliche Sexualhormon. Endokrinologen nennen es deshalb auch das Superbenzin des Mannes. Das wichtigste Sexualhormon der Frau ist Östrogen, allerdings wirkt sich dieses Hormon etwas anders auf die Psyche der Frau aus als Testosteron auf die Psyche des Mannes. Östrogen aktiviert und hebt die Stimmung – aber ohne die aggressive Komponente des Testosterons.

Auch im weiblichen Körper kommt Testosteron vor, im Durchschnitt aber lange nicht in der starken Konzentration wie beim Mann. Auch hier gibt es Ausnahmen, nämlich Frauen, die einen höheren Testosteronspiegel haben als Männer. Aber bei Frauen zeigt eine hohe Testosteronkonzentration eine andere Wirkung als bei Männern. Sie sind schneller reizbar und irritierbar, aber ohne gesteigerten Kampfeswillen.

Das Testosteron ist also ein wichtiges biochemische Superbenzin für Karriere, Macht und Expansion. Eine Untersuchung in der amerikanischen Armee beispielsweise zeigte, dass Rang und Testosteronspiegel im hohen Maß korrelierten. Inzwischen gibt es viele weitere Untersuchungen bei Menschen, die einen engen Zusammenhang zwischen Testosteron und dem Dominanzverhalten zeigen. Identische Ergebnisse erhält man auch bei Versuchen an unseren nächsten Verwandten, den Primaten, wie folgende Aufstellung zeigt:

- hoher Testosteronspiegel = hohe Rangordnung
- hoher Testosteronspiegel = geringe soziale Intelligenz
- hoher Testosteronspiegel = Konkurrenten zeigen unterwerfendes Verhalten
- hoher Testosteronspiegel = großes Territorium
- hoher Testosteronspiegel = Aggressivität, Kampfeslust
- hoher Testosteronspiegel = viele Sexualkontakte

Testosteron – das Geheimnis der Genies

Testosteron hat aber noch eine andere Eigenschaft – es ist maßgeblich daran beteiligt, ob wir Genies mit einer weit überdurchschnittlichen Intelligenz werden oder nicht. Internationale Forschungen zeigen, dass Hochintelligente weit weniger Testosteron im Blut haben als Durchschnittsbegabte. Weniger Testosteron? Macht also Testosteron stark, aber auch gleichzeitig dumm? Ganz so einfach ist die Erklärung nicht. Wir müssen nämlich zwischen zwei getrennten Prägungsphasen in puncto Testosteron unterscheiden: Körper und Gehirn werden insbesondere bei Männern in unterschiedlichen Zeiten im Mutterbauch „testosteronisiert". Beide Prozesse sind unabhängig voneinander: Es kann vorkommen, dass nur der embryonale Körper mit dem Hormon überschwemmt wird, das Gehirn aber nicht. Im späteren Mannesalter sind das Männer, die sehr männlich aussehen – aber eher weich im Verhalten sind.

Aber auch die andere Entwicklung ist im Mutterbauch möglich – das Gehirn des männlichen Embryos wird von diesem Hormon überschwemmt, der Körper nicht. Und dies scheint auch der Fall bei Denkgenies zu sein. Untersuchungen zeigen, dass Hochbegabte in der 20. Woche im Mutterbauch einer erhöhten Testosteronkonzentration ausgesetzt waren. Wie lässt sich nun erklären, dass erwachsene Hochbegabte weniger Testosteron produzieren? Dies wird als Ausgleichsreaktion gedeutet. Wie der Wissenschaftsjournalist Jochen Paulus schreibt, hat ihr Körper früh gelernt, weniger Testosteron zu erzeugen, weil bereits viel vorhanden war. Durch dieses Testosteronbad im Gehirn werden besondere Bereiche in der linken, aber auch in der rechten Gehirnhälfte verstärkt, die für räumliches und mathematisches Denken zuständig sind.

Durch diesen Testosteroneinfluss auf die Intelligenz gibt es deutliche Geschlechtsunterschiede. Im Durchschnitt sind Frauen und Männer zwar gleich intelligent. In den beiden Extrempositionen der Intelligenzverteilung – in der Hochbegabung, aber auch in der Debilität liegen die Männer eindeutig vorne.

Warum für Frauen Karriere eine andere Bedeutung hat als für Männer

Der ungeheure Einfluss des Testosterons wird meist ignoriert. Der Grund liegt in der „Political Correctness" unserer Zeit. Wir leben im Zeitalter der Emanzipation. Falsch verstandene Emanzipation suggeriert, Frauen und Männer wären gleich und müssten auch gleich behandelt werden. Dieser

Gedanke wird auch auf das Management übertragen. Man stellt dort verwundert fest, dass in den wirklichen Toppositionen nur 3,7 % Frauen zu finden sind, also 96,3 % dieser Positionen von Männern besetzt werden. Die scheinbaren Ursachen sind schnell ausgemacht – Männer verhindern die Karriere von Frauen. Gleichzeitig haben Frauen durch die Doppelbelastung Familie und Beruf nicht die Zeitressourcen, die eine Spitzenkarriere erfordert. Diese Begründungen sind richtig, die wichtigste Ursache der Ungleichheit erklären sie nicht. Übersehen wird nämlich die Antriebskraft, die Männer zur Karriere, zur Macht, aber auch zum Kampf antreibt. Aus dem gleichen Grund ist es auch kein Zufall, dass 95 % aller Gewaltverbrechen und Kriege auf das Konto von Männern gehen. Die gemeinsame Ursache für Toppositionen und Gewaltbereitschaft lautet nämlich: Testosteron!

Und dieses Superbenzin ist auch der Grund, warum für Männer Karriere und Macht eine völlig andere Bedeutung haben als für Frauen. Bietet man eine Topposition mit allen damit verbundenen Konsequenzen, wie z. B. einer 60- bis 70-Stundenwoche, häufigen Reisen, Führungsverantwortung und dem damit entsprechenden Stress zehn Männern und zehn Frauen gleichzeitig an, schreien zehn Männer „hier" – aber nur eine Frau. Vor die Wahl gestellt, als einsamer Leitwolf Karriere zu machen (Dominanz) oder mehr soziale Geborgenheit im Team oder in der Familie zu haben, trifft das weibliche limbische System seine Entscheidung eher für letzteres.

All dies geschieht unbewusst, weder wissen Männer, warum für sie Karriere so eine ungeheure Bedeutung hat, noch ahnen Frauen, warum sie nicht mit gleicher Verbissenheit um Karriere kämpfen wie ihre männlichen Kollegen. Beide Geschlechter haben das Gefühl, sie würden völlig vernünftig und bewusst handeln – dass dabei die Natur über das limbische System unbewusst die Fäden zieht, bleibt beiden verborgen.

Doch woher kommt der hormonelle Unterschied zwischen Mann und Frau? Der wahre Grund für diese enormen Geschlechtsdifferenzen in puncto Dominanzinstruktion und damit verbunden dem Testosteron liegt in der unterschiedlichen Investitionsrechnung zur Verbreitung der eigenen Gene für Mann und Frau. In meinem Buch „Think Limbic" habe ich diese wissenschaftliche Beweisführung ausführlich dargestellt, sodass ich an dieser Stelle nicht näher darauf eingehen möchte.

Unterschiede zwischen Frauen und Männern im Management

Diese Testosteronbetrachtung sollte allerdings nicht zur Behauptung führen, aufgrund des mangelnden Testosterons könnten und sollten Frauen keine Karriere machen – das sei Männersache. Dieser Denkschluss ist falsch! Wenn wir verlässlichere Aussagen zur Rolle von Mann und Frau im Management machen wollen, müssen wir nämlich stärker differenzieren. Tatsächlich ist Testosteron zwar ein wichtiger Einflussfaktor, aber man darf Geschlechtsdifferenzen nicht darauf reduzieren.

Betrachten wir die Sache deshalb etwas genauer anhand der Abbildung 5: Männer und Frauen unterscheiden sich im Durchschnitt, also in der Stärke ihrer Dominanzinstruktion. Die Betonung liegt hier auf „im Durchschnitt". Genauso nämlich wie es Männer gibt, die kleiner sind als Frauen, gibt es auch Männer, deren Dominanzinstruktion geringer ausgeprägt ist als die vieler Frauen.

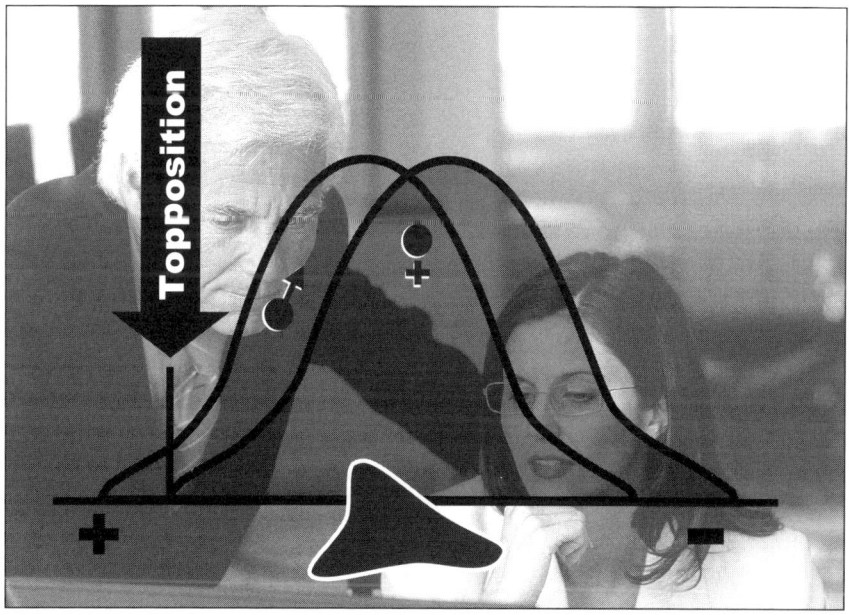

Abb. 5: Das Problem der absoluten Toppositionen aus statistischer Sicht
Voraussetzung für eine Topposition ist eine extrem hohe Dominanzinstruktion. Durch die unterschiedliche Ausprägung von Mann und Frau gibt es in diesem Extrembereich fast keine Frauen mehr.

Wenn man nun stark vereinfacht und die Karriereleiter nur auf die Ausprägung der Dominanzinstruktion reduziert, dann sieht man, dass bei Karrierepositionen im Mittelmanagement eine Verteilung von 60 % Männern und 40 % Frauen statistisch erwartet werden kann. Eine solche Verteilung, die den biologischen Dominanzunterschieden entspricht, kann in den kommenden Jahren sicher auch erreicht werden.

Wenn wir nun aber die Karriereleiter nach ganz oben steigen, wird der Konkurrenzkampf wesentlich härter. Je höher die Hierarchie, desto weniger Stellen, gleichzeitig sind auch die Bewerber schon durch eine Selektion gelaufen: Oben sind nur noch die Bewerber im Spiel, die über eine extrem hohe Ausprägung der Dominanzinstruktion verfügen. Und hier, bei den Extremwerten der Verteilungskurve, sind fast nur noch Männer, aber fast keine Frauen mehr zu finden.

Die idealen Topmanager von morgen

Kritiker werden jetzt einwenden, diese Vereinfachung, Karriere mit Dominanz gleichzusetzen, sei zu simpel. Und andere argumentieren vielleicht: Schön und gut – das gilt für die Unternehmen und Manager von heute und gestern. Die Unternehmen und die Manager von morgen aber sehen doch völlig anders aus. Dabei skizzieren sie eine Vision vom vernetzten und hierarchiearmen Unternehmen mit aufgeklärten und vernünftigen Mitarbeitern. Auch die Topführungskraft von morgen sähe völlig anders aus. Der harte Performer hätte ausgedient, an seine Stelle träte der integrierende, sensible, sich selbst zurücknehmende Netzwerker, der seine Truppe mit hoher emotionaler Intelligenz anleiten würde. Bei dieser Art der Führung aber wären Frauen durch ihre höhere soziale Kompetenz eindeutig im Vorteil.

All dies klingt zwar sehr schön – man spürt die „Schöne neue und heile Welt"-Utopie förmlich. Was man aber leider dabei verkennt ist, dass ein Unternehmen in einem harten und immer härter werdenden Wettbewerb steht und kein in sich abgeschlossenes und behütetes soziales System fern dieser Welt ist. Das Wachstum und die Expansionskraft eines Unternehmens von morgen basiert auf den gleichen Gesetzen wie bei den heutigen Unternehmen. Es ist und bleibt die Dominanzinstruktion. Und: Da jede soziale Gruppe aufgrund biologischer Gesetze, die wir noch kennen lernen werden, immer zu einer zentralistischen Führung tendiert, werden auch an der Spitze der Unternehmen von morgen keine völlig anderen Manager zu finden sein als heute. Man braucht kein großer Prophet zu sein um vorauszusagen, wie das limbische Persönlichkeitsprofil des erfolgreichen Managers im Jahr 2010 aussehen wird: hohe Dominanz, mittlere bis geringere Stimulanz, verbunden mit einem kleinen Schuss mehr Balance als heute („Netzwerkfaktor!").

Die beiden zentralen Funktionen der Führung

Bei dieser Darstellung wird aber auch deutlich, wie sich die Führungsfunktionen in Abhängigkeit von den Hierarchiestufen verändern. An der Spitze eines Unternehmens braucht es Menschen mit einem starken Expansionswillen, die das gesamte System permanent in Bewegung halten und zur Expansion aktivieren. Je höher die Hierarchie, desto klarer und konsequenter muss entschieden werden. Dazu ist meist ein starker Wille erforderlich, gepaart mit einer gewissen Härte. Auf der zweiten und dritten Ebene dagegen gewinnen jene Managementqualitäten an Bedeutung, die die Truppe zum Mitmachen motivieren und vor allem auch zusammenhalten. Die Frage, die eine große deutsche Wirtschaftszeitung jüngst auf ihrem Titelbild stellte, „Sind Frauen die besseren Manager?", kann so nicht beantwortet werden. Man muss dabei immer nachfragen: „Für welche Position?". Je nach Hierarchiestufe haben unsere limbischen Programme dafür zwar eine Antwort, allerdings – wie wir gesehen haben – nur in Form einer statistischen Wahrscheinlichkeitsrechnung. Führung von morgen braucht beide Funktionen – die expansiv-treibende und jene, die die Truppe zusammenhält und integriert. Da sich diese Funktionen in einer Person eher ausschließen, bedeutet dies, dass Frauen und Männer im Management gleichermaßen wichtig sind.

Der Einfluss der Intelligenz und des Bildungsniveaus auf Karriere

Eine Frage wartet im Hinblick auf den Karriereerfolg noch auf eine Antwort: Welchen Einfluss haben Intelligenz und Bildungsniveau, also der Schulabschluss? Der Einfluss ist groß, aber Bildung/Intelligenz garantieren keine Spitzenkarriere, sondern machen sie nur wahrscheinlicher. Wie kann man sich das an einem Bild vorstellen? Angenommen, Sie machen einen Universitätsabschluss, haben aber ein Persönlichkeitsprofil, das weniger leistungsorientiert ist. Damit steigen Sie, um es in einem Bild zu sagen, von Haus aus in die Regionalliga ein. Und dort werden Sie auch den Rest ihres

Lebens verbringen. Ihr ehrgeiziger Kollege, der eine Lehre mit gutem Abschluss gemacht hat, steigt eine Liga oder zwei Ligen tiefer als Sie ein – da er aber gewinnen will, steigt er auf – vielleicht sogar bis in die Bundesliga.

Aber: Natürlich gibt es auch Universitätsabsolventen, die vor Ehrgeiz platzen und mit einem Spitzenexamen, Auslandspraktika usw. ins Berufsleben kommen. Sie steigen in die zweite Bundesliga ein – und spielen nach einiger Zeit in der ersten Liga um die Meisterschaft. Diese Betrachtung könnte man jetzt noch etwas komplizieren, indem man Intelligenz und Schulabschluss nochmals getrennt betrachtet – wir sollten es aber dabei bewenden lassen, weil das Prinzip das Gleiche bleibt. Intelligenz und Schulabschluss helfen bei der Karriere, sie garantieren aber nichts. Das Persönlichkeitsprofil eines Menschen hat auf Karriere und Erfolg den größeren Einfluss.

Kapitel 5:
Die Siegerspirale und die Loserfalle

Was Sie in diesem Kapitel erwartet:
Im Kapitel mit den Siegergenen haben wir uns mit der angeborenen Seite unserer Persönlichkeit beschäftigt. Liegt also der Erfolg schon in der Wiege? Ist Karriere damit völlig vorbestimmt? Das ist nicht der Fall. Die Evolution hat nämlich einen hochintelligenten Mechanismus eingebaut, der für eine gewisse Gerechtigkeit sorgt: die Siegerspirale. Sie belohnt den aktuellen Erfolg. Doch die Natur ist hart: Mit der Loserfalle bestraft sie auch die Erfolglosen.

Möglicherweise haben Sie beim Lesen des letzten Kapitels schon etwas resigniert, weil Ihr Persönlichkeitsprofil von dem des Performers oder des Pioniers abweicht (im Anhang finden Sie einen kurzen Persönlichkeitstest). Keine Siegergene – kein Erfolg? Doch das ist falsch. Die Natur hat nämlich im Laufe der Evolution so etwas wie einen zweiten Bildungsweg für Erfolg erfunden: Die Siegerspirale. Damit bekommen jene, die nicht mit Siegergenen auf die Welt gekommen sind, die Chance, das Siegertreppchen doch zu erstürmen. Die Natur verlässt sich nämlich nicht nur auf die angeborenen Anlagen – sie belohnt zusätzlich und sofort den aktuellen Lebenserfolg.

Doch wie funktioniert die Siegerspirale? Angenommen, sie spielen mit Ihrem Partner ein verbissenes und hartes Tennismatch und schließlich gewinnen Sie nach langem Kampf. Jetzt geschieht in Ihrem Blut und Ihrem Gehirn Folgendes: Die Testosteronkonzentration steigt enorm an, wie Abbildung 1 zeigt. Diese erhöhten Testosteronwerte bleiben über Stunden, manchmal sogar über Tage erhalten. Wie macht sich dieser Anstieg in Ihrem Bewusstsein bemerkbar? Den psychischen Effekt von Testosteron kennen wir ja bereits: Sie platzen vor Zuversicht und Optimismus – und ihre Kampfeslust ist ungebrochen. Und: Sie können es kaum erwarten, bis die nächste Herausforderung auf Sie zukommt. Zusätzlich werden als Belohnung auch Endorphine – körpereigene Opiate ausgeschüttet – sie tragen ebenfalls zum Glücksgefühl bei, allerdings ist ihre Wirkung nur von kurzer Dauer.

Die Siegerspirale wurde in unzähligen Untersuchungen, nicht nur im Sport, sondern auch z. B. im Schach, aber auch im Business nachgewiesen. Nach gelungenen Präsentationen oder Verkaufsabschlüssen steigt der

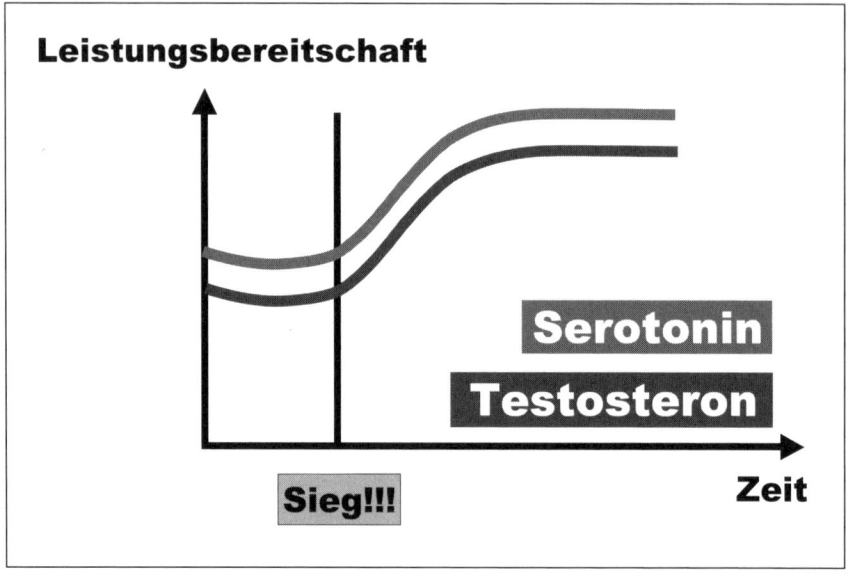

Abb. 1: Die Siegerspirale
Durch Erfolg erhöht sich die Konzentration von Testosteron und Serotonin im Blut: Das Selbstbewusstsein und die Kampfkraft nehmen zu.

Testosteronspiegel an. Gleichzeitig gibt es noch einen weiteren wichtigen Zusammenhang. Je länger an diesem Erfolg gearbeitet wurde und je höher das persönliche Engagement war, desto höher der Testosteronanstieg. Zufällige Erfolge, die keine Anstrengung oder keinen harten Kampf voraussetzen, erhöhen den Testosteronspiegel nicht!

Doch nicht nur aus aktuellen Untersuchungen wissen wir von der ungeheuren unbewussten Kraft der Siegerspirale – auch in historischen Schilderungen wird dieses Phänomen beschrieben. Viele preußische Offiziersfrauen berichteten, wie Ihre Männer nach einer langen, entbehrungsreichen, aber gewonnenen Schlacht nach Hause kamen und trotz schwerer Verletzungen voller Euphorie und Tatendrang waren – verbunden mit einer enorm gesteigerten Sexualität. Nicht vergessen dürfen wir, dass Testosteron für Kampf und Sex zuständig ist.

Die Siegerspirale, ausgelöst durch den Testosteronkick, ist auch die Erklärung dafür, warum Sportler, die mehrmals in Folge gewinnen, von einem Wettkampf zum nächsten eilen und während dieser Wettkampfphase oft nicht mehr schlagbar sind. Je öfter sich der Sieg wiederholt, desto mehr stabilisiert sich auch die Höhe der Testosteronkonzentration. Die Konzentration der siegreichen „Emporkömmlinge" übertrifft dabei oft jene, die den Sieg von Hause aus im Blut haben. Und: Durch das Selbstvertrauen stellt man sich neuen Aufgaben, die man vorher vermieden hätte. Damit bleibt die Siegerspirale in Gang – das Testosteron und damit das Selbstvertrauen bleibt stabil!

Aber die Evolution belohnt die Sieger mit der Siegerspirale noch auf eine weitere Art. Beim Sieg wird nicht nur Testosteron ausgeschüttet – sondern auch das „Glückshormon" Serotonin. Serotonin ist das Hormon, das beispielsweise in der Depressionsforschung eine große Rolle spielt. Bei depressiven Patienten ist unter anderem die Serotoninkonzentration stark erniedrigt. Die Folge davon sind eine hohe Reizbarkeit und innere Erregtheit. Eine hohe Serotoninkonzentration dagegen erzeugt das Gegenteil – man fühlt sich ruhig und sehr zufrieden.

Was bedeutet das nun für unseren Passagier in der Siegerspirale? Er fühlt sich nicht nur stark und bereit, alle Herausforderungen dieser Welt zu meistern, er ist dabei gleichzeitig völlig cool und ruht in sich selbst. Die Signale, die er nach außen abstrahlt, sind die einer souveränen und absoluten Überlegenheit. Weil auch die Körpersprache im limbischen System dekodiert wird und die nonverbale Kommunikation im menschlichen Zusammenleben eine ungeheure Rolle spielt, bedarf es keiner Worte mehr, um diese innere Ruhe und Überlegenheit zum Ausdruck zu bringen. Im limbischen System der Signalempfänger wird diese Botschaft sofort verstanden – die Überlegenheit des Siegers wird anerkannt, und: Man beugt sich seiner Macht. Diese unbewusste Siegersprache spüren wir oft, wenn wir einen sehr erfolgreichen Manager, Sportler oder Politiker treffen. Die Aura, die von diesen Personen ausgeht, ist ein wesentlicher Bestandteil des so genannten Charismas, mit dem wir uns im nächsten Kapitel intensiver beschäftigen werden.

Die Siegerspirale ist, wie nicht anders zu vermuten, natürlich nicht nur bei Menschen, sondern beispielsweise auch bei Primaten in Reinform zu studieren. Kommt es in Affenhorden zu Rangkämpfen, weil der Chef stirbt, dann geht der Sieger mit erhöhtem Testosteron- und Serotoninspiegel aus dem Kampf. Ab diesem Zeitpunkt strahlt er die beschriebene Souveränität aus, die ihn für längere Zeit davor schützt, in weitere Rangkämpfe verwickelt zu werden. Dieser Effekt, dass die Natur Sieger besonders liebt, wird durch einen weiteren Mechanismus unterstützt, dem wir uns jetzt zuwenden: Ich möchte ihn als „Loserfalle" bezeichnen.

Die Loserfalle

Im einfachsten Fall, in einem Konkurrenzkampf, gibt es in der Regel immer einen Sieger und einen Verlierer. Was mit dem Sieger geschieht, haben wir gerade gesehen. Aber was passiert mit dem Verlierer, also jenem, der beispielsweise bei Herausforderungen öfter versagt, in Konkurrenzkämpfen verliert oder gar keine Gelegenheit bekommt, sich zu beweisen, weil man ihm jede Kompetenz und Selbstverantwortung verweigert? Die Antwort ist relativ schnell gegeben. Die Loserfalle schlägt unerbittlich zu, wie Abbildung 2 zeigt:

– Der Testosteronspiegel sinkt.
– Der Serotoninspiegel sinkt.

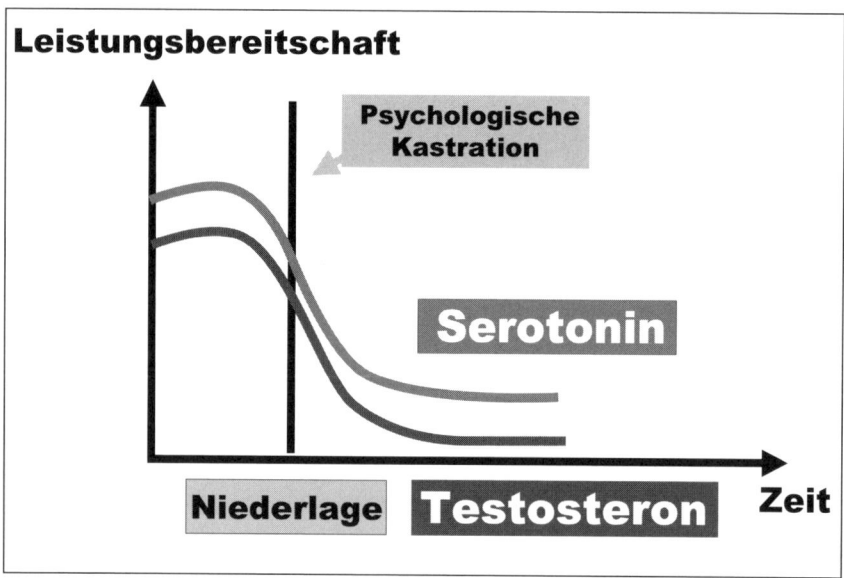

Abb. 2: Die Loserfalle
Durch dauernde Niederlagen verringert sich die Konzentration von Testosteron und Serotonin im Blut: Das Selbstbewusstsein sinkt, Depressionen und Krankheiten nehmen zu.

Die psychischen Effekte kann man sich denken – Mutlosigkeit, Niedergeschlagenheit, Reizbarkeit und Stressanfälligkeit, die oft bis zur tiefen Depression führen kann. Man spricht auch von der „psychologischen Kastration", denn der Effekt ist fast derselbe wie bei der chirurgischen Kastration: Testosteron wird in den Hoden gebildet. Werden die Hoden entfernt, sinkt der Antrieb und die Kampfeslust.

Die Hoffnung älterer Männer, durch viele Testosteronspritzen die ungestüme Kraft der Jugend wieder zu erwecken, wird enttäuscht. Zwar fühlt man sich besser und optimistischer, doch Testosteron hat auch unangenehme Nebeneffekte: Die Elastizität unserer Blutadern sinkt – das ist übrigens mit ein Grund dafür, warum Männer statistisch gesehen fünf Jahre früher sterben als Frauen.

Die verheerenden Folgen der Loserfalle

Während die Siegerspirale relativ einfach funktioniert, hat die Loserfalle viele Ausprägungen mit erheblichen Folgen für die Betroffenen, aber auch für Unternehmen. Die Loserfalle tritt beispielsweise in Aktion, wenn eine sicher geglaubte Beförderung verweigert wird oder einer Versetzung erfolgt, die der Betroffene als Degradierung erlebt. Dazu eine Untersuchung aus der amerikanischen Armee. Was wurde untersucht? Der Serotonin- und Testosteronspiegel von Offizieren, die gegen ihren Willen versetzt wurden und diese Versetzung als Strafe empfanden. Das Ergebnis siehe oben. Was sich aber bei diesen Offizieren noch zeigte, war ein erhebliche Zunahme an Krankheitstagen. Man könnte vermuten, sie hätten aus Enttäuschung bewusst krankgefeiert. Das war kaum der Fall – tatsächlich wiesen ärztliche Untersuchungen eindeutig körperliche Befunde wie z. B. Bluthochdruck und Schwächen des Immunsystems nach.

Die Loserfalle schlägt aber auch dann unerbittlich zu, wenn man leistungswilligen Mitarbeitern jede Verantwortung und Entscheidungsfreiheit verweigert, auf sie herabsieht und sie dadurch letztlich nicht akzeptiert. Leider ist diese Form der Mitarbeiterbehandlung keine Seltenheit in deutschen Unternehmen, wie die vielen Fälle von Mobbing durch Vorgesetzte zeigen. Besonders anfällig dafür sind übrigens auch Behörden – denn sie sind überwiegend streng hierarchisch organisiert. Zusätzlich herrscht ein klares Prinzip: Je geringer die Laufbahnstufe, desto geringer die Entscheidungsfreiheit, das Zutrauen und das Ansehen. Wenn man bedenkt, dass etwa 30 bis 40 % aller Beschäftigten im öffentlichen Dienst und den damit verbundenen Strukturen arbeiten, erkennt man die Problematik. Ich erinnere mich dabei an einen Vortrag, den ich in einem Ministerium unter Beisein einiger Minister, vieler Spitzenbeamter und Leiter nachgeordneter Behörden über „Leitbild, Motivation und Führung" gehalten habe. Nach dem Vortrag bedankte ich mich ganz herzlich bei dem Mitarbeiter (inoffizielle Amtsbezeichnung: „Saaldiener"!), der für den Aufbau des Equipments und für die Technik zuständig war, für die perfekte Veranstaltungstechnik. Er schaute mich kurz an und bemerkte dabei, dass dies das erste Lob seit vielen Jahren war.

Was passiert in unserem Körper oder in unserem Gehirn, wenn wir nichts selbst entscheiden können, oder wie es die Psychologen sagen, wenn wir keine Handlungskontrolle über unsere Umwelt haben? Darüber gibt es in der Psychologie und in der Neuroendokrinologie viele Untersuchungen, die alle auf unterschiedlichsten Ebenen zum gleichen Ergebnis kommen. Der amerikanische Psychologe Seligman bezeichnet das Phänomen als „gelernte Depression", sein amerikanischer Kollege McClelland als „Blocked Power"-Motiv. Und die Neuroendokrinologen stellen eine extrem geringe Serotonin- und Testosteronkonzentration im Gehirn fest. Auf allen Ebenen zeigt sich das gleiche Ergebnis mit der gleichen verheerenden Wirkung: Krankheit und Depression. Abbildung 3 zeigt eine Krankheitsstatistik aus dem öffentlichen Dienst. Sie spricht Bände, denn der Zusammenhang zwischen Macht/Ohnmacht und Krankheit, ausgelöst durch die Loserfalle, wird mehr als offensichtlich. Wie viel Kraft, wie viele Ressourcen werden auf diese Weise jeden Tag sträflich verschwendet?

Bei der Loserfalle ist übrigens noch ein wichtiger Zusammenhang zu beachten: Welche Mitarbeiter sind besonders anfällig für die Loserfalle? Die Faulen? Die Phlegmatiker, also solche mit einer extrem niedrigen Ausprägung aller drei limbischen Instruktionen, oder jene, die vor Aktivität und Tatendrang schier bersten? Es sind die mit der höchsten Testosteronkonzentration, die mit dem größten Willen, etwas zu leisten und etwas zu bewirken. Wer also besonders leistungsbereite Mitarbeiter sucht, sie aber entmündigt und ihnen nicht die richtigen Rahmenbedingungen bietet, um sich zu entfalten, stellt sich selbst ein Bein. Auf diese Weise werden nämlich wilde Tiger zu lethargischen Bettvorlegern.

Kommen wir zur letzten Form der Loserfalle, nämlich der Niederlage im internen Konkurrenzkampf. Die Auswirkungen sind die gleichen wie oben beschrieben: Der Serotonin- und der Testosteronspiegel sinken. Auch dazu gibt es inzwischen bestätigende Untersuchungen aus der Neuroendokrinologie des Menschen. Besonderen Aufschluss erhalten wir aber von einem

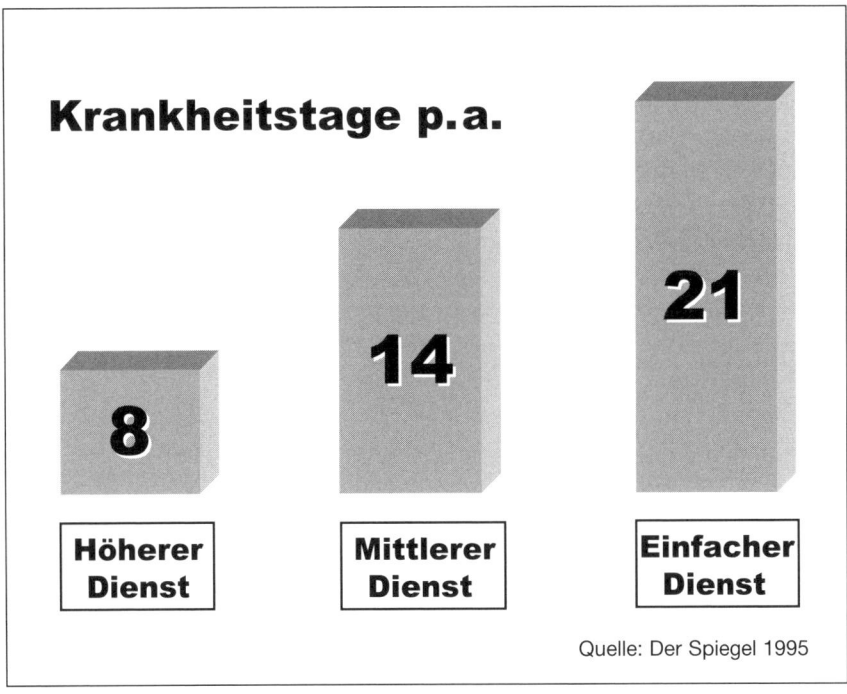

Abb. 3: Die Loserfalle macht krank
Je geringer das Ansehen, die Autonomie, die Verantwortung und das Lob, desto zahlreicher sind die Krankheitstage.

Experiment, das man zuerst an Baumhörnchen durchführte und später bei Primaten mit demselben Ergebnis wiederholte. Man verwickelte zwei Männchen in Konkurrenz- und Rangordnungskämpfe. Es gab, wie nicht anders zu erwarten, einen Gewinner und einen Verlierer. Damit war das Experiment aber noch nicht zu Ende. Der Sieger und der Verlierer wurden nun in benachbarte Käfige mit direktem Blickkontakt gesperrt. Auf diese Weise wurde der Verlierer dauernd mit dem Anblick des Siegers konfrontiert. Das Ergebnis war fatal: Nach wenigen Wochen war der Verlierer tot – er verweigerte die Nahrung, zitterte und starb schließlich. Neben der Reduzierung des Serotonins und des Testosterons zeigte sich noch ein weiterer Effekt im Gehirn – ein enormer Anstieg des Stresshormons Cortisol. Dieses Hormon und die damit verbundenen köperlichen Stressreaktionen waren schließlich die Hauptursache für den Tod.

Siegerspirale und Loserfalle aus Sicht der Evolutionsbiologie

Warum gibt es die Siegerspirale und die Loserfalle? Und warum hat sie offensichtlich auch beim Menschen nichts von ihrem Einfluss verloren? Um diese Phänomene zu verstehen, müssen wir uns kurz mit der Evolutionstheorie beschäftigen. Unser eigentlicher Lebenszweck aus Sicht der Evolution, so sagen die Biologen, ist es ja nicht, Manager oder Unternehmer zu sein, sondern möglichst viele eigene Gene in die nächste Generation zu bringen. Das gelingt, wenn der Genträger aus Sicht der Natur erstens so erfolgreich ist, dass er viele Nachkommen zeugen kann, und zweitens diese Nachkommen in eine Umwelt bringt, in der sie überleben können. Dieses Grundprinzip ist unbestritten. Die Biologen heute streiten sich darüber, ob die evolutionäre Selektion über das einzelne Gen erfolgt, wie der britische Biologe Richard Dawkins mit seiner Theorie des „Egoistischen Gens" behauptet, oder über das ganze Individuum mit der Vielzahl seiner Gene oder gar über die ganze Gruppe, in der das Individuum lebt. Zusätzlich gibt es eine Kompromissformel, die alle diese Ebenen als wichtig erachtet, die so genannte Multileveltheorie. Gleich auf welcher Ebene die Evolution ihre Hebel ansetzt – unser Überlebenserfolg ist vom Erfolg als Individuum, aber auch vom Erfolg der Gruppe abhängig, in der wir leben. Aus diesem Grund müssen wir die Sache zumindest aus Sicht des Individuums und der Gruppe betrachten.

Beginnen wir auf der Ebene des Individuums. Die Siegerspirale hat einen klaren Zweck. Die Evolution verlässt sich nicht nur auf die angeborenen Stärken, sondern belohnt den praktischen und aktuellen Erfolg eines Individuums. Dazu ein kleines Gedankenexperiment: Ein Affe beispielsweise, der viele Erfolgserlebnisse zu verzeichnen hat, weil er das Glück oder die Intelligenz hat Futter zu finden, wird durch die Siegerspirale belohnt, auf diesem Weg weiterzumachen, denn die Wahrscheinlichkeit ist groß, dass seine Gene überleben werden. Und: Durch seine so gewonnene Stärke wird er „ministrabel" – er wird von der Natur zum Führer befördert. Warum? Weil er seine Gruppe mit höherer Wahrscheinlichkeit in eine „gute Zukunft" führt als einer, dem das Glück der Stunde versagt bleibt. Dieser Mechanismus wird aber auch von den zu führenden Gruppen verstärkt – sie heften sich unbewusst viel lieber an Sieger als an Loser. Dieses evolutionsbiologische Phänomen können wir jeden Tag studieren: Erfolgreich sind die Politiker, die eine goldene Zukunft versprechen und damit Siegersignale aussenden. Keine Chance dagegen haben jene, die die Wahrheit sagen und Botschaften wie „wir müssen den Gürtel enger schnallen" verkünden.

Welchen Sinn macht die Loserfalle auf der Ebene des Individuum? Durch psychologische Kastration wird der Verlierer davon abgehalten, sich in weiteren Kämpfen selbst zu zerstören. Durch die extrem negativen Gefühle, die in seinem Bewusstsein entstehen, wird er dazu angehalten, die Gruppe zu verlassen und sein Glück anderswo zu versuchen. Man sollte dabei im Auge behalten, dass ja die besonders Starken am häufigsten von der Loserfalle in Mitleidenschaft gezogen werden und ein Verlierer in einer Gruppe durchaus Gewinner in einer anderen Gruppe werden kann. Gleichzeitig hat die Natur aber noch ein weiteres wichtiges Ziel: Durch den mit der psychologischen Kastration absinkenden Testosteronspiegel und dem damit verbundenen Rückgang des Sexualtriebs wird der Loser daran gehindert, seine Gene an die nächste Generation weiterzugeben. Das genaue Gegenteil passiert beim Sieger: Er wird von der Natur unbewusst zur Fortpflanzung seiner Gene animiert.

Aber auch aus Sicht der Gruppe machen die Siegerspirale und die Loserfalle Sinn. Durch die gleichzeitige Wirkung dieser beiden Mechanismen wird verhindert, dass die Gruppe durch ewige Machtkämpfe führungs- und entscheidungslos bleibt und dadurch in Gefahr gerät. Zusätzlich werden auch wertvolle Ressourcen geschont, die die Gruppe zur Aufzucht des Nachwuchses braucht. Kämpfe kosten nämlich viel Kraft und Energie.

Bisher wurde die Siegerspirale und Loserfalle sehr stark in ihrer Auswirkung auf Männer beschrieben. Gibt es das gleiche Phänomen auch bei Frauen? Ja, aber lange nicht mit den extremen Ausschlägen wie für Männer. Frauen werden emotional nicht so stark nach oben katapultiert, auf der anderen Seite fallen sie auch nicht so tief. Diese höhere Grundkonstanz kann einer Gruppe das Überleben sichern, wie eine überlieferte Geschichte aus der Besiedelung Nordamerikas zeigt. Eine Gruppe von Siedlern hatte sich im Winter in einem riesigen Waldgebiet verirrt. Am Anfang hatten – wie gewohnt – die Männer die Führung. Immer wieder suchten sie einen Weg aus der Gefangenschaft – doch alle ihre Versuche scheiterten. Gleich was die Männer taten – es nützte nichts. Nun schlug die Loserfalle unerbittlich zu, weil die einst starken Männer die Handlungskontrolle verloren hatten: Viele Männer wurden krank und starben. Und die Frauen? Ihre körperlichen Reaktionen auf den Kontrollverlust war lange nicht so stark. Einige Wochen später gab das anbrechende Frühjahr den Weg frei – die Sieger waren eindeutig die Frauen.

Warum zu lang anhaltender Erfolg blind macht

Nun, da die Naturgesetze der Siegerspirale und der Loserfalle bekannt sind, werden viele sagen: In Ordnung, ich buche mir einen Platz in der Siegerspirale. Aber Achtung, denn wer zu lange darin sitzt, begibt sich in Gefahr! Ein altes Sprichwort sagt: „Wen Gott bestrafen will, dem schenkt er viele erfolgreiche Jahre!". Oder noch kürzer: „Erfolg macht blind!". Was ist an diesen Erkenntnissen dran? Ganz einfach: Sie sind richtig! Doch warum ist das so? Was geht da unbewusst in unserem Gehirn vor? Wir haben ja bei der Siegerspirale gesehen, wie nicht nur das Testosteron ansteigt, sondern auch das Serotonin.

Wie immer im Leben hat alles zwei Seiten. Serotonin macht nämlich nicht nur glücklich und zufrieden, sondern im übertragenen Sinne auch blind. Serotonin verändert nämlich unsere Denkstrukturen. Während beispielsweise Dopamin für die Aktivierung der Neuronen in unserem Neokortex sorgt, uns also zur aktiven Informationsaufnahme bewegt, oder Acetylcholin unsere Aufmerksamkeit steigert – hat Serotonin die gegenteilige Wirkung. Serotonin sorgt für „kognitive Faulheit". Um es etwas wissenschaftlicher auszudrücken: Serotonin reduziert die Stärke der einkommenden Informationen und gleichzeitig den „Cross-Talk" zwischen den verschiedenen Wahrnehmungs- und Denkmodulen im Gehirn. Das Ergebnis: Selbstzufrieden betrachten wir die Welt – mit dem sicheren Gefühl, dass uns nichts passieren kann. Doch das stellt sich oft als trügerischer Irrtum heraus – für das Individuum genauso wie für die Mitarbeiter eines Unternehmens, das lange Zeit auf einer Erfolgswelle schwimmt. Diese biochemischen Scheuklappen, die durch eine lange Zeit in der Siegerspirale entstehen, kann man häufig auch bei Unternehmern, hochrangigen Managern (und Politikern) beobachten, die (zu) lange an der Macht sind. Die Weltsicht wird zunehmend vereinfacht – schlechte Nachrichten und Bedrohungen werden einfach negiert. Und oft genug ist dieser Realitätsverlust mit gravierenden Folgen für das Unternehmen verbunden.

Nun werden Sie vielleicht sagen: Dem kann man doch mit „Vernunft" abhelfen: Die Mitarbeiter haben eben die Aufgabe, ihrem Chef die Augen zu öffnen. Warum dies meist nicht funktioniert, erfahren wir im nächsten Kapitel, in dem wir die unbewussten Erfolgsgesetze der Führung kennen lernen werden.

Kapitel 6:
Die unbewussten Gesetze der charismatischen Führung

Was Sie in diesem Kapitel erwartet:
Man glaubt, über Führung sei ja eigentlich schon alles gesagt: Die ideale Führungspersönlichkeit führt über gemeinsam vereinbarte und messbare Ziele, delegiert die zur Umsetzung notwendige Verantwortung und coacht bei Bedarf. So wichtig diese Führungstechniken sind: Mit diesem Führungsbild der Ebene 1 erklärt sich aber erfolgreiche Führung nur zum kleineren Teil. Viel wichtiger ist die Beachtung der unbewussten Führungsmechanismen der Ebene 2: Die Gesetze der charismatischen Führung.

Passend zur Ebene-1-Managementideologie unserer Zeit wird – abgeleitet aus der Management-by-Objectives-Idee – auch eine entsprechende Führungsphilosophie proklamiert. Die ideale Führungskraft vereinbart Ziele, informiert, delegiert und kontrolliert. Diese Techniken werden für die Führung für eine neue Zeit mit motivatorischen Elementen angereichert, die da heißen: Achtung, Respekt und Selbstverantwortung. Um es klar zu sagen: Dieser Ansatz ist richtig, aber bei weitem nicht ausreichend. Natürlich basiert auch diese moderne Führungsphilosophie auf dem Menschenbild unserer Tage: Dem Homo sapiens rationalis. Und weil Mitarbeiter so vernünftig und rational sind, reicht es völlig, die messbaren Zahlen und Ziele ins Zentrum des Handelns zu stellen und dem Mitarbeiter mit Achtung zu begegnen. Aber haben wir mit dieser Beschreibung den Kern der Führung wirklich getroffen? Oder haben wir uns mit unserem Drang zum Sicht- und Messbaren nicht wieder auf Ebene 1 festgebissen?

Das letztere ist der Fall. Zwar ist unbestritten, dass Management by Objectives & Co. ein wichtiges Führungsinstrument sind; zu glauben aber, man hätte damit alles in der Hand, was man zur Führung brauche, ist ein gewaltiger Irrtum. Natürlich lässt die Gegenbewegung in Form der „emotionalen Führung" nicht lange auf sich warten. Aber auch dieses Konzept bleibt vage, weil die Funktion der Emotionen und das dahinter liegende limbische Programm zu wenig beachtet werden. Zumindest aber macht die emotionale Gegenbewegung eines deutlich: Offensichtlich reichen Zahlen nicht aus, Menschen zu führen und Menschen für eine Sache zu begeistern.

Aus diesem Grund wollen wir nun die allseits bekannten Führungsmethoden der Ebene 1 verlassen und uns damit beschäftigen, was gute = erfolgreiche Führung aus Sicht unserer limbischen Programme bedeutet. Fast automatisch stoßen wir dabei auf den Begriff der „charismatischen Führung". Bei der Frage, was Charisma bedeuten könnte, scheiden sich die Geister – die einen denken an rhetorische Meisterleistungen, andere sprechen von der besonderen Aura, die von bestimmten Persönlichkeiten ausgeht. So weit, so gut. Aber mit mystischen Erklärungen wollen wir uns nicht zufrieden geben – uns interessiert, was charismatische Führung im Detail ausmacht.

Um die unbewussten Gesetze der charismatischen Führung zu erkennen, müssen wir uns bewusst machen, dass Führung nicht von uns Menschen erfunden wurde. Die Natur, genauer gesagt die Evolution, hat in alle sozialen Systeme ein Führungsprinzip fest eingebaut. Das gilt für scheinbare Einfachstrukturen wie Bakterienkolonien über komplexere Systeme wie beispielsweise Ameisenkolonien, und auch bei uns Menschen ist dieses Prinzip fest in Genen verankert. Immer dann, wenn eine Gruppe von Menschen längere Zeit zusammen ist, stellt die Natur automatisch die „Führerfrage". Gruppen werden nämlich durch eine zentralisierte Führung entscheidungsschneller und damit handlungsfähiger. Auch wenn Einzelentscheidungen einer Führungspersönlichkeit manchmal zu Fehlern oder Katastrophen führen: Unter dem Strich und über die Zeit sind geführte Gruppen erfolgreicher als basisdemokratische Strukturen. Wer glaubt, dieses fest in uns eingebaute Führungsprinzip würde demnächst verschwinden, weil sich der moderne und vernünftige Mensch in gleichberechtigten Netzwerken organisiert, rechnet nicht mit den unbewussten Kräften der Natur . Und: Die Natur hat eigene Vorstellungen darüber, was ein charismatischer Führer ist – und diese Vorstellungen hat sie fest in unserem limbischen System verankert.

Charismatische Führer sind Sieger!

Nichts ist für Gruppen so anziehend und wichtig wie Erfolg. Denn Gruppen richten sich unbewusst in erster Linie am Erfolg aus. Diejenigen, die Erfolg haben, verspritzen unbewusst einen „Lockstoff", der auf andere magisch wirkt. Diejenigen aber, die Erfolg haben, werden – wie wir gesehen haben – von der Natur dadurch belohnt, dass durch die Effekte der Siegerspirale ihre innere Überlegenheit und damit auch ihr Führungsanspruch automatisch verstärkt werden.

Durch die Siegerspirale wird also die Autorität des Führers hervorgehoben. Wenn dieser Autoritätsanspruch, gleich ob durch persönliches Verhalten oder Symbole der Autorität – wie z. B. maßgeschneiderte Anzüge oder Luxus – deutlich gezeigt wird, passiert mit der Gruppe etwas Merkwürdiges: Sie akzeptiert die Entscheidung des Führers ohne nachzudenken und führt die Anweisungen fast kritiklos aus. Diese Autoritätsgläubigkeit wirkt unbewusst: je größer die scheinbare Autorität, desto unbedingter und willenloser die Gefolgschaft. Und desto weniger werden Aussagen auf Richtigkeit und Stimmigkeit hinterfragt. Albert Einstein hat diesen Effekt einmal so beschrieben: „Seit ich so berühmt bin, wird jeder Rülpser von mir wie ein Trompetensolo gefeiert".

Charismatische Führer entsagen dem Machtrausch

Dieser Autoritätsmechanismus hat eine ungeheure Wirkung und führt oft bis zur Hörigkeit auf Seiten der Geführten. Deshalb ist die Neigung, dem Boss zu widersprechen und ihn bei Fehlentscheidungen zu korrigieren, nicht groß. Je höher der Status, desto stärker wirkt sich der Autoritätsmechanismus aus. Zusammen mit dem am Ende des vorhergehenden Kapitels beschriebenen Effekt der biochemischen Scheuklappe, die eine zu lange Aufenthaltszeit in der Siegerspirale verursacht, wird das Problem deutlich: Der Boss wird immer blinder, aber durch den Autoritätsmechanismus traut sich keiner, ihm das zu sagen. Weil von den Geführten kein Widerstand kommt, nutzt auch die Dominanzinstruktion ihre Chance: Sie macht sich rücksichtslos breit!

Vielleicht haben Sie den dramatischen Film „Das Experiment" gesehen, der einen psychologischen Versuch beschreibt, der tatsächlich vor einigen Jahren in der amerikanischen Stanford Universität stattfand. Im Keller der Universität wurde ein „Gefängnis" aufgebaut. Es wurden willkürlich zwei Gruppen aus Studenten gebildet – die einen wurden Wärter (Sieger) die anderen Gefangene (Loser). Was passierte? Sie können es sich denken – schon nach wenigen Tagen begannen sich die Siegerspirale und die Loserfalle dramatisch auszuwirken. Obwohl die Studenten vorher gute Freunde mit gleichem Status waren – veränderten alle ihren Charakter. Die Wärter, die

Sieger, wurden von Tag zu Tag selbstbewusster (Siegerspirale) und behandelten ihre Untergebenen immer brutaler. Die Geführten aber, die Gefangenen, rebellierten nicht gegen ihre Kommilitonen, wie man es von vernünftigen Menschen erwartet hätte – sie gehorchten willenlos und fielen in eine gleichgültige Apathie. Die Loserfalle und der Autoritätsmechanismus schlugen gleichzeitig unbarmherzig zu. Was uns zu denken geben sollte: Beiden Gruppen war übrigens ihre dramatische Verhaltensveränderung nicht bewusst!

Was sich in dramatischer Form im Keller der Stanford University abspielte, lässt sich etwas abgeschwächt leider auch in vielen Unternehmen beobachten. Führungspersönlichkeiten nutzen ihre Macht dazu aus, die Geführten zu erniedrigen. Damit etablieren sie zwar Führung – und die Herrschaft von Tyrannen mag anerkannt sein – sie zahlen allerdings einen hohen Preis: Durch ihr unkontrolliertes Führungsverhalten lösen sie bei den Geführten Apathie und Depression aus (Loserfalle), und das ist nicht der Stoff, aus dem Höchstleistungen entstehen. Da Führungskräfte ihr eigenes Führungsverhalten oft nicht erkennen, gleichzeitig ihre Mitarbeiter in der Loserfalle und im Autoritätsmechanismus gefangen sind, verstärkt sich das Ganze. Der verständliche Wunsch nach einer Führung, die von gegenseitigem Respekt und von Achtung zwischen Führer und Geführtem getragen ist, ist deshalb nicht durch fromme Appelle zu erreichen. Meist merkt der „Täter" nämlich gar nicht, was er tut und anrichtet. Solche Strukturen lassen sich nur durch externes Coaching auflösen. Doch nun zur charismatischen Führung: Charismatische Führer verfallen nicht dem Machtrausch und seinen dramatischen Folgen im Führungsverhalten. Sie führen anders.

Charismatische Führer vertrauen ihren Mitarbeitern und machen sie stolz!

Im Gegensatz zum Tyrannen, der sich selbst erhöht, indem er andere erniedrigt, führt der wirklich charismatische Führer seine Gruppe nicht in die Loserfalle, sondern in die kollektive Siegerspirale: Er macht sie stolz darauf, im Team dabei zu sein. Durch die Wirkung der Siegerspirale wächst die Kraft und das Selbstvertrauen des Teams. Große Herausforderungen können gemeinsam bewältigt werden. Zum Stolz untrennbar dazu gehört auch Vertrauen in die Leistung und in die Person des Geführten. Das ist weit mehr als nur die förmliche und mechanistische Übertragung von Verantwortung – es ist die aktive Einbindung in die gemeinsame große Herausforderung.

Ein gutes Beispiel dafür, was charismatische Führung durch Stolz bedeutet, liefert der berühmte englische Admiral Lord Nelson, dem es gelungen war, trotz kleinerer Flotte die Franzosen vor Trafalgar vernichtend zu schlagen. Wie hatte er es geschafft, seine Mannschaft so zu motivieren, dass sie bis zum äußersten für ihn kämpfte? Er machte sie stolz darauf, zu seinem Team zu gehören. Die einfache Besatzung auf den englischen Kriegsschiffen bestand zu jener Zeit oft aus Strafgefangenen. Dementsprechend wurden sie auf den Kriegsschiffen auch behandelt. Wegen kleinster Delikte wurden sie ausgepeitscht – eine wirkliche Kampfmotivation war nicht vorhanden – die Loserfalle beherrschte das Bordleben. Als Nelson sein Geschwader übernahm, änderte er diesen negativen Führungsstil sofort. Er erklärte öffentlich, dass Männer, die auf englischen Schiffen fahren, etwas Besonderes seien. Mit diesem Anspruch verbannte er die Peitsche von Bord, behandelte selbst den kleinsten Matrosen mit hohem Respekt und gab der Mannschaft einen kollektiven Stolz. Auf diese Weise machte er Loser zu Siegern, die für ihn durch dick und dünn gingen. Dieses Verhalten war aber nicht gespielt – sondern wurde von Nelson von „innen heraus" gelebt – glaubwürdig und aus tiefster Überzeugung!

Charismatische Führer machen auf der einen Seite auf das „Wir" stolz: „Wir sind etwas Besonderes", „Wir unterscheiden uns von den anderen dadurch, dass wir das besser machen". Gleichzeitig beachten sie aber auch das Bedürfnis des „Ich" der Geführten: Sie heben gute individuelle Leistungen für die Gemeinschaft besonders und gut sichtbar hervor: Die magische Kraft von Orden ist dafür ein gutes Beispiel. Erst aus der Verknüpfung der Gruppendynamik mit den Egobedürfnissen des Individuums entstehen wirkliche Spitzenleistungen. Dieser besondere Motivationseffekt wurde übrigens schon vor mehr als hundert Jahren durch den französischen Agraringenieur Ringelmann entdeckt, daher auch der Name „Ringelmann-Effekt". Was entdeckte er? Zu Beginn seines Versuches ließ er einige Männer individuell an einem Seil ziehen und maß die Zugkraft, die jeder einzelne erzeugte. Danach bildete er aus den Individuen eine Mannschaft und maß die kollektive Zugkraft des Teams: Sie lag weit unter der Summe der Einzelleistungen. Und noch etwas zeigte sich: Je größer die Teams wurden, desto stärker wurde dieser kollektive „Kraftschwund". Damit war der Versuch aber noch nicht beendet. Im letzten Durchgang, in dem er wieder die Teamleistung maß, schaffte er die technische Voraussetzung dafür, zusätzlich auch die Einzelleistung zu messen, um diese entsprechend zu würdigen. Das Ergebnis: Die Kollektivleistung übertraf die Summe der zu Beginn gemessenen Einzelleistungen. Rein mathematisch ist damit auch klar, dass im letzten Versuch auch die Individualergebnisse besser wurden als zu Beginn des Experiments.

Charismatische Führer nutzen unbewusst diesen Effekt: Sie fördern das „Ich" und das „Wir" gleichermaßen. In Kapitel 9, in dem wir uns mit limbischen Unternehmenskulturen beschäftigen, werden wir dieser „Ich-Wir"-Frage wiederbegegnen.

Charismatische Führer sind authentisch und glaubwürdig

Vom dem österreichischen Psychologen Paul Watzlawick stammt der berühmte Satz „Man kann nicht nicht kommunizieren". In allem, was wir tun, mit jeder kleinsten Handlung senden wir Signale und Botschaften aus. Wir selbst bemerken meist nicht, dass wir immer auf Sendung sind – unsere Umwelt, insbesondere die Mitarbeiter nehmen diese Signale aber unbewusst auf und richten ihr Verhalten nach dem Verhalten des Führers aus. Denn eng verknüpft mit dem unbewussten Autoritätsmechanismus ist ein weiterer Mechanismus – der so genannte Vorbildmechanismus. Unbewusst ist einer unserer wichtigsten Lernfaktoren die Nachahmung von Vorbildern. Im Kindesalter lernen wir von unseren „Vorbildern", unseren Eltern, unseren älteren Geschwister oder Gleichaltrigen auf diese Weise vieles, was wir für das Leben brauchen. Auch hier hat die Natur einen für uns selbst unbewussten Mechanismus im limbischen System installiert – je höher der Status, desto stärker ist das unbewusste Lernen vom Vorbild, desto mehr nehmen wir Verhaltensweisen dieser Vorbilder an. Dabei spielt das direkt beobachtbare Verhalten des Vorbilds eine wesentlich größere Rolle als die Sprache. Sprache kann lügen – die Körpersprache und das tägliche Verhalten nicht. Den Grund kennen Sie, die Sprache ist ja entwicklungsgeschichtlich noch sehr jung – die in unserem limbischen System verankerten Module zur Bewertung der sozialen Kommunikation sind um ein Vielfaches älter. Gerade was soziales Verhalten angeht, orientieren wir uns an der Mimik, Gestik und Körpersprache unbewusst weit mehr als an der Sprache. Charismatische Führer sind durch und durch echt – verbale Aussagen und Bekenntnisse stimmen mit ihrem Verhalten berechenbar überein.

In unserer heutigen Zeit dürfte dieser unbewusste Vorbildaspekt eines der größten Führungsprobleme überhaupt sein. Viele Manager beklagen sich über den zunehmenden Egoismus unter ihren Mitarbeitern. Das geflügelte Wort der „Ich-AG", die nur ihre eigenen Interessen verwirklicht, macht die Runde. Was dabei übersehen wird ist, dass diese „Ich-AG-Mentalität" kein allgemeines Phänomen ist, sondern überwiegend in solchen Firmen stattfindet, in denen Vorstände und Topführungskräfte genau diese Mentalität hemmungslos vorleben. Man denke dabei nur an den früheren Vorstandschef Esser von Mannesmann, der sich die Übernahme von Vodafone mit vielen Millionen vergolden ließ oder an jene Vorstände, die sich nicht scheuen, selbst bei Umsatzrückgängen ihre Tantiemen zu erhöhen, aber gleichzeitig Lohnsenkungen fordern! Charismatische Führer sind also Vorbilder, und an diesem Verhalten richten die Mitarbeiter ihr Verhalten aus! Besonders wichtig: Der Chef des Unternehmens, denn an seinem Verhalten orientieren sich durch Autoritäts- und Vorbildsmechanismus alle anderen!

Charismatische Führer stellen große Herausforderungen

Eng verknüpft mit dem Vorbildverhalten und der Wirkung auf das Unternehmen ist die unbewusste Grundmentalität, die ein Unternehmen durchweht. Man spürt meistens schon am Eingang, welcher Geist die Flure und die Köpfe der Mitarbeiter beherrscht. Aber dieser Geist ist kein Zufall, sondern hat in der Regel eine Ursache – es ist der gleiche Geist, den die Führung – insbesondere der Chef – ausstrahlt.

In Kapitel 4 haben wir gesehen, dass ein Unternehmen nur wächst, wenn seine kollektive Dominanzinstruktion aktiviert ist. Doch wer aktiviert? In erster Linie der Chef. Diese Aktivierung gelingt aber nur, wenn sie tagtäglich wirklich vorgelebt wird. Das setzt aber voraus, dass der Wunsch nach mehr, nach größer, nach besser das Denken und Verhalten des Chefs durch und durch, fast bis zu Besessenheit, beherrscht. Damit wird deutlich, warum wirklich erfolgreiche Führung eines Unternehmens ohne ausgeprägte Dominanzinstruktion des Anführers kaum möglich ist. Strahlt nämlich der Chef keine Kampfsignale und keinen Willen zum Wachstum aus, werden auch die Mitarbeiter wenig Lust haben, sich anzustrengen.

Der Führungsstil von charismatischen Führern ist durch Zukunftsorientierung und Leistungswillen geprägt. Diese überwiegend von der Dominanzinstruktion gesteuerte Einstellung prägt auch deren eigenes Leben: Charismatische Führer sind optimistisch – und nie mit dem Erreichten zufrieden.

Kaum sind sie bei einem Ziel angelangt, sehen sie schon mit Spannung der nächsten Herausforderung entgegen. Dieser Wille zur Höchstleistung prägt aber auch die Erwartung an ihre Geführten. Genauso wie sie an sich selbst die Forderung nach Höchstleistung stellen, stellen sie diese auch an ihre Mitarbeiter. Wer mitzieht, erhält einen Platz in der Siegerspirale, weil er von Erfolg zu Erfolg läuft – wer nicht mitzieht, scheidet aus.

Charismatische Führer haben aber eine besondere Art, diesen Willen zur Höchstleistung zu aktivieren – sie formulieren ihre Ziele nicht in Form von Zahlen für den Neokortex, sondern richten sich direkt an das limbische System. Sie übersetzen die Herausforderung in ein faszinierendes Zukunftsbild, das die Dominanz- und die Stimulanzinstruktion der Geführten gleichermaßen anspricht. Die kollektiv geweckte Erwartung, durch Bewältigung dieser oder jener Herausforderung zu den Besten der Branche zu gehören und als Individuum im Siegerteam etwas ganz Besonderes und Einzigartiges zu sein, mobilisiert weit mehr Kräfte als die endlosen Zahlenkolonnen und Planungsrechnungen, die auf Strategiemeetings vorgestellt werden.

Charismatische Führer sprechen die Siegersprache

Große, notwendige Veränderungen kann man auf zwei Weisen beschreiben: Als Bedrohung oder als Chance. Die Parabel vom halb gefüllten Glas macht das Problem deutlich. Es gibt die pessimistische Variante „halbleer" oder die optimistische, nämlich „halbvoll". Unsere Sprache führt kein Eigenleben, sondern wird letztlich genauso von den limbischen Instruktionen beherrscht wie alles andere, was wir tun. Die Art zu sprechen zeigt, welche Persönlichkeitsstruktur uns prägt. Ist die Balanceinstruktion sehr stark, argumentieren wir vergangenheitsorientiert und eher pessimistisch. Anders sieht es aus, wenn die Dominanz- und die Stimulanzinstruktion unsere Persönlichkeit prägen – in diesem Fall wird unser Denken und damit auch unsere Sprache optimistisch und zuversichtlich.

Unsere Sprache und wie wir Situationen beschreiben ist also ein Ausdruck unserer Persönlichkeit. Charismatische Führer sind auch in der Sprache echt – ihre Sprache ist zukunftsorientiert, sie ist optimistisch und verleiht den Geführten Kraft. Wie sich Siegersprache anhört, können wir bei einem der größten Motivatoren der Geschichte, bei dem Entdecker Ferdinand Magellan studieren, der als erster Seefahrer den pazifischen Ozean überquerte. Nach langer Fahrt kam er in ein fürchterliches Unwetter. Turmhohe Wellen und eine tosende See warfen die Schiffe herum. Die Mannschaft war angesichts dieser Bedrohung vor Angst wie gelähmt. Was aber sagte Magellan, um seine Männer zum Durchhalten zu motivieren? Vielleicht etwa „Betet zu Gott – der Herr wird uns helfen" – Nein! Seine Worte waren: „Schaut Männer, wie das Meer vor Euch erzittert".

Damit machte er sie zum einen stolz – aber noch etwas steckte in diesem Satz: Er gab ihnen die Kontrolle über die Situation. Hätte er gesagt „Betet zu Gott", hätte er die Handlungskontrolle nach außen verlagert. Und wie wir wissen, ist eine verlorene Handlungskontrolle ein Auslöser der Loserfalle. Deshalb lohnt es sich, genau auf die Sprache zu achten und den Stolz und die Handlungskontrolle in die Gruppe zurückzugeben. Einige Beispiele sollen den Unterschied zwischen Sieger- und Losersprache verdeutlichen. Wie argumentieren Loser? Typisch für die Losersprache sind die Verherrlichung der Vergangenheit und die Angst vor der Zukunft: „Früher war alles besser" sowie die Verlagerung der Handlungskontrolle nach außen „Die Konjunktur/die Regierung ist schuld". Wie Sieger sprechen, ist damit auch klar. Sie freuen sich auf die Zukunft: „Es gibt viel zu tun, packen wir's an", und sie behalten die Handlungskontrolle: „Die Konjunktur interessiert uns nicht – wir gehen unseren eigenen Erfolgsweg". Und noch ein wichtiger Unterschied: Während Loser über ihre Lage jammern, handeln Sieger. Sie wissen nämlich, dass jede Minute, die mit Jammern verbracht wird, bei der Bewältigung der Herausforderungen fehlt. Doch die Sprache vermittelt nicht nur Stimmung und Emotionen – Sprache vermittelt Sinn. Und gerade hier unterscheiden sich charismatische Führer von ihren Ebene-1-Kollegen erheblich.

Charismatische Führer vermitteln Sinn und kommunizieren symbolisch

Die Lieblingsbeschäftigung unseres Gehirns ist nicht, wie wir glauben, möglichst viel Informationen aufzunehmen und pausenlos Neues zu lernen. Das Gegenteil ist der Fall: Weil unser Gehirn zwar nur 2 % des Köpergewichts ausmacht, aber 20 % der Energie verbraucht, schaltet es am liebsten auf Energiesparmodus. Weil Denken mit erheblichem Energieverbrauch verbunden ist, ist Denken der Zustand, den unser Gehirn am wenigsten liebt. Aus diesem Grund schätzt unser Gehirn einfache Botschaften, die uns das Denken ersparen – ein Blick in das TV-Gerät zur Hauptsendezeit dürfte dafür Beweis genug sein. Mit die wichtigste Aufgabe von Führung aus Sicht der Evolution ist es, die Komplexität der Umwelt für die Geführten zu reduzieren, um die Gruppe so handlungsfähig zu machen. Charismatische Führer machen die Welt deshalb nicht komplizierter, sondern einfacher. Sie bieten stets einfache Problem- oder Welterklärungen an. Und sie geben der Welt Sinn. Wie eine limbische Sinnstruktur aussieht, werden wir im Kapitel 9 beleuchten. Deshalb hier nur ganz kurz die wichtigsten Bausteine einer Sinnstruktur, die auf die unbewussten Bedürfnisse einer Gruppe ausgerichtet ist:

- Die Vision: die Hoffnung auf eine faszinierende Zukunft
- Die Aura: die Betonung der Einzigartigkeit der Gruppe
- Der Feind: der böse Gegner
- Die Mission: die Aufgabe und die Existenzberechtigung
- Der Mythos: die Kraft aus der Vergangenheit
- Der Kodex: die gemeinsamen Werte

Sprache ist für charismatische Führung zwar wichtig, aber sie muss in der Regel durch unser Gehirn erst mühsam dekodiert werden. Den direkteren Weg ins limbische System öffnen Bilder und Symbole. Charismatische Führer nutzen diesen Kommunikationsweg perfekt: Um sein Ziel der Unabhängigkeit Indiens von Großbritannien und seinen Waren (insbesondere Webstoffe) zu kommunizieren, setzte sich Mahatma Gandhi – wo immer er war – an ein Spinnrad und begann, eigene Wolle zu spinnen. Dieses symbolhafte Verhalten ihres Anführers wurde von den Menschen besser verstanden als tausend Worte. Es findet sich noch heute in der indischen Nationalflagge. Jeder erfolgreiche Politiker weiß, dass es weniger auf Worte ankommt, sondern auf die richtige Symbolik. Die Einweihung eines Kindergartens oder die Eröffnung einer High-Tech-Messe prägt sich viel tiefer in unserem limbischen System ein als eine familienfreundliche Rede oder ein verbales Bekenntnis zur Innovation.

Charismatische Führer entscheiden

Charismatische Führer reduzieren Komplexität durch Sinn und Welterklärung und vor allem: durch klare Entscheidungen. So wichtig und richtig ein partizipativer Führungsstil ist, weil er die Scheuklappen des individuellen Denkens öffnet und Entscheidungen durch mehrere Perspektiven absichert

– genauso wichtig ist aber auch, dass der Führer deutliche und klare Entscheidungen trifft. Charismatische Führer haben auch keine Angst vor harten oder unpopulären Entscheidungen – allerdings sind das keine Willkürentscheidungen, die aus Launen entspringen, sondern Entscheidungen, die begründet werden. Führungskräfte, die Everybody's Darling sein wollen und es allen recht machen, sind zwar beliebt, aber nicht respektiert. Wie sich in vielen Untersuchungen auch zeigt, sind Gruppen, deren Führer hohe Beliebtheit genießen, denen unterlegen, deren Führer respektiert werden. Respekt bedeutet, die Geführten zu achten, aber nicht mit ihnen zu kungeln. Respektiert zu werden ist aber auch etwas völlig anderes, als gefürchtet zu werden. Furcht und Angst entstehen bei den geführten Mitarbeitern, wenn die Führungspersönlichkeit unberechenbar und jähzornig agiert (siehe oben). Zwar haben auch solche Zeitgenossen ihren Laden im Griff – aber ihre Geführten bringen nur einen Bruchteil ihrer Leistung, weil sie sich in der Loserfalle befinden.

Bei klaren und berechenbaren Entscheidungen wissen die Geführten, woran sie sind, auch wenn diese Entscheidungen hart sind. Diese Reduzierung der Unsicherheit ist für den Menschen tausendmal besser, als permanent zwischen Hoffnung und Angst zu pendeln. Charismatische Führer sagen ihren Geführten die Wahrheit, auch wenn sie schlecht ist. Allerdings gibt es auch bei der Wahrheit meist zwei Varianten, die inhaltlich gleich und trotzdem höchst verschieden sind – die pessimistische oder die optimistische. Charismatische Führer wählen die letztere (Siegersprache).

Klarheit und Berechenbarkeit bedeutet aber auch, konsequent in der Zielverfolgung zu sein. Führungspersönlichkeiten, die täglich oder wöchentlich ihre Meinung ändern und sich abhängig von den Stimmungen im Unternehmen wie das Fähnchen im Wind verhalten, führen nicht, sondern verunsichern ihre Mitarbeiter. Zweifellos müssen Führungskräfte vor allem in größeren Unternehmen auch politische Stimmungen beachten und etwas taktieren – trotzdem muss für die Geführten die Grundlinie, der rote Faden in die Zukunft erkennbar bleiben.

Charismatische Führer sehen gut aus

Und noch ein Erfolgsgeheimnis charismatischer Führung: Achten Sie auf Ihr Aussehen. Nicht schlecht ist es, wenn Sie von Natur aus gut aussehen. Man glaubt es nicht, aber gutes Aussehen spielt eine gewaltige Rolle, wenn es um Spitzenkarrieren geht. Gut aussehende Menschen haben um eine zirka 10 % höhere Chance Karriere zu machen, als solche, die von der Natur nicht so begünstigt sind. Dazu einige Fakten: Schon zwölf Monate alte Kinder zeigen positivere Gefühle gegenüber attraktiveren Erwachsenen. Diese revanchieren sich – attraktivere Kinder werden von ihren Eltern weniger bestraft. Sind die „Schönen" im Beruf, bleibt ihnen das Glück treu: Sie werden, wie viele psychologische Versuche zeigen, als intelligenter und leistungsfähiger eingeschätzt. Und: Wenn sie ihre Meinung zum Besten geben, wird diese Meinung als wichtiger erachtet als die der weniger hübschen Kollegen oder Kolleginnen. Alle diese Effekte zusammen produzieren aber noch einen weiteren zusätzlichen Effekt: Gutes Aussehen erhöht die Chancen auf einen Stammplatz in der Siegerspirale!

Wer nicht mit diesen Gaben der Natur ausgestattet ist, braucht den Kopf nicht hängen zu lassen. Das Gesicht ist zwar wichtig – aber unsere ganze Erscheinung zählt. Deshalb spielt die Kleidung eine enorm wichtige Rolle bei der unbewussten Taxierung der Kandidaten für Toppositionen: Verknitterte Anzüge kombiniert mit Bequemschuhen haben schon viele Karrieren zerstört.

Kann man charismatische Führung lernen?

Viele Führungs- und Persönlichkeitstrainings werben damit, dass am Ende ein perfekter Führer das Seminar verlassen werde. Was hat es nun damit auf sich? Kann man charismatische Führung so, wie sie oben beschrieben wurde, einfach lernen? Die Antwort: Das hängt vom Persönlichkeitstyp und der Bereitschaft zur Selbstkritik ab. Beginnen wir mit dem Persönlichkeitstyp. Die idealen Voraussetzungen haben Führungskräfte mit folgendem Profil:

- Dominanz: 70 bis 80 %
- Balance: 40 bis 50 %
- Stimulanz: 30 bis 40 %

Warum ist das so? Die höhere Dominanzinstruktion ist notwendig, um überhaupt einen Führungswillen und die dazu notwendige Durchsetzungskraft zu haben. Eine noch höhere Dominanzinstruktion ist eher schädlich, weil die Gefahr des „Machtrausches" hoch ist. Die Balanceinstruktion von 40 bis 50 % hilft, die „Wir"-Funktion in der Gruppe anzusprechen, damit verbunden ist eine gewisse Sensibilität für soziale Situationen, ohne allerdings Konflikte zu meiden. Die Stimulanzinstruktion unterstützt die optimistische Grundeinstellung und Zukunftsorientierung, gleichzeitig sorgt sie für Offenheit für abweichende Meinungen oder neue Trends.

Mit dieser Beschreibung des Ideals werden auch Probleme von Performern mit extrem hoher Dominanzinstruktion in puncto Charisma deutlich. Je höher nämlich die Dominanzinstruktion, desto geringer ist in der Regel die emotionale Intelligenz – die Bedürfnisse und Stimmungen der Mitmenschen werden nicht mehr wahrgenommen. Bei extrem hoher Ausprägung der Dominanzinstruktion besteht die Gefahr, dass sie durch ihre scheinbare Allmacht nicht charismatisch-positiv, sondern tyrannisch-negativ führen und ihre Untergebenen der Loserfalle übergeben. Zuviel emotionale Intelligenz, das wird immer übersehen, ist aber genauso schädlich. Der Führer wird zum Kummerkasten und verliert dadurch wertvolle Zeit, sich um die Herausforderungen der Zukunft zu kümmern.

Welche limbischen Prototypen tun sich noch schwer mit charismatischer Führung? Kaum geeignet sind der Bewahrer und der Tolerante – bei ihnen herrscht in der Gruppe oft ein Klima der hohen Zufriedenheit, sie sind beliebt, aber nicht respektiert und bringen das Unternehmen oder die Gruppe nicht voran, weil sie keine Leistung fordern. Weniger geeignet ist auch der Kreative: Er ist zum einen „unberechenbar", weil er ständig neuen Ideen nachjagt – zum anderen ist die Stimulanzinstruktion auch die Hauptkraft des Individualismus. Der Kreative ist eher ein Einzelgänger und fühlt sich in Gruppen nicht wohl. Letzteres ist aber wichtig für charismatische Führung.

Wie stehen die Charismachancen für den Kontroller? Auch für ihn ist der Weg zum charismatischen Führer nicht einfach. An der Spitze eines Unternehmens wird er sogar zur Gefahr. Ich erwähne dies deshalb, weil gerade dieser limbische Prototyp gerne an die Spitze von Unternehmen gestellt wird, weil er das Gefühl vermittelt. durch seine Genauigkeit alles unter Kontrolle zu haben. Darin jedoch liegt die Gefahr, wie folgendes Praxisbeispiel verdeutlichen soll.

Der Aufsichtsrat eines großen deutschen Konzerns ernannte den Finanzvorstand (limbischer Prototyp: Kontroller) zum neuen Vorstandschef. Als Finanzvorstand hatte er sehr gute Arbeit geleistet und diese Leistung sollte durch die Beförderung auch gewürdigt werden. Mit negativen Folgen für das Unternehmen. So richtig er in seiner früheren Funktion war, so falsch war er in seiner neuen. Denn sein Hauptziel war Sparen und strenge Finanzkontrolle. Dafür wurde er im ersten Jahr auch belohnt – die Rendite stieg. Was vom Aufsichtsrat völlig übersehen wurde, war, dass alle Investitionen in Wachstum (Dominanz) und Innovation (Stimulanz) unterblieben. Diese hielt der Chef für überflüssig und zu risikoreich. Nach vier Jahren hatte das Unternehmen zwar noch eine zufriedenstellende Rendite – aber erheblich Marktanteile verloren. Das waren die sichtbaren Folgen auf Ebene 1. Die unsichtbaren Folgen auf Ebene 2 waren weit gravierender. Weil sich alle Mitarbeiter unbewusst am Verhalten und Wertesystems des Vorstandschefs orientierten, machte sich im ganzen Unternehmen eine Kontroller- und Absicherungskultur breit: Jede Entscheidung musste bürokratisch begründet werden. Die Mitarbeiter wurden so kollektiv in die Loserfalle geschickt. Auch Kunden wurden dementsprechend behandelt und wanderten ab. Erst als das Unternehmen tief in den roten Zahlen war – wurde der Kontroller durch einen neuen Vorstandschef abgelöst, dessen limbisches Profil zwischen Performer und Pionier lag. Es dauerte fast vier Jahre, bis das Unternehmen in seiner Kultur und seiner Wettbewerbsfähigkeit ungefähr wieder dort war, wo es der Kontroller übernommen hatte. Dieses Beispiel zeigt, wie eng die limbische Persönlichkeitsstruktur mit Führung verknüpft ist. Es zeigt aber auch, wie ungeheuer wichtig die unbewusste Seite der Führung ist, weil das Verhalten gerade des Chefs das ganze Unternehmen prägt.

Betrachtet man diese Aufzählung der limbischen Prototypen im Hinblick auf charismatische Führung, wird deutlich, dass fast alle Prototypen mit „Mängeln" behaftet sind. Kann man diese Mängel z. B. durch Trainings beheben? Man kann – allerdings nur mit einer Voraussetzung: Man darf den kritischen Blick in den Spiegel nicht scheuen – denn wir nehmen uns selbst oft völlig anders wahr, als wir in der Realität sind. Dieser kritische Spiegel kann ein Trainer oder Coach sein, viel wichtiger wären aber die eigenen Mitarbeiter. Da gerade am Anfang durch den Autoritäts- und Unterwürfigkeitsmechanismus große Hemmungen seitens der Mitarbeiter bestehen, dem Boss die Wahrheit zu sagen, ist externe Hilfe ratsam. Allerdings haben Trainings auch ihre Grenzen. Es dürfte kaum gelingen, einen wirklichen Bewahrer zum charismatischen Führer zu machen. Die Frage, die wir uns stellen sollten, ist auch die, ob das sinnvoll ist. Nicht alle Menschen sind zur wirklichen Führung gleichermaßen geeignet. Das ist auch gar nicht wichtig. Weil Führungsfähigkeit nur eine Eigenschaft von vielen ist. Einen hoch kreativen Designer z. B. macht man genauso wenig glücklich damit, dass man ihm Führungsverantwortung gibt, wie einen eher bewahrenden und ängstlichen Menschen, der Konflikte scheut. In Kapitel 8, in dem es um den Erfolg von Teams oder ganzen Unternehmen geht, wird uns diese Frage weiter beschäftigen.

Die wichtigsten limbischen Erfolgsregeln aus Teil 2

1. Lesen Sie Kapitel 5, 8 und 15, wenn Sie kein Performer sind

Menschen kommen mit unterschiedlichsten Talenten und Persönlichkeitseigenschaften auf die Welt. Jede Stärke ist gleichzeitig auch eine Schwäche. Und: Es gibt keine ideale Persönlichkeit, sondern nur eine ideale Persönlichkeit für einen bestimmten Zweck. Akzeptieren Sie sich so, wie Sie sind.

2. Reservieren Sie sich einen Platz in der Siegerspirale

Denken Sie immer daran, welche ungeheuren positiven Auswirkungen die Siegerspirale auf Motivation und Leistung hat. Allerdings: Wer Herausforderungen vermeidet, vermeidet auch automatisch die Chance zum Sieg und verzichtet damit auf seinen Platz in der Siegerspirale.

3. Befreien Sie sich aus der Loserfalle

Wenn Sie selbst mit Ihrem Chef, mit Ihrem Beruf bzw. Arbeitsplatz höchst unzufrieden sind: Warten Sie nicht, bis Sie sich nicht mehr aus eigener Kraft aus der Loserfalle befreien können, sondern handeln und wechseln Sie sofort.

4. Führen Sie Ihre Mitarbeiter in die Siegerspirale

Geben Sie sich nicht mit den Führungstechniken der Ebene 1 zufrieden. Denken Sie daran, dass Ihre Mitarbeiter keine Roboter sind. Führen Sie Ihre Mitarbeiter mit Charisma in die Siegerspirale.

5. Halten Sie sich selbstkritisch den Spiegel vor

Gegenüber seinem eigenen Führungsverhalten ist man meist blind. Gerade Performer merken häufig nicht, wie sie ihre Mitarbeiter verletzen und damit demotivieren. Betrachten Sie Ihr eigenes Führungsverhalten selbstkritisch im Spiegel. Nutzen Sie dazu das Feedback Ihrer Kollegen.

Teil 3:
Limbic Companies:
So bleibt Ihr Unternehmen fit und anpassungsfähig

Unternehmen in ihrer Gesamtheit werden von Menschen gemacht und von Menschen gesteuert. Aus diesem Grund gelten für Unternehmen die unbewussten Gesetze der Ebene 2 gleichermaßen. Doch Unternehmen sind mehr als eine lose Ansammlung von Individuen; sie sind so genannte „soziale Systeme". In der Wissenschaft, aber auch in der Beratungspraxis, wird eine heftige Diskussion darüber geführt, ob man soziale Systeme wie Unternehmen aus der Sicht des Individuums begreifen kann oder ob soziale Systeme völlig eigenen Systemgesetzen und damit Erfolgsregeln gehorchen. Im Teil 3 und seinen Kapiteln werden wir erkennen, wie genial unser unbewusstes Programm aufgebaut ist. Es ist sowohl für unseren individuellen Erfolg als auch für den Systemerfolg verantwortlich. Wir werden unbewusste Mechanismen mit höchst überraschenden Auswirkungen entdecken.

Kapitel 7:
Testosteron: Der Kraftstoff der revolutionären Unternehmen

Was Sie in diesem Kapitel erwartet:
90 % aller Unternehmen erleben ihren 60. Geburtstag nicht. Gleichzeitig werden 40 % aller Start-ups nicht älter als drei Jahre. Die betriebswirtschaftliche Forschung hält dafür viele Erklärungen bereit. Die tatsächliche Ursache wird übersehen – unsere Persönlichkeitsveränderungen im Laufe des Lebensalters. Erkennt man diese unbewussten Zusammenhänge, ergeben sich wichtige Ansatzpunkte dafür, wie Unternehmen erfolgreich werden und bleiben.

In den vorangegangenen Kapiteln haben wir die Wirkung von Testosteron auf die Persönlichkeit, insbesondere aber seinen Einfluss auf die Dominanzinstruktion, die Kraft der Expansion kennen gelernt. Was wir dabei noch nicht beachtet haben, ist, dass sich die Konzentration dieses Treibstoffes mit dem Alter erheblich verändert. Die Schwankungen im Laufe des Lebensalters haben aber für Unternehmen – so unglaublich es klingt – existenzielle Bedeutung. Denn unsere Risikobereitschaft – und damit die Risikobereitschaft eines Unternehmens – ist direkt mit der Stärke der Dominanzinstruktion, aber auch der Stimulanzinstruktion verknüpft. Die häufigsten Todesursachen für Unternehmen aber sind damit untrennbar verbunden: Unternehmen sterben an zu großen Risiken, die sie eingehen, sie sterben aber auch an innerer Verkrustung und Erstarrung. Die Betriebswirtschaft hat dafür die Lebenszyklustheorie formuliert. Sie beschreibt die sichtbaren Versäumnisse auf Ebene 1. Die eigentliche Ursache, die auf Ebene 2 liegt, wird übersehen. Bei Start-ups wird auf das mangelnde Controlling verwiesen – bei den an Altersschwäche aus dem Markt scheidenden Unternehmen spricht man von fehlender Flexibilität und Marktorientierung.

Wir wollen uns nun etwas intensiver der Ebene 2 dieser Phänomene widmen. Wenn wir die wichtigsten unbewussten Mechanismen erkennen wollen, müssen wir uns wieder dem limbischen System und den limbischen Instruktionen zuwenden. Zwar haben wir in Kapitel 4 gesehen, dass sich Personen in ihrem limbischen Profil nicht verändern – wer mit hoher Dominanzinstruktion zur Welt kommt, behält diese auch mit großer Wahrscheinlichkeit auch noch als Erwachsener (wenn er nicht vorher in die Loserfalle tappt). Diese Aussage gilt aber immer nur im Vergleich zu Personen gleichen Alters und gleichen Geschlechts. Diese Vergleichsbasis dürfen wir nicht übersehen. Was damit nicht ausgesagt wird, ist, dass sich die Stärke der limbischen Instruktionen mit dem Alter verändert. Und diese Veränderungen sind erheblich. Die Dominanz- und die Stimulanzinstruktion nehmen im Alter bis etwa 25 Jahre zu, die Dominanzinstruktion stärker als die Stimulanzinstruktion, beide bleiben bis zum Alter von zirka 30 Jahren auf gleichem Niveau und nehmen dann mit zunehmendem Alter immer weiter ab.

Genau umgekehrt entwickelt sich die Balanceinstruktion. Sie nimmt bis ungefähr 25 bis 30 ab, erreicht also in dieser Zeit ihr Minimum, um dann mit dem Alter wieder zuzunehmen. Diese Kurven unterscheiden sich auch in puncto Geschlecht. Bei Männern sind diese Entwicklungen weit extremer als bei Frauen. Abbildung 1 zeigt diese Entwicklung: Je älter wir werden, desto sicherheitsorientierter und starrer werden wir (Balanceinstruktion), gleichzeitig verlieren aber auch die Dominanz- und die Stimulanzinstruktion erheblich an Kraft.

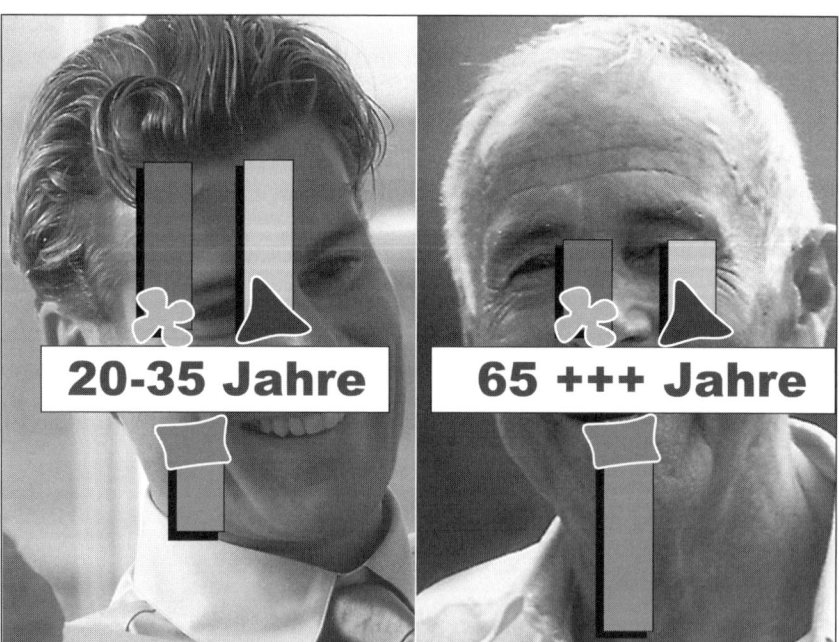

Abb. 1: Die Stärke der limbischen Instruktionen verändert sich stark mit dem Alter
Neugier und Expansionswille nehmen ab, das Sicherheitsbedürfnis nimmt zu.

Was sich in dieser Beschreibungssprache sehr nüchtern anhört, hat enorme Konsequenzen für Unternehmen. Diese Altersentwicklung der limbischen Instruktionen ist nämlich der Grund sowohl für das Start-up-Dilemma als auch den Alterstod eines Unternehmens. Werfen wir, bevor wir uns den Managementfragen zuwenden, noch einen kurzen Blick auf die biologischen Gründe, warum diese Kurven sich so entwickeln.

Dazu begeben wir uns am besten hinter die Kulissen der limbischen Instruktionen, in die Spielregeln der Evolution. Wie wir ja bereits gesehen haben, ist die Dominanzinstruktion die Kraft der Expansion und der Verdrängung. Auch wissen wir inzwischen, dass die Dominanzinstruktion sehr stark vom Sexual- und Aggressionshormon Testosteron angetrieben wird. Konzentrieren wir uns deshalb stärker auf die Testosteronentwicklung eines Mannes. Diese Betrachtung ist auch deshalb legitim, weil über 90 % aller Unternehmen mit mehr als zehn Beschäftigten von Männern gegründet und geführt werden – die Ursache ahnen Sie bereits – es ist im Wesentlichen das Testosteron. Wie sich die Testosteronkonzentration mit dem Alter entwickelt, zeigt Abbildung 2.

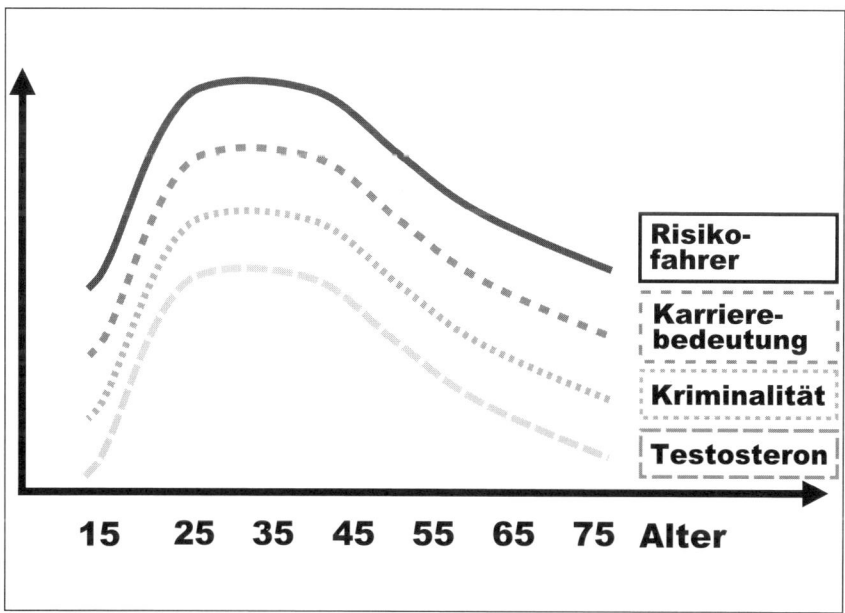

Abb. 2: Die Testosteronkurve beim Mann
Typisch männliche Verhaltensweisen zeigen einen weitgehend identischen Verlauf.

Was zeigt uns die Kurve? Sie hat ihren Höhepunkt zwischen etwa 20 und 30 Jahren! Was geschieht biologisch in dieser Zeit? Richtig. Es ist die Zeit der Suche nach einem Sexualpartner und damit verbunden auch die Zeit der größten Konkurrenzkämpfe. Welche Voraussetzungen sind notwendig, um sexuell erfolgreich zu sein? Erstens die Verdrängung des Konkurrenten. Zweitens muss der prospektiven Sexualpartnerin mit genügend Ressourcen für die Aufzucht der Kinder imponiert werden. Gleichbedeutend mit diesen Ressourcen ist ein großes Territorium oder/und die zur Schau gestellte Kraft, dazu fähig zu sein, ein Territorium zu erkämpfen.

Die enge Verknüpfung der Dominanzinstruktion mit dem Testosteron zeigt sich im völligen Gleichklang der Entwicklung typisch männlicher Verhaltensweisen mit der Testosteronkurve. Betrachten Sie sich die Kurve in Abbildung 2: Kriminalität, Karrierebedeutung und risikoreiches Fahren laufen völlig parallel.

Was wird an diesem Zusammenhang deutlich? Unsere Risikobereitschaft und unsere Expansionslust werden letztlich aus der gleichen hormonalen Quelle gespeist und gehen damit auf die Dominanzinstruktion zurück! Wenden wir uns nun mit diesem Wissen wieder dem Management zu.

Das Start-up-Dilemma

Spätestens seit dem jähen Ende des Internet-Booms ist auch einer breiten Öffentlichkeit die Start-up-Problematik deutlich geworden. Himmelhoch jauchzend – zu Tode betrübt. Mit unserer menschlichen Eintagsfliegenbrille betrachten wir das Ganze als Phänomen unserer moderner Zeit und damit als etwas völlig Neues.

Doch das Start-up-Phänomen, das mit einem Höhenflug beginnt, um dann jäh in den Trümmern des Absturzes zu enden, ist so alt wie die Menschheit selbst. Auch die Ursachen sind stets die gleichen. Erinnern wir uns an die Geschichte aus der griechischen Mythologie vom jungen Ikarus und seinem Vater Dädalus. Beide saßen im Gefängnis des König Minos. Sie wollten fliehen, und zwar fliegend. Dazu bastelten sie sich aus Federn und Wachs Flügel, um sich so aus der Gefangenschaft zu befreien. Der Traum vom Fliegen klappte – aber der Start-up namens Ikarus hielt sich nicht an die Vereinbarung. Er flog vor Freude über die gewonnene Macht (Dominanz) in der Siegersspirale der Sonne entgegen. Die Warnungen (Balance) seines Vaters Dädalus überhörte er. Es kam wie es kommen musste, er flog zu nah an die heiße Sonne, das Flügelwachs schmolz, die Flügel lösten sich auf und Ikarus stürzte in den Tod. Sein besonnener Vater dagegen, der konsequent das Ziel Freiheit verfolgte und sich nicht zu Abenteuern verleiten ließ, überlebte.

An dieser Geschichte wird die grundsätzliche Start-up-Problematik deutlich. Wichtig ist es, sich dabei in Erinnerung zu rufen, von wem Start-ups gegründet werden: Zu mehr als 80 % von jungen Männern zwischen 25 und 32 Jahren, zu einer Zeit also, wo der Testosteronspiegel seinen Höchststand hat. Nun ist der Fall plötzlich klar. Schauen wir uns dazu nochmals das limbische Unternehmensprofil von Start-ups in Abbildung 3 an: extrem hohe Ausprägung der Dominanz- und Stimulanzinstruktion, geringe Ausprägung der gegensteuernden Balanceinstruktion. Die Folge: Extrem hohe Risikobereitschaft mit gleichzeitig extrem geringer Neigung, Sicherungsinstrumente wie z. B. ein funktionierendes Controlling einzuführen. Durch die gleichzeitig hohe Stimulanzinstruktion verzettelt sich das Start-up-Unternehmen in ständig neuen Innovationen und verliert damit den Erfolgskurs.

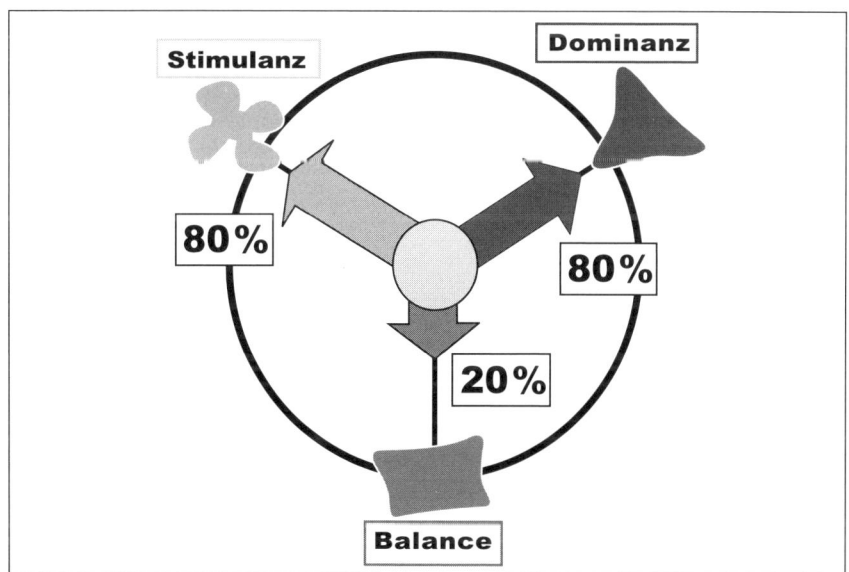

Abb. 3: Das limbische Profil eines Start-up-Unternehmens
Start-up-Unternehmen werden in der Mehrzahl von jungen Männern zwischen 25 und 35 Jahren gegündet. In diesem Zeitraum haben die Stimulanz- und die Dominanzinstruktion ihren höchsten Wert.

Innovative Quantensprünge haben immer eine limbische Ursache

Man könnte nun sagen, gehen wir also kein Risiko ein, dann ist das Problem gelöst. Doch so einfach darf man sich die Sache nicht machen. Denn nicht alle Start-ups tappen ja ins Ikarusschicksal, sondern einige überleben und prosperieren. Das ist die eine Seite der Medaille. Die andere Seite ist aber genauso wichtig. Diejenigen, die überleben, tun dies nicht nur mit alten Ideen, sondern revolutionieren oft den Markt mit völlig neuen Ansätzen, neuen Produkten und neuen Dienstleistungen. Der Zusammenhang zwischen revolutionären Innovationen und den dahinter liegenden Persönlichkeitsstrukturen ist offensichtlich.

Haben Sie einmal darüber nachgedacht, von wem und im welchen Alter die wichtigen Innovationen oder Revolutionen vorangetrieben wurden, sei es in Wirtschaft, Wissenschaft oder Kultur? <u>90 % aller Quantensprünge werden von jungen Männern im Alter von 25 bis maximal 32 gemacht!</u> Denken wir an Bill Gates oder Steve Jobs, die als 25-Jährige die Computerwelt veränderten, an Einstein, der mit 26 die Physik neu definierte, an Watson, der mit 25 die DNS-Doppelhelix entdeckte, an die Gebrüder Wright, die mit um die 30 zum ersten Motorflug starteten, an Edison, der mit 22 den ersten Fernschreiber konstruierte, an Goethe, der mit 22 den Götz von Berlichingen und mit 24 den Werther schrieb, an Schiller, der mit 23 Jahren mit seinen Räubern Furore machte. Die Liste könnte endlos verlängert werden – immer mit dem gleichen Ergebnis – die Quantensprünge der Menschheit verlaufen fast parallel zur Testosteronkurve, wie Abbildung 4 zeigt. Allerdings gilt es zu beachten, dass wohl nicht Testosteron allein dafür die Verantwortung trägt – auch andere Neuromodulatoren spielen eine wichtige Rolle, jedoch gibt es speziell für diese Frage keine Forschungsergebnisse.

Warum sind Revolutionen fast nur in diesem Altersabschnitt möglich? Weil hier die expansiven und innovativen Kräfte stark genug sind, eine Idee bis zum Umfallen voranzutreiben, nicht aufzugeben und vor allem: den Mut und die Kampfbereitschaft zu haben, gegen die mächtigen Vertreter der alten Ideen zu kämpfen. Gleichzeitig haben sich die Jungen aber auch noch nicht in den alten Theorien und den damit verbundenen Denkgewohnheiten/Scheuklappen verfangen.

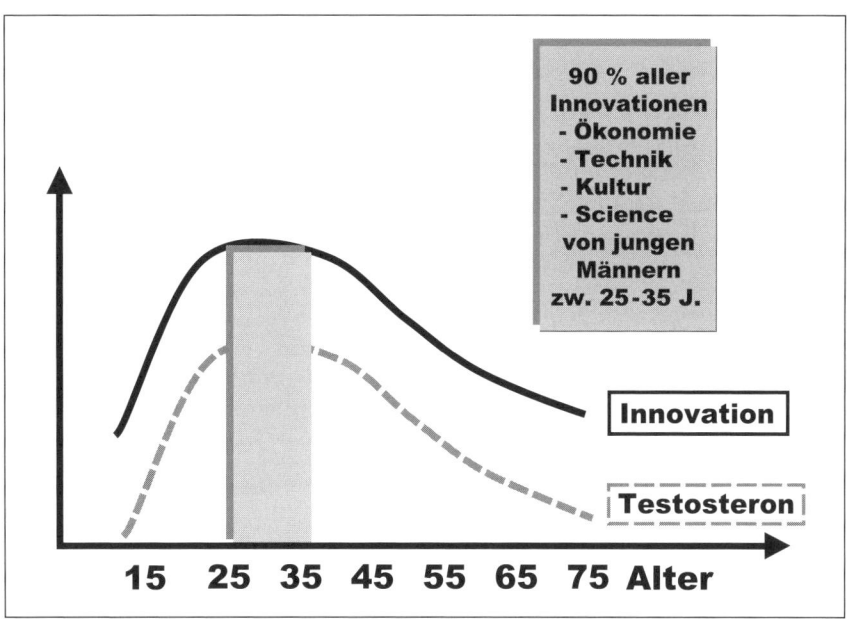

Abb. 4: Wirkliche Innovationen und wissenschaftliche Revolutionen verlaufen identisch zur männlichen Testosteronkurve

Bei dieser Betrachtung ist es wichtig zwischen Innovationen zu unterscheiden, die völlig revolutionär und neu sind und Optimierungen, die lediglich Verbesserungen des Bestehenden darstellen. Optimierungen ergeben sich aus der Tagesarbeit, sie entwickeln sich auf Basis bestehender Abläufe. Hier können auch Kreativitätstrainings helfen, neue Ideen zu finden. Um Revolutionen auszulösen, sollte man sich aber mehr auf die biologischen Ursachen verlassen, hier helfen Kreativitätstrainings nur wenig. Und: Kreativitätstrainings können auch die Todesursache von Unternehmen nicht verhindern, der wir uns jetzt zuwenden.

Der Alterstod eines Unternehmens

Damit sind wir bei der zweiten großen Gefahr für Unternehmen – der inneren Veralterung. Bevor wir uns mit den Prozessen im Unternehmen selbst beschäftigen, sollten wir uns mit den allgemeinen Alterungsprozessen beschäftigen – diese Frage ist umso wichtiger, weil sie auch gesellschaftspolitisch von hoher Relevanz ist.

In ungefähr zehn Jahren werden etwa 30 % der Bundesbürger über 60 sein, der Anteil dieser Altersgruppe an der Gesamtbevölkerung ist damit doppelt so groß, wie er noch 1950 war. Die Diskussion der Veralterung unser Gesellschaft wird fast ausschließlich unter dem Blickwinkel der Rentenproblematik geführt. Denkmodelle in den Schubladen der Politiker sehen gar eine Aufschiebung des Ruhestandalters auf 70 Jahre vor. Völlig übersehen wird dabei die dramatische Nebenwirkung der skizzierten Altersentwicklung: Unsere Wirtschaft läuft Gefahr, schlicht und einfach ihre Wettbewerbsfähigkeit zu verlieren.

Die grundsätzliche Veränderung der Stärke der limbischen Instruktionen mit dem Alter kennen wir, Dominanz und Stimulanz nehmen ab, Balance dagegen nimmt zu. Der Effekt: Je älter wir werden, desto mehr verlieren wir unsere Neugier, unseren Kampfeswillen und desto größer wird gleichzeitig auch unsere Rigidität. Aus den schon öfter zitierten Gründen der „Political Correctness" wird darüber allerdings lieber geschwiegen. Die Medien propagieren dafür lieber das Trugbild der dynamischen „neuen Alten", die bis ins hohe Alter vor Vitalität nur so strotzen. Diese Gruppe stellt leider in der Realität nur eine verschwindend kleine Minderheit dar. Natürlich hört es niemand gerne, wenn man ihm diese Wahrheit sagt. Wie wir gesehen haben, verwechseln wir Menschen Hoffnung gerne mit Realität. Einzelfälle wie der Schauspieler Johannes Heesters, der mit über 90 Jahren noch auf der Bühne steht, werden so zur Normalität. Bücher, die mit „Fit for Life" ein ewiges Leben versprechen, sind absolute Bestseller.

Doch Einzelbetrachtungen beweisen wenig. Sicher ist, dass es 70-Jährige gibt, die noch Marathon laufen und manchen jüngeren in puncto Fitness überlegen sind. Es gibt auch ältere Manager, die in ihrer Dynamik manchem jungen Phlegmatiker den Rang ablaufen. Aber wir sollten die Welt nicht aus der Perspektive von Ausnahmen, sondern aus der Realität der Regel betrachten.

Was hat es mit den Altersveränderungen auf sich? Zunächst, wie gewohnt, der Blick auf die Testosteronkonzentration. Diese Konzentration nimmt nämlich im Alter von 25 bis 65 Jahren von durchschnittlich neun Nanogramm/Milliliter auf 2,5 Nanogramm/Milliliter ab. Die Folge: die Dominanzinstruktion nimmt ebenfalls ab, natürlich nicht im gleichen prozentualen Verhältnis wie die Testosteronkonzentration. Mit 60 wollen wir zwar unsere Macht sichern und erhalten – deren Höhepunkt meist mit etwa 45 erreicht wird. Wir kämpfen aber nicht mehr und gehen kein Risiko ein.

Gleichzeitig nimmt unsere Neugier ab und unsere Balanceinstruktion zu. Unsere Bereitschaft, zu lernen und uns auf Veränderungen einzulassen, nimmt also ebenfalls erheblich ab.

Wie sich unser Gehirn mit dem Alter verändert

Doch widerspricht dies nicht so manchen Pressemeldungen. Immer wieder liest man von Experten, die sagen, man könne auch das Gehirn bis ins hohe Alter trainieren, zum Beispiel im Hinblick auf Merk- und Gedächtnisleistungen. Dies ist nicht falsch. Trotzdem werden dabei wichtige Zusammenhänge nicht beachtet. Was läuft beim Lernen im Gehirn ab? Durch Lernen nehmen die Verbindungen und Verschaltungen zwischen den Neuronen zu. Auch im Alter kann also das Gehirn prinzipiell trainiert werden. Was allerdings bei dieser Betrachtung übersehen wird, sind mehrere gegenläufige Prozesse, deren Einfluss weit größer ist:

— Mit dem Alter ab etwa 50 Jahren schrumpft das Gehirn von 1,4 kg auf 1,2 kg, bezeichnenderweise bei Männern erheblich stärker als bei Frauen.

— Mit dem Alter steigt die Stressanfälligkeit (Balanceinstruktion). Das Stresshormon Cortisol schädigt die Verbindungen zwischen den Neuronen. Diese Schädigung macht sich besonders beim für das Lernen wichtigen Gehirnkern Hippocampus im limbischen System bemerkbar.

— Ein zusätzliches Problem ergibt sich daraus, dass der Körper des alternden Menschen dreimal so lange braucht, um Stresshormone abzubauen wie der Körper eines jungen Menschen. D. h. die lernhemmenden Stresshormone verbleiben viel länger im Gehirn. Ältere Menschen können früher gelernte Informationen abrufen, aber das Lernen neuer Informationen fällt schwerer.

— Mit dem Alter nimmt der für das Lernen sehr wichtige Neurotransmitter Acetylcholin im Gehirn ab. Ältere Menschen lernen weit schwerer als jüngere.

— Unser Gehirn schaltet am liebsten auf Energiesparmodus. Die Aufrechterhaltung von Verbindungen zwischen Neuronen im Gehirn kostet aber Energie. Aus diesem Grund baut das Gehirn alle Verbindungen ab, die nicht gebraucht werden. Unser gesamtes Verhalten ist so angelegt, dass wir nur das Nötigste lernen um zu Überleben. Lieber werden alte

Erfahrungen bestätigt, als Neue aufgebaut. Denn der Aufbau neuer Erfahrungen kostet Energie. Aus diesem Grund ist die Dichte der neuronalen Verbindungen bei einem Kind wesentlich höher als bei einem älteren Erwachsenen. In der Kinder- und Jugendzeit ist das Gehirn darauf programmiert, neue Erfahrungen zu machen, im Alter dagegen, bestehende Erfahrungen aufrechtzuerhalten.

Dies sind die so genannten neuronalen Gesetze des Alterns. Die motivatorische Auswirkung der limbischen Instruktionen haben wir dabei aber noch nicht beachtet. Auch wenn ältere Menschen ihr Gehirn im eingeschränkten Rahmen trainieren können: was mit dem Alter abnimmt – und das ist entscheidend, ist die Motivation, genau dies zu tun. Besser zu werden hat seine Ursache in der Dominanzinstruktion. Und wenn diese zurückgeht, fehlt der innere Antrieb. Der Wunsch zu lernen wird aber auch sehr stark von der Stimulanzinstruktion gespeist. Geht diese zurück, nimmt auch der Wunsch ab, wirklich Neues zu lernen. Die verbleibende Neugier älterer Menschen richtet sich in der Regel auf die gewohnten Wissensgebiete oder Hobbys – dafür interessiert man sich nach wie vor, allerdings nicht mehr mit dem Elan früherer Jahre. Die neuronalen und motivatorischen Mechanismen greifen ineinander und verstärken sich zum Teil gegenseitig.

Um was es nicht geht, ist um eine Verunglimpfung des Alters – aber es nutzt auch genauso wenig, wenn wir diesen schleichenden Prozessen nicht ins Auge sehen. Wir akzeptieren, wenn ein 35-jähriger Profifußballer aufhören muss oder in die Position des Trainers wechselt – genauso müssen wir akzeptieren, dass ab etwa 50 bis 55 unsere Dynamik, unsere Umstellungsbereitschaft und unsere Risikobereitschaft abnehmen.

Wir selbst bemerken die Veränderung nicht

Das Problem dabei ist auch, dass wir selbst diesen langsamen Rückgang nicht bemerken. Auch viele Profifußballer würden bis 45 weiterspielen, wenn sie nicht der Trainer aus dem Spiel nähme . Aus der Position des neutralen Beobachters sieht man den Leistungsabfall wesentlich besser. Gerade in vielen mittelständischen, inhabergeführten Unternehmen fehlt der Trainer. Der ältere Inhaber selbst ist in seinem positiven Selbstbild gefangen und bemerkt seine nachlassende Dynamik nicht. Da aufgrund des im letzten Kapitel aufgezeigten unbewussten Autoritäts- und Vorbildmechanismus die Mitarbeiter ihr Verhalten an dem des Chefs ausrichten, verliert das ganze Unternehmen seine Kraft und damit seinen finanziellen Wert! Zusätzlich entscheidet der alternde Chef bei Einstellungen – in der Regel sucht er aber keinen jungen, bissigen Wolf – denn der macht ja Ärger, weil er vieles verändern will. Stattdessen entscheidet er sich für das sozial angepasste Lamm. Damit wird aber der Sterbeprozess des Unternehmens beschleunigt.

Ein Beispiel aus der Praxis soll das verdeutlichen: Der Marketingvorstand eines großen Konsumgüterherstellers wunderte sich, dass das Unternehmen in puncto Innovationskraft erheblich an Boden verloren hatte. Der Versuch, über Kreativitätstrainings die Marketingabteilung aufzumöbeln, scheiterte. Das Problem löste sich limbisch sehr schnell. Mit 62 Jahren war er selbst nämlich das Problem. Er war überzeugt davon, noch die Dynamik eines 40-Jährigen zu haben. Gemeinsam analysierten wir seine Einstellungspolitik der letzten Jahre. Dabei fielen Sätze wie „er muss mir sympathisch sein", „er muss zu uns passen", „er muss sich in unsere Abteilung einfügen" usw. Das Problem dabei war, dass er selbst, altersbedingt, immer mehr Balancewerte in die Entscheidung einbrachte – er suchte sich unbewusst immer Mitarbeiter mit Balancetouch. Als er dieses Problem erkannte, änderte er seine Politik – anstatt auf „zahme Schäfchen" setzte er nun mehr auf junge Wilde, auch wenn diese, wie er sagte, ihm viel unsympathischer waren. Auf diese Weise gewann die Abteilung ihr alte Kraft zurück. Er als „Elder Statesman" mit seiner Erfahrung war der ideale limbische Ausgleich für die ungestümen jungen Wilden, die er schützte und denen er den notwendigen Spielraum verschaffte.

Die Gefährdung der inneren Dynamik eines Unternehmens durch die Altersproblematik, wie sie Abbildung 5 zeigt, wird oft auch durch falsche Beförderungsregeln zusätzlich verstärkt. Besonders heikel ist die Koppelung der Beförderung an das Dienstalter, auch Senioritätsprinzip genannt. Das Ergebnis kann man am besten bei vielen deutschen Behörden studieren. Man sieht sie aber auch an Unternehmen wie der Bahn oder der Telekom, die aufgrund der übernommenen Strukturen (verstärkt durch die Personalräte) unter diesem alten gerontokratischen Erbe bis heute leiden. Wie sieht nun das Ideal aus? Wie Aristoteles schon sagte, liegt die vernünftige Lösung in der Mitte: Das gute Unternehmen hat die richtige Mischung aus alt und jung – die Jugend ist eher offen und experimentierfreudig – das Alter sichert das Bestehende, hat die Erfahrung, denkt und kümmert sich um wichtige Details. Beide Eigenschaften braucht das Unternehmen um erfolgreich zu sein. Gerade die Wichtigkeit der Erfahrung der Älteren in bestehenden Strukturen und Abläufen darf nicht unterschätzt werden. Als BMW sein Werk in den USA eröffnete, wurden in manchen Fertigungsbereichen dieselben Maschinen wie in einer deutschen BMW-Fabrik aufgebaut. Das Problem: Sie funktionierten nicht richtig, obwohl es keinen Unterschied zwischen den deutschen und amerikanischen Maschinen gab. Erst mit dem Vor-Ort-Einsatz einiger älterer und erfahrener Maschinisten aus Deutschland wurde das Problem gelöst. Durch die Klimaunterschiede veränderten sich nämlich unbemerkt einige Einstellungen. Die älteren Maschinisten kannten das Problem. Sie lösten es mit dem dazu notwendigen Fingerspitzengefühl, das aus der jahrelangen Erfahrung entstanden war. Dies zeigt, wie wichtig die Erfahrung der Älteren ist. Allerdings: An der Spitze des Unternehmens, dort wo die Entscheidungen gefällt werden und in Positionen, die für „Neues" und „Expansion" zuständig sind, sollten „60 plus"- Lösungen vermieden werden.

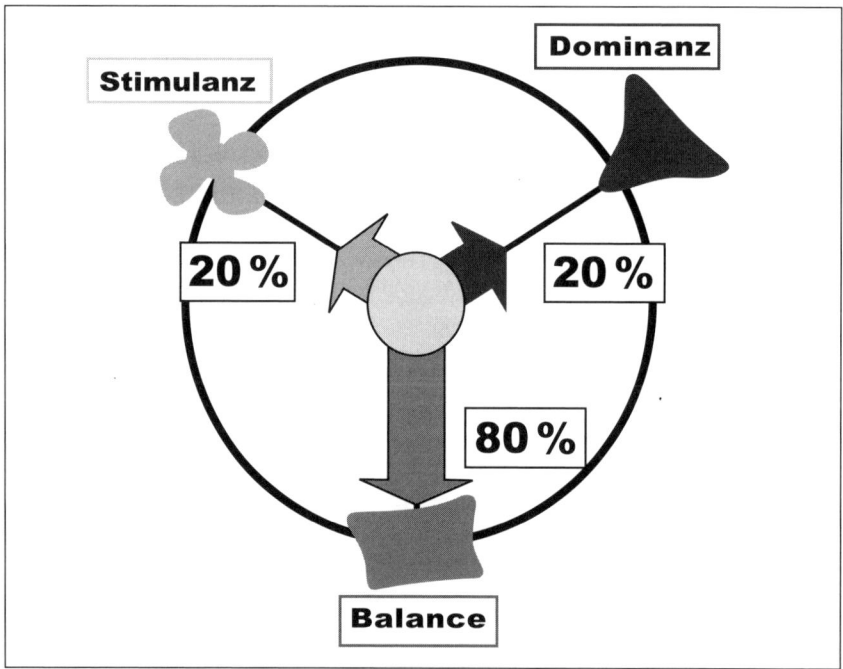

Abb. 5: Das limbische Profil eines überalterten Unternehmens
Hohes Sicherheitsstreben ist gepaart mit geringer Risiko- und Veränderungsbereitschaft.

Das Fitnessprogramm gegen die Altersschwäche von Unternehmen

Beginnen wir mit dem Problem der Altersfalle. Was kann man dagegen tun? Für selbstständige Unternehmer ist es das Wichtigste, das Unternehmen vor sich selbst zu schützen, und zwar lange bevor der Abschied naht. Da die psychischen Altersprozesse in sehr kleinen Schritten vor sich gehen, merkt man den eigenen Verfall nicht – man hat von sich selbst den Eindruck, genauso dynamisch und flexibel zu sein wie vor 20 Jahren. Doch das ist falsch – Selbstbild und Realität klaffen weit auseinander und von den „Untertanen" haben die wenigsten den Mut, einem die Wahrheit ins Gesicht zu sagen. Denn diese Offenheit kann tödlich enden. Der alternde Henry Ford bemerkte dazu: „Ich erwarte von jedem Mitarbeiter, dass er seine Meinung über mich offen sagt. Wenn er es tut, zolle ich ihm meinen Respekt, trotzdem verliert er seinen Job". Erfolgreiche Unternehmer wie Reinhold Würth oder Reinhard Mohn waren auch in dieser Frage weitsichtig genug und sind deshalb mit 60 in den Aufsichtsrat umgezogen. Reinhold Würth hat diesen Schritt wie folgt kommentiert: „Ich mache nicht durch Altersstarrsinn das kaputt, was ich mit der Kraft meiner Jugend aufgebaut habe". Ähnliche Konsequenzen ziehen erfolgreiche Unternehmen auch für ihre Vorstände: Bei BMW oder bei Bertelsmann ist für Führungskräfte mit 60 Schluss.

Heißt das nun, dass alle Mitarbeiter mit 60 in den Ruhestand sollen? Nicht unbedingt, es gibt im Unternehmen viele Bereiche und Funktionen, die stärker balanceorientiert sind, wie z. B. Qualitätssicherung, Rechnungswesen etc. Hier ist ein höheres Alter weniger heikel. Problematischer wird die Altersfrage in innovativen bzw. expansiven Funktionen, in der Geschäftsführung, im Vertrieb, im Marketing und in Forschung und Entwicklung. Hier sollte die 60-iger Grenze das Maximum sein. Was aber ist, wenn ältere Menschen noch Spaß am Beruf haben – sollen sie das Unternehmen verlassen? Das nicht, aber die Führungs- und Leitungsverantwortung sollten sie abgeben. Ältere Menschen haben einen großen Erfahrungsschatz, den es zu nutzen und zu binden gilt. Um geeignete Arbeitsmodelle dafür zu entwickeln, müssen wir mit der Altersfrage offen umgehen – durch die Verleugnung dieses Problems wird eine falsche kollektive Realität vorgespiegelt. Der Einzelne, dem man mit 60 Jahren nahelegt, sein Zepter aus der Hand zu geben, erlebt dieses Ansinnen so als persönlichen Makel. Vorstände bei BMW und Berufsoffiziere in der Bundeswehr dagegen wissen, dass es eine für alle geltende Altersgrenze gibt. Der Abschied wird deshalb nicht als persönlicher Makel angesehen – sondern als normal.

Revolutionäre Zellen installieren

Mit diesen Maßnahmen haben wir den Alterstarrsinn eines Unternehmens eingedämmt, wir haben ihm aber noch lange keine Dynamik eingehaucht. Wir müssen also nicht nur das Alter begrenzen, sondern auch dafür sorgen, dass junge, aktive Mitarbeiter frühzeitig in Führungsverantwortung kommen. Doch das ist nur der eine Teil – der zweite Teil heißt, Strukturen zu schaffen, die der Innovation eine Chance bieten. Was steckt hinter dieser Überlegung? In jede Organisation treten laufend junge Nachwuchskräfte ein, die voller neuer Ideen sind und vor Engagement platzen, sich zu beweisen. Treffen sie auf bürokratische Strukturen oder auf konservative Vorgesetzte, ist der Elan bald zu Ende. Entweder sie kündigen oder sie fallen der Loserfalle anheim. Beides ist für das Unternehmen von gleicher Tragik.

Diesem systembedingten Konservativitäts- und Konformitätsdruck kann man entkommen, wenn man im Unternehmen bewusst revolutionäre Zellen installiert, die, räumlich und organisatorisch vom Mainstream abgetrennt, die Chance zur eigenen Entwicklung und zum Neulernen haben. Insbesondere die Designabteilung, die Forschung und Entwicklung und neue Geschäftsfelder sollten mit jungen Leuten besetzt werden, die abgetrennt vom eher schwerfälligen Mutterschiff unbehelligt an Innovationen und Revolutionen arbeiten können. Allerdings darf diese Trennung nicht zu groß sein. Zwei Gefahren sind nämlich mit einer zu großen Distanz verbunden. Erstens: Die abgetrennten Start-ups fallen ohne den risikobegrenzenden Balanceeinfluss der Mutter dem Start-up-Tod anheim. Zweitens: Die Innovationen und Revolutionen der Start-ups bleiben dem Mutterschiff verborgen. Durch die zu große Trennung wird die Hauptorganisation nicht provoziert und aktiviert und lernt nicht.

Kapitel 8:
Vielfalt schlägt Einfalt: Die limbische Struktur erfolgreicher Unternehmen

Was Sie in diesem Kapitel erwartet:

Menschen sind höchst unterschiedlich. In Kapitel 4 haben wir aber gesehen, dass es bestimmte limbische Prototypen gibt, die zumindest bezüglich Karriere und Macht besonders erfolgreich sind. Wenn so der Prototyp des Erfolges aussähe, dann fragt man sich, warum die Evolution so viele Unterschiede zwischen Menschen zugelassen hat, anstatt sich auf diesen scheinbar idealen Einheitsmenschen zu fokussieren? Die Antwort darauf lautet: Wirklicher Erfolg ist nur durch Vielfalt möglich. Einfalt ist auf lange Sicht tödlich.

Damit wir den Gedanken verstehen, warum Erfolg untrennbar mit der Vielfalt verknüpft ist, müssen wir von der Betrachtung des Individuums auf die Betrachtung von Gruppen, also von sozialen Systemen wechseln. Um die Genialität des biologischen Vielfaltsprinzip zu erkennen, lohnt ein Seitenblick auf die erfolgreichste Spezies auf unserem Planeten. Nein, das sind nicht, wie wir gerne glauben, wir Menschen – es sind unsere Ur-Ur-Ur-Vorfahren, die Bakterien. Sie sind nicht nur die ältesten Lebewesen auf der Erde, sie stellen auch über 70 % der gesamten belebten Biomasse (auf den Menschen entfallen etwa 5 %) und in Anzahl der „Köpfe" etwa 95 % der Erdbewohner. Bakterien sind deshalb so erfolgreich, weil sie sich innerhalb kürzester Zeit auf völlig neue Umweltbedingungen einstellen können. Wer das Prinzip schnell lernender Organisationen verstehen will, ist gut beraten, die dazu erschienenen Managementratgeber einmal kurz beiseite zu legen und einen Blick in die Natur zu werfen. Mit die größte Herausforderung für die medizinische Forschung ist es heute, wirksame Antibiotika zu finden, also Medikamente, die krankheitserregende Bakterien abtöten. Das Problem: Alle bekannten Antibiotika werden zunehmend wirkungslos, weil die Bakterien weltweit dagegen immer resistenter werden. Die Bakterien lernen nämlich schneller als die Forscher. Hinter den Türen der Labors findet ein dramatischer Wettlauf mit den Mikrogenies statt. Schon heute sterben weltweit tausende von Menschen an Bakterieninfektionen, die durch die vorhandenen Antibiotika nicht mehr behandelt werden können.

Wie schaffen es Bakterien, genauer gesagt Bakterienkolonien, so schnell zu lernen und sich in kürzester Zeit auf Umweltveränderungen einzustellen?

Dazu ist es notwendig, sich mit der Sozialstruktur von Bakterienkolonien zu beschäftigen. Über viele Jahre hat sich die biologische Forschung nicht um die sozialen Systeme von Bakterienkulturen gekümmert. Biologen nahmen an, dass Bakterien eher genormte Einheitstypen sind und dass sich Mutationen, also anpassungsfördernde Veränderungen, bei Bakterien eher zufällig ereignen würden.

Wie so oft kamen die entscheidenden Impulse, Bakterienkolonien in einem völlig neuen Licht zu sehen, nicht von Insidern, sondern von Außenstehenden; in diesem Falle von den beiden Biophysikern Eshel Ben-Jakob von der Universität Tel Aviv und James Shapiro von der Universität Chicago. Diese beiden Forscher fanden durch Beobachtung von tausenden Kolonien heraus, dass die schnellen Anpassungen der Bakterien an neue Umweltbedingungen keinesfalls nur auf zufälligen Mutationen beruhten, sondern dass es sich dabei um Veränderungen handelte, die auf eine besondere Sozialstruktur der Kolonien zurückzuführen sind. Denn anders als vermutet, waren die Bakterien in der Kolonie nicht gleich, sondern unterschieden sich in ihrer „Persönlichkeit" und damit in ihren Auswirkungen auf das gesamte System. Ben-Jakob und Shapiro extrahierten verschiedene Persönlichkeitstypen und die damit verbundenen Eigenschaften, die von diesen Bakterien in unterschiedlicher Stärke ausgingen bzw. die für besondere Signale empfänglich waren:

<u>Die Konformitätsverstärker:</u> In einer Bakterienkolonie gibt es einige Bakterien, die verstärkt chemische Signale absondern, die die Kolonie zusammenhalten. Das sind die Produzenten eines chemischen „Wir-Gefühls".

<u>Die Diversitätsgeneratoren:</u> Viele Bakterien einer Kolonie unterscheiden sich trotz gemeinsamer Gruppenzugehörigkeit sowohl in ihrer Vorliebe für bestimmte Nährstoffe als auch in ihrer Empfindlichkeit für chemische Stoffe. Durch die Spezialisierung gelingt es ihnen, auf die unterschiedlichen chemischen Signale in der Umwelt schneller zu reagieren, aber auch Futterstoffe besser zu verwerten.

<u>Die Zufallsgänger/die Pioniere:</u> Wird in Bakterienkolonien das Futter knapp, senden einzelne Bakterien ein chemisches Signal aus, das sie abstoßend macht und sie vom Konformitätsdruck befreit. Diese Bakteriengruppen schwärmen dann nach neuen Nahrungsquellen aus. Die Erkundungsteams, die auf geringe Nahrungsquellen stoßen, vermitteln diese Hiobsbotschaft der großen Gruppe über abstoßende chemische Signale, während die Erfolgreichen mit chemischen Lockstoffen ihren Erfolg melden.

Der Ressourcenschalter: Die chemische Nachricht vom Erfolg lockt nun die ganze Kolonie an. In der Gruppe passiert aber noch etwas – die erfolgreichen Finder der Nahrungsquelle werden nun zu neuen Führern der Kolonie. (Denken Sie bitte an den Mechanismus der Siegerspirale!)

Dieses von Ben-Jakob und Shapiro gefundene Grundprinzip des Lernens und Überlebens von sozialen Systemen wird durch weitere Mechanismen ergänzt, beispielsweise die Konjugation, das ist die Fähigkeit von Bakterien, sich beim Nachbarn anzudocken, um „online" genetische „Erfolgsinformationen" auszutauschen. Über diesen Austausch können Bakterien untereinander die chemische Information vermitteln, die sie z. B. resistent gegen ein Gift macht. Zusätzlich ist für soziale Systeme noch ein weiterer Mechanismus erfolgswirksam – dieser wird bei allen sozialen Lebewesen gefunden; sehr ausführlich wurde er an Ameisen und Wespen erforscht:

Die Dominanzstruktur: Der amerikanische Biologe Therolaz, der am renommierten MIT (Massachusetts Institute for Technology) über soziale biologische Systeme forscht, konnte sowohl in der Praxis an Wespenkolonien als auch in Computersimulationen zeigen, dass eine klare Dominanzstruktur für das Funktionieren eines hoch komplexen, aus vielen Individuen bestehenden Systems erhebliche evolutionäre Vorteile bringt. Er zeigte aber noch etwas – dass auch der Mechanismus der Siegerspirale und Loserfalle von ungeheurer Wichtigkeit für ein soziales System ist. Stirbt die Königin in einer Bienen- oder Wespenkolonie, werden durch diesen Mechanismus endlose Rangkämpfe vermieden. Gleichzeitig bilden sich sehr schnell wieder stabile Strukturen heraus.

Fassen wir die Erkenntnisse aus diesem kleinen Ausflug zusammen. Betrachtet man die Erfolgsmechanismen hoch komplexer sozialer Systeme vor dem Hintergrund unserer limbischen Instruktionen, wird zumindest die Ähnlichkeit, wenn nicht sogar die Übereinstimmung mit menschlichen Sozialsystemen deutlich. Offensichtlich hat sich so im Laufe der Evolution eine Art biologisches Erfolgsgesetz für soziale Systeme entwickelt. Unsere limbischen Instruktionen bestimmen sowohl unseren individuellen Erfolg, aber auch durch Ausbildung von sich unterscheidenden Individuen den Erfolg eines komplexen sozialen Systems wie eines Teams oder eines Unternehmens. Der von Shapiro gefundene Konformitätsverstärker findet sich in der Balanceinstruktion, die Stimulanzinstruktion steht für den Zufallsgänger und den Diversitätsgenerator. Und der Ressourcenschalter zeigt sich wie die Dominanzstruktur in der Siegerspirale.

Durch diesen kurzen Ausflug wird deutlich, warum wir Menschen in unserer Persönlichkeit höchst unterschiedlich sind. Nicht die Einfalt macht ein soziales System überlebens- und lernfähig, sondern die Vielfalt! Das bedeutet aber auch: Es gibt kein limbisches Profil für den „Idealmenschen" – jeder ist in seiner Eigenheit und Einzigartigkeit wichtig! Daran sollten wir uns auch in der Gendebatte erinnern, die ja unterschwellig einen Idealmenschen zum Ziel hat.

Aber noch eines wird deutlich: So wichtig die Bemühungen auf Ebene 1 sind, ein lernendes Unternehmen zu gestalten, sei es durch IT-Systeme, Schulungskonzepte, Job Rotation, E-Learning etc., wirkliches Lernen erfordert Zufallsgänger und Diversitätsgeneratoren – kurz: viele Mitarbeiter mit ausgeprägter Stimulanzinstruktion.

Die Auswirkungen der limbischen Instruktionen auf weitere Persönlichkeitseigenschaften

Unser individueller limbischer Mix sorgt für unsere individuelle Persönlichkeitsstruktur. „Nun gut," werden manche sagen, „das wissen wir ja schon: Der eine ist dominanter, der andere eher ängstlicher usw., usw." Was wir dabei viel zu wenig beachten ist, dass die limbischen Instruktionen auf unsere Persönlichkeit und die damit verbundenen individuellen Eigenschaften einen weit größeren Einfluss haben, als wir glauben. Zunächst einmal bestimmen sie die „Richtung" unseres Verhaltens, d. h. ob wir eher bewahrend, kämpferisch-expansiv oder neugierig sind. Das ist die Grundfunktion, die wir bereits kennen. Doch das ist längst nicht alles: Die limbischen Instruktionen entscheiden über die Art unserer Informationssuche und des Lernens, also auch über unseren kognitiven Stil. Sie bestimmen maßgeblich unser Entscheidungsverhalten, also ob wir eher risikobereit oder risikomeidend sind. Zusätzlich haben sie, wie wir gesehen haben, Einfluss auf unser Führungsverhalten, unseren Arbeitsstil, auf unsere Teamfähigkeit und zum Teil auf unsere Leit- und Lebenswerte. Schauen wir uns die mit den limbischen Instruktionen verknüpften Persönlichkeitseigenschaften etwas genauer an:

Der kognitive Stil

Beginnen wir mit unserem kognitiven Stil, also wie wir Informationen suchen, aufnehmen und verarbeiten. Der bekannte Kognitionspsychologe

Dietrich Dörner unterscheidet zwischen zwei Stilen, nämlich zwischen einem geringen Auflösungsgrad und einem hohem Auflösungsgrad. Was meint er damit? Es gibt Menschen, die denken akribisch bis ins kleinste Detail und achten auf alle Feinheiten. Gleichzeitig konzentrieren sie sich aber nur auf ganz wenige Dinge, denken also, um es in einem Bild zu sagen, mehr tief als breit: das ist der hohe Auflösungsgrad. Der kognitive Gegentyp ist der mit einem geringen Auflösungsgrad. Für ihn sind Details störend, er kümmert sich um viele Dinge gleichzeitig und ist immer auf der Suche nach einer neuen, spannenden Denkaufgabe.

Was ist nun der ideale Denkstil? In der Schule – und das prägt bis heute noch unser Erziehungsideal – ist es sicher der Denkstil mit hohem Auflösungsgrad. Aber dies ist ein Irrtum, beide Denkstile sind für ein Team oder ein Unternehmen gleichermaßen wichtig. Es muss Menschen geben, die gleichzeitig viele Ideen und Probleme in der Luft halten können, und andere, die sich nur mit einem Problem beschäftigen, dieses aber von allen Seiten durchdenken. Besonderen Einfluss auf unseren Denkstil hat die Stimulanzinstruktion. Eine hohe Ausprägung bringt in der Regel automatisch einen geringen Auflösungsgrad mit sich: Solche Menschen haben tausend Dinge im Kopf, und jeden Tag kommen durch ihre Neugier neue Überlegungen und Gedanken hinzu. Wenn wir von einem lernenden Unternehmen als Ziel ausgehen, dann wird klar, wie dieses Ziel nicht erreicht wird: Wenn ich nur Mitarbeiter vom Typ des Kontrollers (Lieblingstyp der deutschen Unternehmen) oder Bewahrers einstelle, dann weiß das Unternehmen vom Bestehenden viel, aber erfährt vom wichtigen Neuen nichts! Der Auflösungsgrad unseres Denkens wird auch sehr stark von unserer Erregtheit bestimmt: Wenn wir sehr wütend sind oder wenn wir vor etwas große Angst haben, bekommen wir kognitive Scheuklappen. Unser Denken konzentriert sich nur noch auf eine Sache.

Motivation

Zwar wollen alle Menschen geachtet werden und ein Mindestmaß an Abwechslung und Sicherheit haben. Ich bezeichne dies als den motivatorischen Grundkern, weil alle Menschen ja über alle drei limbischen Instruktionen verfügen. Aber über diesen Grundkern hinaus ergeben sich erhebliche Abweichungen, die durch die individuelle Ausprägung der drei limbischen Instruktionen erreicht wird. Menschen, deren Stimulanzinstruktion besonders hoch ausgeprägt ist, suchen ein Höchstmaß an Abwechslung, suchen neue Reize und lieben permanente Veränderungen. Dies kann ein Ortswechsel oder können neue Aufgaben sein. Wird Ihnen dies geboten, sind sie hoch motiviert.

Für einen Mitarbeiter mit hoher Balanceinstruktion sind aber genau diese Motivationen pures Gift. Was für den Mitarbeiter mit hoher Stimulanzinstruktion Spaß und Abwechslung ist, bedeutet für den ängstlichen Mitarbeiter Chaos und Verunsicherung. Ähnliches gilt für die Dominanzinstruktion: Für Mitarbeiter mit hoher Dominanzinstruktion kann die Führungsspanne und die Führungsverantwortung nicht hoch genug sein, der Mitarbeiter mit hoher Balanceausprägung dagegen hat Angst vor der Führung und den damit automatisch verbundenen sozialen Konflikten. Der Mensch strebt also nicht, wie Maslow annahm, einheitlich und im harmonischen Gleichklang zur Spitze der Pyramide, sondern danach, ein Optimum, eine optimale Passung zu finden zwischen den Angeboten und Reizen der Umwelt und seinem individuellen limbischen Persönlichkeitsprofil. Stimmt diese Passung, ist er hoch motiviert, weil er automatisch in die Siegerspirale eintritt. Stimmt diese Passung nicht, kennen wir die Folgen auch, die Vorform der Loserfalle.

Führungs- und Arbeitsstil

Managementlehre und -literatur propagieren einen konsequenten, klaren und berechenbaren Führungsstil. Und genau so wünscht man sich dort den Arbeitsstil. Im gleichen Atemzug wird suggeriert, dass dieses „Idealverhalten" relativ leicht und einfach zu erlernen wäre. Ich möchte die Vermittelbarkeit dieser Tugenden nicht grundsätzlich infrage stellen – leider wird aber ihre enge Verknüpfung mit der Persönlichkeitsstruktur übersehen. Manager mit hoher Stimulanzinstruktion neigen nämlich eher zu einem chaotischen Arbeits- und Führungstil, während der Kontroller zu pedantisch führt und die Eigenverantwortung der Geführten einschränkt. In Kapitel 6 konnten wir diese Effekte an einem Beispiel studieren.

Wertesysteme

Mit die meisten zwischenmenschlichen Konflikte, gleich ob im Berufs- oder Privatleben, ergeben sich aus der Inkompatibilität oder den Differenzen der individuellen Wertsysteme. Werte oder Werthaltungen sind alles, was einem wichtig ist, wofür man steht, wofür man kämpft. Jeder Mensch betrachtet nun seine Werte als die einzig richtigen und möglichen. Menschen, die unsere Werte teilen, finden wir sympathisch, solche, die völlig andere Werte haben, lehnen wir ab. Werte werden teilweise über unsere Erziehung und Kultur vermittelt, sie hängen aber auch eng mit unseren limbischen Instruktionen zusammen. Für einen Bewahrer sind Tradition, Familie und Vertrauen wichtig, der Kontroller pocht auf Disziplin und Ordnung und für den Performer stehen individueller Erfolg und Leistung ganz oben auf der Werteskala.

Teamfähigkeit
Gerade mit dem Abbau von Hierarchien wird die Teamfähigkeit, die soziale Verträglichkeit, die soziale Kompetenz von vielen Personalverantwortlichen als enorm wichtiges Kriterium gesehen. Was man weniger beachtet ist, dass die Teamfähigkeit keine losgelöste und unabhängige Persönlichkeitseigenschaft ist, sondern eng mit den limbischen Instruktionen zusammenhängt, genauer: Mit der Balanceinstruktion. Wie wir in Kapitel 2 gesehen haben, gibt es innerhalb der Balanceinstruktion im Gehirn zwei Submodule: die Fürsorge und die Bindung. Diese sind wesentlich für die Teamfähigkeit verantwortlich. Das Dilemma dabei: Der Idealtyp des Unternehmers oder High-Performers hat in diesem Bereich Schwächen. Wenn also Teamfähigkeit zum zentralen Auswahlkriterium wird, fallen genau die, die ein Unternehmen antreiben und nach vorne pushen, bei diesem Auswahlprozess jämmerlich durch das Sieb.

Die limbischen Prototypen und ihre Eigenschaften

Nachdem wir uns mit dem Einfluss der limbischen Instruktionen auf unser Denken, Handeln und auf unsere Werthaltungen beschäftigt haben, geht es nun darum, uns etwas näher mit den Konsequenzen für das Management zu beschäftigen. Wie schon erwähnt besteht unsere Persönlichkeit stets aus einer Mischung der drei limbischen Instruktionen, und wie wir im Kapitel 2 gesehen haben, gibt es in den limbischen Instruktionen Submodule, die ebenfalls Einfluss auf unsere Persönlichkeit nehmen. Der Mensch – aber auch jeder andere Organismus – ist also auch von dieser Seite her stets einzigartig. Und trotzdem gibt es so etwas wie Prototypen, die besondere Merkmale in reinerer Form verkörpern und denen man auch im Unternehmen immer wieder begegnet. Mit diesen Prototypen, denen wir in Kapitel 4 schon kurz begegnet sind, ihren Stärken und Schwächen für die Organisation, ihrem Denkstil etc. wollen wir uns nun befassen (Abbildung 1):

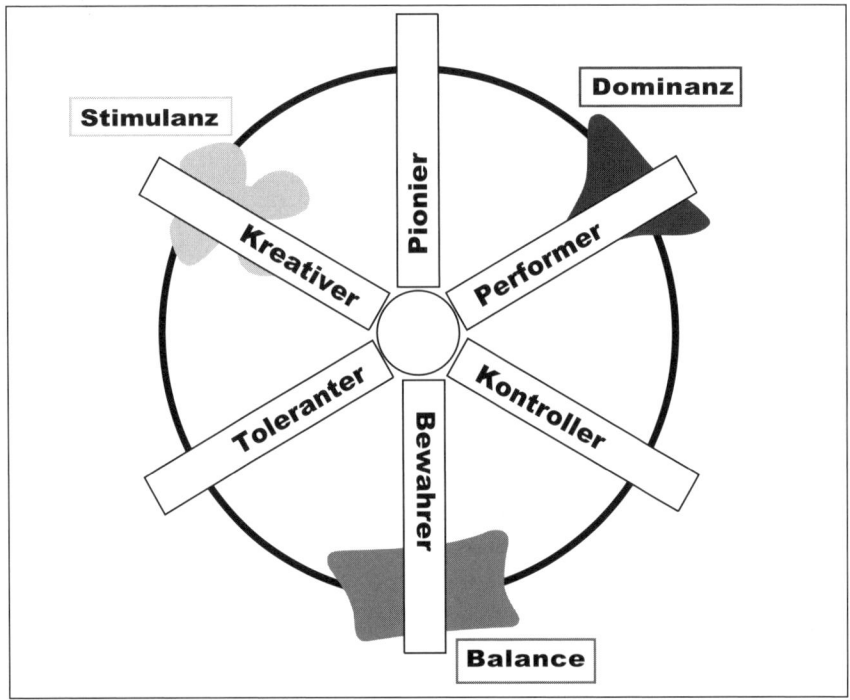

Abb. 1: Die limbischen Prototypen
Erfolgreiche Teams, Gruppen oder Unternehmen pflegen die Vielfalt.

Der Performer

Sein Profil wird von der Dominanzinstruktion bestimmt. Er treibt die Expansion voran, er setzt Ideen und Konzepte eisern durch. Gleichzeitig stellt er hohe Ansprüche an seine Mitarbeiter und ist in der Führung kompromisslos. Soziale Konflikte steht er durch. Alles, was seiner und der Performance des Unternehmens dient, nutzt er.

Kognitiver Stil: mittlere bis hohe Auflösung

Führungsstil: eher kompromisslos, delegationsbereit

Stärken: Konsequenz, Klarheit, Durchsetzungsfähigkeit

Schwächen: geringe emotionale Intelligenz, geringe Sensibilität, geringes Gespür für weiche Faktoren

Teamfähigkeit: mittel bis gering

Motivation:	Karriere, Macht, Status, Verantwortung, Herausforderung
Werte:	Leistung, Härte

Der Kontroller

Sein Persönlichkeitsprofil wird von einer Mischung aus Dominanz und Balance bestimmt. Aus dieser Mischung entsteht die wichtigste Persönlichkeitseigenschaft: Disziplin und Kontrolle. Er denkt bis ins Detail, ist, wenn er sich zu etwas bereit erklärt hat, absolut zuverlässig in der Umsetzung. Er erwartet von anderen die gleiche Disziplin. Alle Maßnahmen im Unternehmen, die dazu dienen, Abläufe und Verantwortung festzuschreiben, die Zukunft planbar zu machen, finden seine Zustimmung.

Kognitiver Stil:	hohe Auflösung
Führungsstil:	eher pedantisch
Stärken:	Konsequenz, Zuverlässigkeit, Berechenbarkeit
Schwächen:	geringe Sensibilität, geringe Toleranz, geringes Gespür für weiche Faktoren, hohe Anfälligkeit für Bürokratie, geringe Offenheit für Neues
Teamfähigkeit:	mittel
Motivation:	berechenbare, gleichbleibende Aufgaben
Werte:	Disziplin, Gehorsam, Macht

Der Bewahrer

Bei ihm steht die Balanceinstruktion im Vordergrund. Allen Veränderungen steht er mit großer Skepsis gegenüber. Risiken werden vermieden, ebenso Führungs- und Wachstumsverantwortung. Das Denken ist eher in die Vergangenheit orientiert, die Tradition des Unternehmens wird von ihm betont und gepflegt. Er setzt sich für gemeinschaftliche Aufgaben ein und hilft mit, das „Wir" des Teams oder des Unternehmens zu pflegen.

Kognitiver Stil:	hohe Auflösung
Führungsstil:	glättend und Konflikt vermeidend, cholerisch bei Stress
Stärken:	Berechenbarkeit, hohe Sensibilität, emotionale Intelligenz

Schwächen:	fehlende Durchsetzungsfähigkeit, fehlende Neugier, schnelle Verletzlichkeit führt oft zu emotionalen Überreaktionen, geringe Risikobereitschaft
Teamfähigkeit:	hoch
Motivation:	berechenbare, gleichbleibende Aufgaben, Sicherheit des Arbeitsplatzes
Werte:	Tradition, Harmonie, Sicherheit

Der Offene

Seine Persönlichkeit zeichnet sich durch eine Mischung von Stimulanz und Balance aus. Er ist für alles offen und akzeptiert die Vielfalt der Meinungen. Allerdings ist er kein Meinungsführer und kein Meinungsbildner, aber im Unternehmen wichtig, weil er sich gegen Veränderungen nicht sperrt, sie allerdings auch nicht vorantreibt. Durch seine Offenheit ist er als Kollege sehr beliebt und aus diesem Grund ein wichtiger Schmierstoff in der Unternehmenskultur.

Kognitiver Stil:	mittlere Auflösung
Führungsstil:	umgänglich, positiv, Vermittlung von Spaß, Konflikte vermeidend
Stärken:	Offenheit für Neues, Veränderungsbereitschaft, Neugier, Sensibilität
Schwächen:	geringe Durchsetzungsfähigkeit
Teamfähigkeit:	hoch
Motivation:	Aufgaben, die eine bestimmte Stabilität haben, und trotzdem Offenheit für Neues verlangen
Werte:	Spaß, Genuss, Sensualität

Der Kreative

Auch wenn zusätzlich eine höhere Intelligenz für wirkliche Kreativität wichtig ist, die Grundvoraussetzung dafür ist eine hohe Stimulanzinstruktion. Der Kreative ist permanent auf der Suche nach Neuem. Hat er etwas Neues gefunden, ist dies im gleichen Moment schon wieder langweilig. Er produziert laufend neue Ideen. Das Problem: Keine wird umgesetzt. Für seine Ideen wird er bewundert, für seine Schlampigkeit und „Wankelmütigkeit" wird er gehasst.

Kognitiver Stil:	geringe Auflösung
Führungsstil:	unkonsequent und sprunghaft
Stärken:	Neugier, Veränderungsbereitschaft, Kreativität
Schwächen:	Hang zum Chaos
Teamfähigkeit:	eher gering
Motivation:	Aufgaben, die mit neuen Inhalten verbunden sind
Werte:	Spaß, Hedonismus

Der Pionier

Seine Persönlichkeit wird durch eine Mischung aus hoher Dominanz- und hoher Stimulanzinstruktion geprägt. Er ist der ideale Unternehmer, gleich ob Entrepreneur oder Intrapreneur. Er hat neue Ideen und setzt diese auch durch. Trotzdem ist er nie zufrieden, ist immer auf der Suche nach Neuem, ohne allerdings die eingeschlagene Linie zu verlassen. Seine Risikobereitschaft ist überdurchschnittlich hoch – deswegen muss er auch gelegentlich herbe Niederlagen einstecken. Fehlt beim ihm als Gegenkraft die Balanceinstruktion, wird der Pionier oft zum Hasardeur. Er hält das Unternehmen wach und in Gang, dafür eckt er mit den eher bewahrenden Kräften oft an.

Kognitiver Stil:	mittlere Auflösung
Führungsstil:	mitreißend, antreibend, fordernd
Stärken:	Neugier, Veränderungsbereitschaft, Risikobereitschaft
Schwächen:	hohe Risikobereitschaft, Ungeduld
Teamfähigkeit:	gut, wenn er den Ton angibt; schlecht, wenn er ein normales Teammitglied ist
Motivation:	Arbeiten im Neuland, neue Herausforderungen
Werte:	Individualismus, Freiheit, Autonomie

Die Vielfalt bringt Erfolg

Welches ist nun der Idealtyp für ein Unternehmen oder ein Team? Schnell wird deutlich, dass es den Idealtyp nicht gibt. Besteht ein Unternehmen nur aus High-Performern oder Pionieren, dann ist der Risikoanteil zu hoch, d. h. die Gefahr des Start-up-Dilemmas schlägt unweigerlich zu. Das Gegenteil ist der Fall, wenn zuviel Bewahrung und Kontrolle vertreten ist, wenn „Teamismus", „Tradition" und „Sicherung" den Unternehmensalltag bestimmen – dieses Unternehmen ist kraft- und saftlos. Was übrigens für ein Unternehmen gilt, gilt auch für ein Team oder eine Abteilung. Auch hier sollte die richtige limbische Mischung existieren. Das Ideal liegt wie wir in Kapitel 1 gesehen haben, bei 80 % Dominanz, 30 % Stimulanz und 50 % Balance. Diese Idealformel muss man allerdings etwas differenzieren.

Differenzierung Nr. 1: In welchem Markt bewegt sich das Unternehmen?
Ein Hersteller für junge Mode beispielsweise braucht eindeutig einen weit höheren Stimulanzanteil als eine Privatbank oder eine Rückversicherungsgesellschaft. Das limbische Idealverhältnis für den Modehersteller ist 40 % Balance, 80 % Dominanz und 70 % Stimulanz. Er ist in einem hoch kreativen Markt tätig und muss ungeheuer wandlungsfähig und flexibel sein. Die Privatbank dagegen arbeitet eher in traditionellen Märkten – für sie ist Kontinuität und Vertrauen wichtig. Allerdings: Auch der Modehersteller braucht Dominanz und Balance – sonst ist die Gefahr groß, dass konsequente und systematische Markterschließung fehlt und die kaufmännische Fundierung ausbleibt – solche Hotshops schießen wie Leuchtraketen in den Himmel und verglühen so schnell, wie sie gekommen sind.

Differenzierung Nr. 2: Um welche Abteilung handelt es sich?
Differenzieren muss man aber auch innerhalb des Unternehmens. Die einzelnen Bereiche und Abteilungen haben genau genommen unterschiedliche limbische Funktionen. Marketing und Forschung und Entwicklung haben eher Pionierfunktion und brauchen deshalb eine größere Stimulanzinstruktion. Die Qualitätssicherung dagegen ist, wie der Name schon sagt, der Balanceinstruktion verpflichtet. Hier ist eine höhere Balanceausprägung sinnvoll, während eine zu hohe Stimulanzausprägung schädlich ist, weil Abweichungen geduldet werden. Allerdings gilt auch hier: Das ganze Spektrum muss in allen Abteilungen vorhanden sein. Fehlt z. B. im Marketing Balance oder Dominanz, siegt das kreative Chaos.

Machen Sie eine Teamaufstellung

Nachdem wir das Grundprinzip kennen gelernt haben, sind Sie nun an der Reihe. Nehmen Sie ein Blatt Papier in die Hand, malen sie den limbischen Kreis mit den drei Instruktionen auf, und nun versuchen Sie doch einfach mal Ihre Abteilung oder – wenn Sie Geschäftsführer sind – Ihre erste Führungsebene in diese limbische Landkarte einzutragen. Abbildungen 2 bis 5 zeigen vier beispielhafte Varianten. In Abbildung 2 liegt das Team eindeutig zu stark auf der Balanceseite, auch der Chef sorgt nicht für Dynamik. Solche Konstellationen führen in der Regel zu „Meerschweinchen"-Kulturen: Alle haben sich ganz lieb – aber keiner bewegt sich. In Abbildung 3 stimmen die Proportionen – eine gute limbische Mischung im Idealverhältnis. Besonders wichtig bei diesen Teamaufstellungen ist – wie wir gesehen haben – der Teamchef! Durch seine Vorbild- und Führungsfunktion gibt er den Ton an und die Richtung vor. Auch wenn das Team selbst insgesamt ideal zusammengesetzt wäre, der Chef aber vom Typ eher ein Kontroller ist (Abbildung 4), wird das Team weit unter seiner möglichen Leistung bleiben und den Denk- und Handlungsstil des Chefs annehmen. In Abbildung 5 sehen wir das Profil eines hoch kreativen jungen Unternehmens. Dieses Unternehmen steht immer am Rande des Chaos. Sichernde Strukturen fehlen.

Suchen Sie sich die richtigen Mitspieler

Doch nicht nur wenn Sie Teamchef sind, auch für Ihren persönlichen Erfolg ist es wichtig, ihre eigene limbische Persönlichkeitsstruktur zu kennen. Gleich ob Ihr limbisches Profil mehr im Mittelbereich liegt – oder Sie über extremere Ausprägungen verfügen – Sie haben immer Stärken und Schwächen gleichzeitig, zumindest aus Sicht des ganzen Unternehmens.

Deshalb sollten Sie, wenn Sie Ihr Team zusammenstellen, vermeiden, sich selbst mehrfach zu klonen, also nur solche Mitstreiter mit an Bord zu nehmen, die genau so sind wie Sie. Diese Gefahr ist groß, weil wir andere um so sympathischer finden, je stärker sie mit unseren Merkmalen übereinstimmen. Sie sollten sich deshalb Partner suchen, deren Profil Ihres ergänzt: Wenn Sie ein echter Entrepreneur oder Pionier sind, dann ist der Kontroller für Sie ein idealer Partner. Sie treiben nach vorn und er sorgt dafür, dass die notwendigen Sicherungsseile aufgespannt werden. Wenn Sie ein knochen-

Limbic Companies: So bleibt Ihr Unternehmen fit und anpassungsfähig

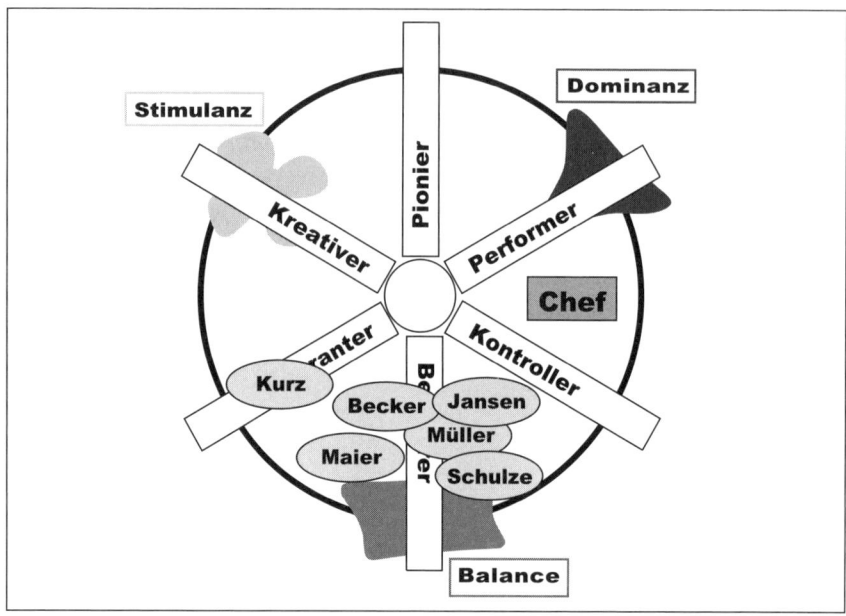

Abb. 2: Das Bewahrerunternehmen
Dieses Team/Unternehmen entwickelt nur geringe Dynamik und Innovativität.

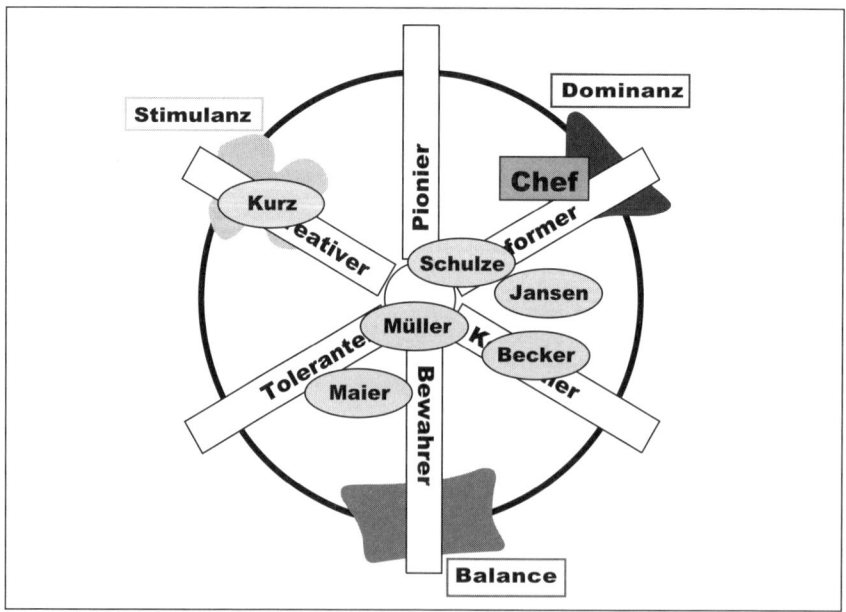

Abb. 3: Das Idealunternehmen
Dieses Team/Unternehmen entwickelt Power und neue Ideen.

Unternehmenstypen

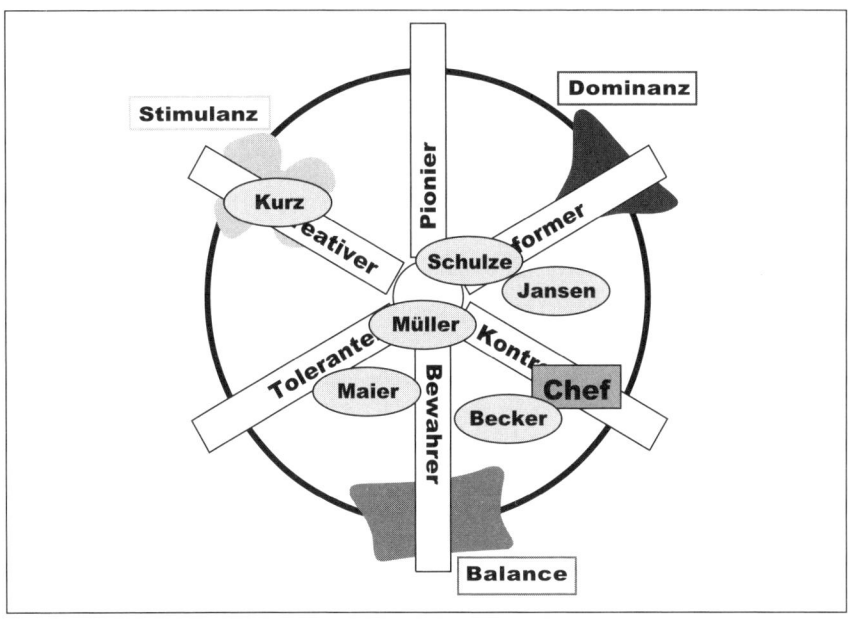

Abb. 4: Das Problemunternehmen
Die mögliche Dynamik des Teams wird durch die Persönlichkeitsstruktur des Chefs verhindert.

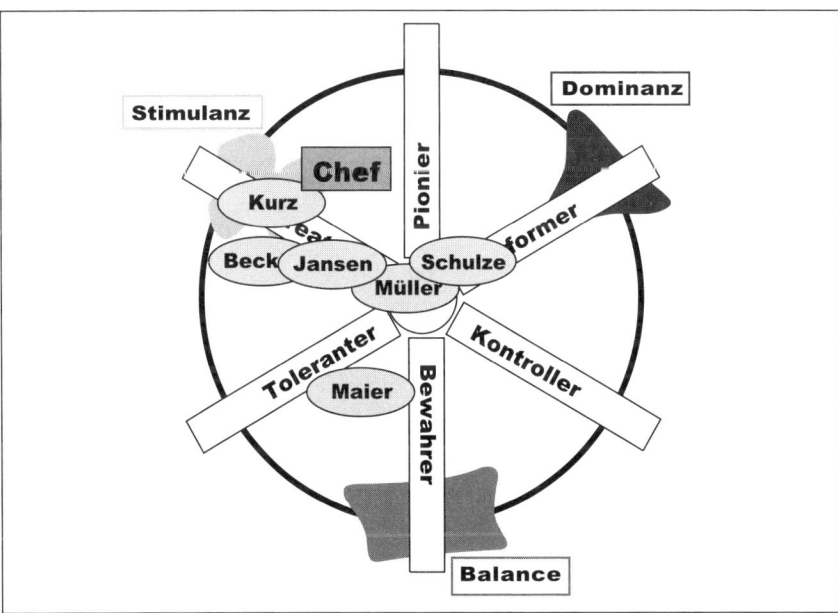

Abb. 5: Der Chaosclub
Das Unternehmen strotzt vor Kreativität und verzettelt sich dabei – betriebswirtschaftlich hoch gefährdet.

harter High-Performer sind, ergänzt Sie jemand mit höherer Balanceausprägung ideal. Weil soziale Intelligenz nämlich mit großer Wahrscheinlichkeit nicht zu Ihren Stärken gehört, kann dieser die Rolle eines emotionalsozialen „Blindenhunds" übernehmen und Ihre offene Flanke abdecken.

Ein Beispiel soll dieses Prinzip des limbischen Gegentyps verdeutlichen: In einem großen Produktionsunternehmen übergab der Vater mit 65 Jahren das Steuer an seinen Sohn. Während der Vater ein dynamischer Unternehmer vom Typ des Pioniers war, lag das limbische Profil des Sohnes viel stärker im Balance- und im Stimulanzbereich. Der Sohn war kulturell und künstlerisch stark interessiert, sehr umgänglich und feinsinnig – was ihm aber fehlte, war die ungestüme Power seines Vaters. Trotzdem interessierte er sich für das Unternehmen, die Arbeit machte ihm Spaß, auch er war beliebt bei den Mitarbeitern. Einige Zeit ging das gut, bis er selbst merkte, wo seine Grenzen waren – nämlich in der fehlenden Härte, um seine Mitarbeiter auch einmal unter Druck durch hohe Anforderungen zu setzen. Er traf die richtige Entscheidung – er holte sich einen Performer als Mitgeschäftsführer und übertrug ihm die Bereiche Vertrieb und Einkauf. Er selbst kümmerte sich um neue Märkte, um die Mitarbeiter, aber auch um die politische Vertretung der Unternehmensinteressen in den Branchengremien, eine perfekte limbische Lösung.

Doch nicht immer funktioniert das so gut. Wir tun uns nämlich oft schwer, unser limbisches Alter Ego, unseren Gegentyp zu akzeptieren, wie das folgende Beispiel zeigt. Nach dem plötzlichen Tod des Vaters rückten seine zwei Söhne in die Geschäftsführung des Unternehmens. Der etwas jüngere von beiden war ein typischer Entrepreneur mit extrem hoch ausgeprägten Dominanz- und Stimulanzwerten. Sein Bruder dagegen war ein typischer Kontroller mit höherer Balanceausprägung, mittlerer Dominanz- und sehr geringer Stimulanzausprägung. Es kam, wie es kommen musste – der Jüngere möbelte das verschlafene Unternehmen auf. Jeden Tag kam er mit einer neuen Idee und wurde ungeduldig, wenn diese Idee nicht sofort umgesetzt wurde. Schon nach wenigen Wochen kam es zu lautstarken Auseinandersetzungen mit seinem Bruder. Der wehrte sich gegen jede Veränderung und jedes Risiko. Diese Polarisierung lähmte das Unternehmen, denn die Führungskonflikte an der Spitze spalteten es. Die aktiven, jungen Mitarbeiter scharten sich um den Entrepreneur, die alte Garde dagegen unterstützte den Kontroller. Die Situation klärte sich erst, als beiden Brüdern verdeutlicht werden konnte, warum genau diese Gegensätzlichkeit ihrer Persönlichkeiten ideal für das Unternehmen ist. Heute gehört das Unternehmen zu den erfolgreichsten und den Trendsettern der Branche. Es wächst, es ist innovativ und es ist gleichzeitig durch ein gutes Controlling sehr wirtschaftlich.

Lernende Unternehmen pflegen die Differenz

An diesem Beispiel wird deutlich, warum der Aufbau und die Erhaltung der limbischen Differenz in der Organisation gar nicht so einfach ist. Je weiter die Persönlichkeitsstrukturen voneinander entfernt sind, desto größer ist das Unverständnis für den anderen. Der Kreative bezeichnet den Kontroller als „Erbsenzähler mit Scheuklappen", dieser revanchiert sich damit, dass er den Kreativen als „unorganisierten Chaoten" bezeichnet. Beide wissen nicht, woher diese Ablehnung kommt. Genauso wenig wissen aber beide, warum sie den anderen zum gemeinsamen Erfolg brauchen. Viele innerbetriebliche Konflikte sind auf diese Differenz zurückzuführen. Verfestigen sich diese Konflikte – wird Lernen verhindert. Jeder schließt sich, seine Gedanken und sein Territorium vor dem anderen hermetisch ab – die Organisation bleibt dumm!

Wirkliches Lernen erfordert mehr als ein durchdachtes Wissensmanagement auf Ebene 1 im Unternehmen. Alle Investitionen in solche Konzepte bringen nicht ihre wahre Wirkung, wenn nicht auch eine konsequente Beachtung der Ebene 2 erfolgt. Die wichtigste Frage ist zunächst, ob das Team, die Abteilung, das Unternehmen überhaupt seitens der Mitarbeiter die richtige limbische Mischung hat. Gibt es beispielsweise genügend Pioniere und Zufallsgänger, die neue Ideen in das Unternehmen hineintragen? Fast genauso wichtig ist es dann, alle Akteure im Team oder im Unternehmen für die Notwendigkeit der Differenz zu sensibilisieren und die Gefahren der Einfalt aufzuzeigen. Im dritten Schritt müssen dann den Akteuren in Teamtrainings ihre Denk- und Bewertungsmuster mit allen Stärken und Schwächen vor Augen geführt und muss die Toleranz für alternative Denkmuster aufgebaut werden. Viele Konflikte in Teams oder in Gruppen lösen sich rasch auf, wenn die dahinter liegenden unbewussten Gesetze einschließlich der eigenen Rolle der Teammitglieder verdeutlicht werden.

Diversität managen und zulassen

Wertekonflikte gibt es aber nicht nur zwischen verschiedenen Menschen. Auch im Unternehmen sind sie zwischen den einzelnen Abteilungen oder

Bereichen vorhanden – ja sogar notwendig. Die Buchhaltung und das Controlling haben für das Unternehmen eine limbisch völlig andere Funktion als z. B. die Forschung und Entwicklung. Forschung und Entwicklung sind für die Entdeckung neuer Produkte und Anwendungen zuständig. Die Suche nach Neuem ist jedoch immer mit Risiken verbunden, Risiken aber sind unberechenbar und kosten Geld. Ähnlich verhält es sich auch mit der Marketingabteilung, die beispielsweise mit teuren Werbekampagnen faszinieren und binden will. Auch diese Ausgaben entziehen sich einer einfachen Kosten- und Nutzenrechnung. Genau diese aber einzufordern ist die Aufgabe der Kontroller, zumindest jener, die sich lieber mit „K" schreiben und sich auf das Kosten-Controlling beschränken. Das Problem dabei ist, dass so im Unternehmen unterschiedliche Wertewelten zusammenstoßen. Diese eingebauten Wert- und Kulturkonflikte kosten das Unternehmen viel Kraft, wenn sie nicht bearbeitet werden. Sie verstärken sich umso mehr, umso geringer die übergeordneten „Wir"-Werte, die gemeinsame Kultur, der Spirit propagiert, kommuniziert und gelebt werden. Sie verstärken sich aber auch, wenn das Management ausschließlich auf Ebene 1 denkt und die Notwendigkeit zur Diversität nicht im Unternehmen bewusst macht bzw. diese aktiv pflegt und positiv gestaltet. Oft macht man dann den Fehler, in die Harmoniefalle zu laufen. Der Personalberater oder die Personalabteilung bekommen die Aufgabe, die Teamfähigkeit einer Führungskraft allen anderen Auswahlkriterien voranzustellen. Der Preis für den lieben Frieden: Verlust an Innovationskraft.

Ziel des Managements darf es nicht sein, die für die Vitalität des Unternehmens wichtigen Subsystemkonflikte zu vermeiden. Wenn in der Forschungs- und Entwicklungsabteilung die gleiche Mentalität herrscht wie in der Buchhaltung oder im Controlling, ist das Unternehmen auf dem besten Weg in den Tod. Management bedeutet, die notwendige Diversität der verschiedenen Funktionen zu erkennen und bewusst zu steuern und zu pflegen.

Oft werden hier ganz einfache Fehler gemacht – die Forschungs- und Entwicklungsabteilung wird räumlich in oder neben der Qualitätssicherung angesiedelt nach dem Motto, die Technik gehöre doch zusammen. Dass beide Abteilungen limbisch völlig verschiedene Funktionen im Unternehmen haben und, um erfolgreich zu sein, unterschiedliche Menschen, Subkulturen und Subwerte brauchen, wird übersehen. Wenn Langstreckenschwimmer mit 100-Meter-Läufern trainieren, können die Sprinter möglicherweise besser schwimmen, dafür sind sie aber in der Funktion gehandikapt, für die sie da sind, nämlich schnell zu laufen. In einem Amateur- und Freizeitsportverein mögen solche Kombinationen lustig sein – für professionelles Management sind sie tödlich.

Ein Beispiel soll die Problematik verdeutlichen: Ein großer Konzern, dessen Produkte in einem Markt mit hohem Designanspruch vertrieben werden, hatte jahrelang das Problem, in puncto Design eher belächelt zu werden. Das Design war hausbacken – unbeleckt jeder Kreativität. Man glaubte das Problem zu erkennen und engagierte junge und kreative Designer – es half nur wenig. Das Design wurde etwas besser – die erhofften Quantensprünge blieben aus. Der eigentliche Grund lag auf Ebene 2 und wurde deshalb übersehen: Die Designabteilung (Stimulanzfunktion) war nämlich im Zentralgebäude angesiedelt, und zwar genau zwischen der Produktionsplanung und der Verwaltung (Kontrollfunktion). Auf der limbischen Landkarte wurden damit Gegenpole mit höchst unterschiedlichen Funktionen für das Unternehmen vermischt. Da die anderen Abteilungen sehr groß waren, war der limbische Einfluss der Designer auf sie relativ gering. Anders herum aber war es eine Katastrophe – der „Kontrollgeist", der überall und in jeder Ecke lauerte, tötete schlicht und einfach die Kreativität. Die Situation änderte sich schlagartig, als dem Konzernvorstand die Ursache des Designproblems aufgezeigt wurde. Man beschloss deshalb, weit weg von der Hauptverwaltung, aber noch auf dem Werksgelände ein eigenes Designzentrum zu bauen. Das Ergebnis der Aktion: Heute gehört der Konzern zu den Trendsettern der Branche.

Sieger nutzen die Stärken ihrer Mitarbeiter

Wir haben gesehen, warum Menschen höchst verschieden sind und warum wir diese Unterschiede brauchen, um erfolgreich zu sein. Leider ärgern uns diese Unterschiede. Unbewusst finden wir Menschen umso unsympathischer, je mehr sie sich von uns, unseren Werten und unseren Weltanschauungen unterscheiden. Während wir Ähnlichkeiten kaum wahrnehmen, fallen uns Unterschiede sofort auf. Und das ist das Problem: Wenn wir können, versuchen wir unsere Mitmenschen zu verändern. Das Ziel: Sie sollen möglichst genauso werden wie wir selbst. Sind wir selbst ordentlich und Mitarbeiter A ist etwas chaotisch, ist diese Eigenschaft der Stein des Anstoßes. Sind wir selbst eher sensibel und Mitarbeiter B hat als typischer Performer hier seine Schwäche – dann nehmen wir diesen Makel sofort wahr und legen den Finger fest in diese Wunde.

Und schon beginnt das verhängnisvolle Karussell der Personalentwicklung. Mitarbeiter A wird in ein Training für Time-Management gesteckt und Mitarbeiter B muss im Verhaltenstraining emotionale Intelligenz lernen. Was bei dieser Art der Schwächenbeseitigung völlig übersehen wird, sind die Stärken der Mitarbeiter. Mitarbeiter A ist ein hoch kreativer Kopf, doch wie man diese Fähigkeit besser einsetzen und zur Geltung bringen kann, kümmert niemand. Mitarbeiter B ist hoch leistungsorientiert und erwartet das von anderen auch. Weil diese anderen sich vom Anspruch Bs überfordert fühlen, wird B in die Umerziehungsanstalt geschickt. Anstatt also für A und B solche Arbeitsbedingungen zu schaffen, unter denen sie ihre Stärken wirkungsvoll zum Einsatz bringen, wird mit großem Aufwand versucht, sie in ihren Schwächen zu verändern. Das Problem dabei ist, dass diese scheinbaren Schwächen eng mit der Persönlichkeit verbunden sind und eine Veränderung einen ungeheuren Aufwand für eine vergleichsweise geringe Wirkung erfordert. Skills wie Computerbedienung oder Englisch kann man lernen. Wirkliche Persönlichkeitsveränderungen aber sind durch Trainings nicht zu erreichen.

Es passiert aber noch etwas bei dieser mängelorientierten Personalentwicklung. Der Mitarbeiter, der in solche Trainings geschickt wird, erkennt zwar möglicherweise seine Mängel – er kann sie aber nicht oder nur geringfügig verändern. In Beurteilungsgesprächen werden solche Veränderungen in die Jahresziele für den Mitarbeiter mit einbezogen – aber so sehr er sich auch anstrengt, der Erfolg bleibt minimal. Der Effekt: Der Mitarbeiter wird frustriert und demotiviert. Durch dieses Umerziehungsprogramm passiert aber noch mehr: Seine frühere Stärke, die gleichzeitig ja auch seine Schwäche ist, wird geschwächt. Nach dem Training in emotionaler Intelligenz ist der leistungsorientierte Performer möglicherweise verunsichert – er traut sich nicht mehr, harte Forderungen zu stellen, denn dies würde seiner Karriere schaden. In der Abteilung herrscht dann Harmonie – die Frage – die nicht gestellt wird – ist, welcher Preis dafür bezahlt wurde.

Es ist deshalb viel besser, genau anders herum zu denken: die Differenz zu lieben und sich daher konsequent mit den Stärken der Kollegen und Mitarbeiter zu beschäftigen. Würde man nämlich die gleiche Kraft dafür einsetzen, die Stärken zu erkennen und dafür entsprechende Arbeitsbedingungen zu schaffen, würde eine Leistungsexplosion die Folge sein. Oft lassen sich durch leichte Organisationsveränderungen wahre Wunder erzielen. Ein hoch kreativer Konstrukteur, der von ätzenden und langweiligen Verwaltungsaufgaben und Führungsverantwortung befreit wird, kann sich plötzlich richtig entfalten: Die Siegerspirale setzt ein!

Wirkliche Motivation entsteht nämlich weniger durch Incentives, sondern eher durch eine Passung des Persönlichkeitsprofils und der Fähigkeiten mit der Aufgabe. Ein eher ängstlicher Bewahrer, dem Führungsverantwortung zugemutet wird, wird dadurch überfordert und letztlich demotiviert. Erhält er eine Aufgabe, die hohe Verlässlichkeit und Konstanz erfordert, fühlt er sich wohl und macht diese Aufgabe gut. Ähnlich verhält es sich mit dem limbischen Prototyp des Kontrollers. Wird er an einen Arbeitsplatz gesetzt, der permanent mit unkalkulierbaren Ereignissen verbunden ist, hohe Umstellungsbereitschaft und Kreativität erfordert, geht er kaputt. Damit wird nochmals deutlich, was echte Motivation ist. Es ist die Übereinstimmung der Persönlichkeitsstruktur mit der Aufgabe und dem Arbeitsumfeld.

Plädoyer für ein neues Human-Resources-Management

Leider ist das schwächenorientierte Human-Resources-(HR-)Management in vielen Unternehmen gang und gäbe. Und noch etwas: HR-Management ist häufig völlig falsch ausgerichtet. Dafür gibt es einige Gründe, die ich kurz aufzählen will:

Die fehlende Kenntnis über Persönlichkeitsstrukturen

Betrachtet man die Persönlichkeitstests und Modelle, die für die Personalauswahl und -entwicklung eingesetzt werden, erkennt man, wo das Problem liegt. Hunderte von Persönlichkeitseigenschaften werden wahllos nebeneinander gestellt und abgefragt. Völlig verkannt und nicht beachtet werden die limbische Struktur und ihre Zusammenhänge. Auf diese Weise werden Anforderungen gestellt, die nicht zu erfüllen sind. Man sucht einen hoch dynamischen und ehrgeizigen Mitarbeiter und erwartet im gleichen Atemzug Höchstwerte in der Teamfähigkeit. Das aber, so wissen wir, schließt sich aus. Oder man sucht einen hoch zielstrebigen, gleichzeitig aber auch kreativen Mitarbeiter. Auch das schließt sich aus. Man sucht das „Woll-Milch-Schwein", erhält aber nur Mittelmaß.

Die fehlende Kenntnis über die limbische Dynamik sozialer Systeme

Die im letzten und in diesem Kapitel aufgezeigten Zusammenhänge sind vielen Personalentwicklern und -managern unbekannt. Personalsuche und

Personalentwicklung werden nicht konsequent genug in puncto Systemdynamik ausgerichtet – man sucht weder die jungen Wilden (geringe Teamkompetenz) noch die wirklich Kreativen (passen nicht zur Kultur). Dafür orientiert man sich unbewusst an einem Durchschnittsmenschen, der überall gerne gesehen und akzeptiert wird. Diese Durchschnittsauswahl hat einen weiteren Vorteil: Solche Menschen kommen überall gut an und die Personalabteilung erhält keine Reklamationen. Leider wird auf diese Weise die Dynamik und die Lernfähigkeit des Unternehmens geschwächt.

Die fehlende Verknüpfung des HR-Managements mit der Strategie

Als besonderes Problem in der Praxis stellt sich fast immer heraus, dass bei Strategieentwicklungen und Umsetzungen in Unternehmen die HR-Abteilung so gut wie nie am Tisch sitzt. Zum einen betrachten sich HR-Manager eher als Verwalter denn als Gestalter – sie haben ihre wirkliche Aufgabe noch nicht begriffen – und wissen gar nicht, wie sie zur Strategie beitragen können; zum anderen wird von vielen Topmanagern auch die ungeheure Bedeutung des HR-Managements für den Unternehmenserfolg völlig verkannt.

Wie könnte und sollte nun ein zukunfts- und erfolgsorientiertes HR-Management aussehen?

Erstens muss sich wirkliches HR-Management von dem Irrglauben lösen, man könne mit Trainings ideale Einheitspersönlichkeiten erzeugen. Man muss erkennen, welche Chancen in der Vielfalt stecken, und diese Vielfalt bewusst pflegen.

Zweitens muss sich das HR-Management von heute und morgen aktiv in die Strategieentwicklung des Unternehmens einbinden und fragen: Welche Mitarbeiter mit welchen limbischen Profilen und mit welchen Fähigkeiten und Fertigkeiten brauchen wir, um diese Ziele zu erreichen? Diese Fragen gelten für das ganze Unternehmen, aber auch für Abteilungen.

Drittens muss die HR-Abteilung ein wirkliches, stärkenorientiertes Potenzialmanagement aufbauen, in dem die Persönlichkeitsstrukturen der Mitarbeiter, die daraus resultierenden Stärken und ihre Fähigkeiten erfasst werden. Danach müssen Stärken der Mitarbeiter und Aufgaben/Strategie des Unternehmens abgeglichen und entsprechende Maßnahmen abgeleitet werden.

Viertens muss die HR-Abteilung stärker das Unternehmen als Gesamtsystem und die dahinter liegende limbische Systemdynamik betrachten. Fragen, die permanent und regelmäßig für das ganze Unternehmen, aber auch für die Abteilungen gestellt werden müssen, sind:

- Wie ist unsere Alters- und Geschlechtsstruktur?
- Wie sind unsere Führungspositionen besetzt?
- Haben wir die Vielfalt, die wir brauchen?
- Wie pflegen wir die Vielfalt und das Lernen?
- Wie verknüpfen wir HR-Management mit der Unternehmenskultur?

Man braucht kein Prophet zu sein: Das Management der Ebene 2 wird zur wichtigsten Herausforderung von heute und morgen. Damit rückt aber das HR-Management von seiner heutigen Randposition ins Zentrum des Geschehens.

Extremtypen oder Durchschnittsmenschen?

Ausgehend von der gerade im HR-Management aufgezeigten Problematik vom Hang zum Durchschnittsmitarbeiter, der überall im Mittelbereich liegt, stellt sich für Unternehmen trotzdem die Frage, ob es besser ist, eher Mitarbeiter einzustellen, die in ihrem Gesamtprofil im Mittel liegen oder eher solche, die Extrempositionen einnehmen? Man könnte ja argumentieren, man sucht sich am besten in Zukunft nur solche Mitarbeiter, deren limbisches Profil der limbischen Idealverteilung der Kräfte für Unternehmen entspricht, also Dominanz 80 %, Stimulanz 30 % und Balance 50 %. Durch die Aufsummierung aller Mitarbeiter ergäbe sich dann ja automatisch das Idealprofil. Das Problem: Solche Mitarbeiter sind erstens extrem selten und zweitens wäre es auch nicht gut. Tatsächlich gibt es zwei Strategien: Bewusst Extrempositionen – besonders im Dominanz- und Stimulanzbereich – einzustellen, oder mehr auf das smarte, angepasste und teamfähige „Mittel" zu setzen. Die Antwort auf diese Frage ist einfach – für ein Unternehmen ist es besser, ganz bewusst an den Schlüsselpositionen einige Extremmenschen einzustellen, um für Druck und Veränderung zu sorgen. Wenn der Leiter der Forschungs- und Entwicklungsabteilung ein angepasster und deshalb allseits beliebter Manager ist, ist die Gefahr groß, dass das Unternehmen zu wenig Innovativität entwickelt, weil keiner da ist, der permanent die eingefahrenen Wege stört. Und wenn der Chef des Unternehmens großen Wert auf innerbetriebliche Harmonie legt, verliert es seine innere Spannung und Dynamik.

Betrachten wir in diesem Zusammenhang Jack Welch oder Ferdinand Piëch – beide knochenhart – beide erfolgreich – beide mit extrem hoher Dominanzausprägung. Weder bei General Electric noch bei VW wäre die notwendige Umstrukturierung mit Managern an der Spitze gelungen, deren limbisches Profil im Mittelbereich gelegen hätte. Ein dynamisches Unternehmen braucht an der Spitze Manager, die polarisieren, provozieren und aktivieren. Es braucht aber gleichzeitig solche, die harmonisieren. Wir haben gesehen, dass dies nicht durch eine Person gleichzeitig möglich ist – der limbische Gegentyp ist also gefragt. Ferdinand Piëch war deshalb so erfolgreich, weil sein Personalvorstand, Peter Hartz, seine limbische Gegenrolle perfekt ausgefüllt hatte – Piëch aktivierte und provozierte, Hartz harmonisierte durch intelligente, sozial verträgliche Arbeitszeitmodelle! Piëch sorgte für die notwendige Veränderung und Hartz erreichte, dass diese Veränderung akzeptiert wurde. Wäre Piëch der Traummanager gewesen, wie man ihn immer wieder in Wirtschaftszeitungen beschreibt – zwar dynamisch, aber teamfähig und emotional intelligent – mit diesem limbischen Durchschnittsprofil hätte er nichts erreicht! Nur durch seine Extrempersönlichkeit war die Veränderung möglich.

Kapitel 9:
Der gemeinsame Spirit der Sieger

Was Sie in diesem Kapitel erwartet:
Im vorhergehenden Kapitel haben wir uns intensiv damit befasst, warum es für ein Team, ein Unternehmen gut und wichtig ist, sich aus unterschiedlichsten Charakteren zusammenzusetzen. Man könnte daraus ableiten, dass uneingeschränkter Individualismus die Erfolgsformel für die Zukunft sei. Doch dies ist falsch. Erfolgreichen Unternehmen gelingt es, über eine besondere Form der Unternehmenskultur das „Ich" zu ermöglichen und gleichzeitig über ein verbindendes „Wir" die unterschiedlichen Charaktere auf ein gemeinsames Ziel einzuschwören. Zudem haben erfolgreiche Unternehmen ein Sinnsystem, das Mitarbeiter fasziniert und motiviert.

„Es lebe das Individuum". Unter dieser Formel wird die Ermöglichung eines ausgeprägten Individualismus im Unternehmen als Erfolgsrezept gefeiert. Wer solche Forderungen aufstellt, bedient zwar den Zeitgeist und kann sich des Beifalls sicher sein, als Erfolgsrezept taugt es aber nicht. Völlig vernachlässigt wird dabei nämlich die Systemlogik von Teams, Gruppen oder Unternehmen, also von sozialen Systemen. Erfolgreiche soziale Systeme sind weder eine Ansammlung von nur dem Eigennutz verpflichteten Individualisten und Egoisten, also eine Truppe von „Ich AGs"; noch sind sie ein ideologisches Zwangskollektiv, eine Sekte, die nur eine Meinung zulässt und alle Abweichungen davon bestraft. Diese ideologische Extremseite haben wir wiederholt in der Geschichte unter dem Motto „Du bist nichts – dein Volk ist alles" kennen gelernt.

Die Wahrheit liegt nämlich genau in der Mitte. Ein Unternehmen ist dann erfolgreich, wenn es, wie in Abbildung 1 dargestellt, auf einer Achse mit den zwei Polen „Ich" und „Wir" genau die Mittelposition einnimmt. Konkret: Wenn im Unternehmen ein bestimmter Individualismus und Egoismus akzeptiert, dabei gleichzeitig aber auch ein kollektives „Wir" gepflegt wird. Wer den uneingeschränkten Individualismus im Unternehmen propagiert, liegt letztlich genauso daneben wie einer, der aus einem Unternehmen eine fest verschworene Sekte machen will.

Warum ist die Mittelposition auf der „Ich-Wir"-Achse das Ideal? Der erste Grund liegt in der evolutionsbiologischen Nutzenrechnung: Diese zeigt eindeutig, dass auch der größte Egoist mehr Nutzen in der Gruppe erzielt

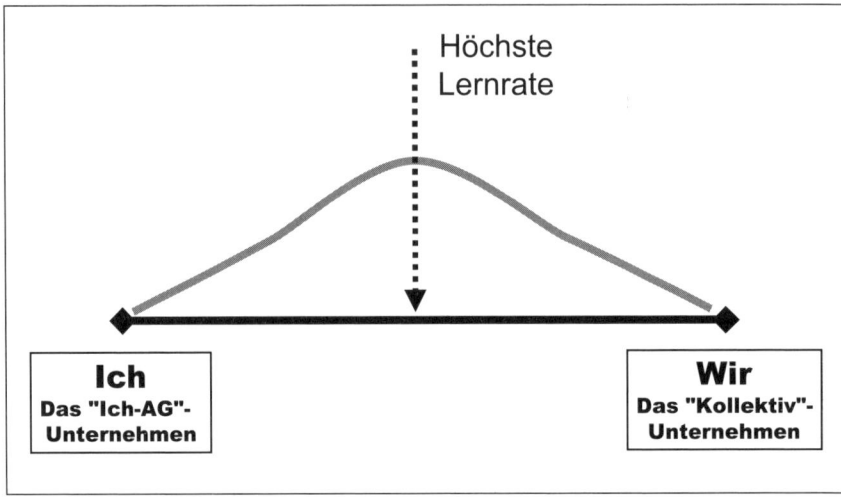

Abb. 1: Die „Ich–Wir"-Mitte
Unternehmen, die eine Unternehmenskultur genau zwischen „Ich" und „Wir" haben, lernen am besten.

als im Alleingang. Aus diesem Grund heißt es auch unter spieltheoretisch versierten Evolutionsbiologen: „Der wahre Egoist kooperiert". Eine Gruppe existiert aber nur, wenn es die Idee des „Wir" gibt und sie auch gepflegt wird. Nicht umsonst haben wir in unserem limbischen System zwei Verhaltensmodule innerhalb der Balanceinstruktion, die für soziale Bindung und für Fürsorge zuständig sind!

Nun zum zweiten Grund. Er kommt aus der biologischen Systemtheorie. Diese beweist schlüssig, dass die biologischen Systeme, die genau im Mittel zwischen „Ich" und „Wir" liegen, die höchste Lernrate haben, am meisten Wissen kumulieren und speichern können. Das Lernen eines Unternehmens besteht grob aus zwei Prozessen: Mitarbeiter müssen neue und wichtige Informationen von außen in das Unternehmen hineintragen und diese Information muss in kollektives Wissen übergehen.

Lernende Unternehmen brauchen ein „Wir"

Der Nobelpreisträger Gerald Edelmann, der sich mit Kopplungen von Neuronen im menschlichen Gehirn beschäftigt, zeigte, dass solche neuronalen Netzwerke am schnellsten lernen und am meisten Informationen aufnehmen, deren Systemstruktur genau in der Mitte der „Ich-Wir"-Achse liegt.

Aber auch ohne komplizierte neuronale Systemtheorie ist leicht verständlich, warum das so ist. Nehmen wir an, ein Unternehmen bestünde aus lauter „Ich-AGs". Durch den hohen Individualismus lernen zwar die einzelnen Individuen viel. Das Problem dabei ist, dass das „Ich-AG"-Unternehmen als System nicht lernt. Jeder optimiert sich nur selbst und behält sein Wissen für sich. Wissen verschafft Vorteile und ist Macht. Das System in seiner Gesamtheit aber bleibt dumm.

Gerade aus der kollektiven Weitergabe von Wissen entsteht aber ein unglaublicher Mehrwert für das Unternehmen. Und dieser Mehrwert kostet fast nichts. Denn der Austausch von Wissen folgt einer völlig anderen Logik als der Austausch von materiellen Gütern. Ich hebe diesen Satz bewusst stark hervor, weil er von ungeheurer Bedeutung für jedes Unternehmen ist:

<u>Wissen ist der einzige Stoff, der sich – ohne Kosten für den Spender – bei der Weitergabe an einen Empfänger selbst verdoppelt!</u>

Der Spender behält sein Wissen – der Empfänger bekommt zusätzliches Wissen. Das Wissen hat sich also selbst verdoppelt! Um diese besondere Nutzendynamik des Informationsaustausches zu verstehen, schauen wir uns ein anderes Medium mit klassischem Tauschprinzip an: Das Geld. Bei der Weitergabe von Geld sieht die Sache völlig anders aus. Gibt der Spender sein Geld dem Empfänger weiter, dann fehlt es dem Spender und der Empfänger ist reicher. Das ist der entscheidende Unterschied zum Wissen.

Aufgrund dieser besonderen Nutzendynamik wird deutlich, welche überragende Rolle und Wichtigkeit Wissen für ein Unternehmen hat. Während bis vor einigen Jahren Arbeit und Kapital die entscheidenden Faktoren für Wachstum waren, ist es heute das Wissen. Darin liegt das Problem eines Unternehmens, das aus lauter ungekoppelten „Ich-AGs" besteht. Die oben beschriebene wundersame Wissensvermehrung setzt nicht ein!

Nun betrachten wir die andere Extremseite – Unternehmen, die ein so genanntes „Super-Wir" ausgebildet haben. Die Kennzeichnung eines „Super-Wirs": Es gibt nur eine einzige kollektive Meinung. Wer quer denkt oder diese Meinung stört, wird ausgesondert oder bestraft. Ein solches System lehnt jede Abweichung (= Wissen) ab. Es gibt nur einen kollektiven Geist und der wird gegen jede Störung von außen (= Wissen) bestens abgeschirmt. Weil es nur ein kollektives Wissen gibt, kann auch die oben beschriebene dynamische Wissensvermehrung nicht einsetzen. Ein solches

Unternehmen bleibt starr und unbeweglich. Es verliert seine Wettbewerbskraft. Um diesen Mechanismus zu verstehen, brauchen wir nur an totalitäre Staaten und ihr (wirtschaftliches) Schicksal zu denken – an die frühere Sowjetunion, an Nordkorea aber auch an Persien zur Zeit des Mullahregimes.

Damit wird klar, warum das ideale und lernende Unternehmen ziemlich genau auf der Mitte der Achse zwischen „Ich" und „Wir" liegt. Eine bestimmte Freiheit für das „Ich" lässt es zu, dass z. B. Entdecker neue Informationen generieren, die gleichzeitige Betonung des „Wir" trägt dazu bei, dass diese Information weitergegeben wird.

Für das Management, das sich zum Ziel gesetzt hat, ein lernendes, also wandlungsfähiges Unternehmen zu schaffen, ergibt sich daraus folgende Konsequenz: Intelligentes limbisches Management muss den Mittelweg finden zwischen dem Individualismus seiner Mitarbeiter und einer starken gemeinsamen Sinnstruktur bzw. einem Wertesystem. Da es aber „Individualismus" in der heutigen Zeit „umsonst an jeder Ecke" gibt und das „rationale Management" diese Entwicklung zusätzlich noch fördert und beschleunigt, ist es für Unternehmen, die wirklich erfolgreich sein wollen, besonders wichtig, am gemeinsamen Spirit zu arbeiten und Wertesysteme zu etablieren, die das „Wir" im Zentrum haben. Die Freiheit des Individuums darf also keine grenzenlose sein. Oder anders ausgedrückt: Wer im reinen Individualismus das Heil sucht, wird Dummheit und Erfolglosigkeit ernten. Die gleiche Überlegung gilt aber nicht nur auf der Ebene des Individuums, sondern natürlich auch für Abteilungen oder Profitcenter im Unternehmen. Zwar muss sich jedes Profitcenter entsprechend seiner Funktion individuell entwickeln können – damit aber keine abgeschlossenen, egoistischen Fürstentümer entstehen, sind ein gemeinsamer Spirit, „Wir"-fördernde Kommunikationsstrukturen und eine entsprechende Unternehmenskultur enorm wichtig. Aber was ist eine Unternehmenskultur? Um diese Frage zu beantworten, müssen wir uns kurz mit dem Phänomen der „Kultur" insgesamt beschäftigen.

Die Leitwerte von Siegerkulturen

Wer viel in der Welt herumkommt wird feststellen, dass wir trotz elektronischer Totalvernetzung noch weit vom „Global Village", einer weltweiten Einheitskultur, entfernt sind. Nach wie vor gibt es erhebliche Kulturunterschiede. Aber was prägt Kulturen? Es ist die gemeinsame Nutzung der Sprache, es sind bestimmte Ausdrucksformen wie Riten, Gebräuche, Architektur, Kleidung, usw. Das entscheidende Merkmal von Kulturen sind aber die dahinter stehenden Wertesysteme. In den USA beispielsweise prägen Leistung, Kampf, Selbstverantwortung, Unternehmertum und Erfolg die nationalen Leitwerte, während es in Deutschland Fleiß, Disziplin und Ordnung sind.

Wir nehmen das zur Kenntnis ohne zu ahnen, welch ungeheuren limbischen Konsequenzen damit verbunden sind. Wir verstehen Kulturen nämlich erst dann richtig, wenn wir diese Werte nicht als zufällig, losgelöst und freischwebend betrachten, sondern uns die Mühe machen, sie auf unserer in Kapitel 1 bereits kennen gelernten Limbic Map einzutragen. Abbildung 2 verdeutlicht diesen limbischen Kulturvergleich: Deutschland liegt genau zwischen Balance und Dominanz und Amerika eindeutig zwischen Dominanz und Stimulanz. Würde man das Ganze auf ein limbisches Profil übertragen, könnte man folgende Werte annehmen:

USA: Dominanz 80 %, Stimulanz 50 %, Balance 20 %

Deutschland: Dominanz 60 %, Stimulanz 20 %, Balance 60 %

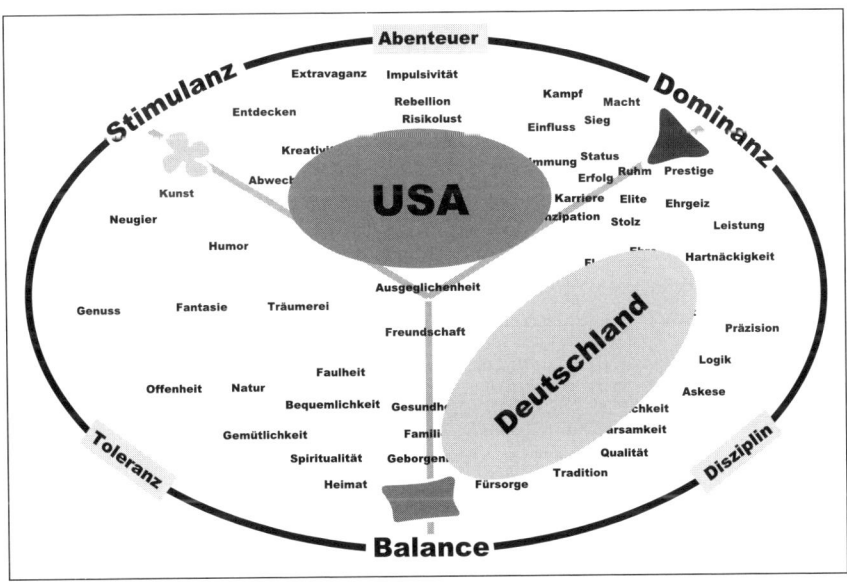

Abb. 2: Der limbische Kulturvergleich zwischen Deutschland und USA
Die Kultur des Unternehmens „USA" ist wesentlich expansions- und risikofreudiger als die des Unternehmens „Deutschland".

„Nun ja", werden Sie vielleicht sagen, „von der Seite habe ich es noch nie gesehen" – aber was bedeutet dies? Um die erste Bedeutung dieser limbischen Positionierung zu erkennen, ist es wichtig, uns die Persönlichkeitsprofile von erfolgreichen Unternehmern ins Gedächtnis zu rufen. Die erfolgreichsten Unternehmer sind die Pioniere, gefolgt von den Performern, gerade noch erfolgreich, aber schon deutlich abgeschlagen sind die Kontroller. Und genau da liegt das Unternehmen Deutschland mit seinen Leitwerten!

Betrachtet man unter diesem Blickwinkel die wirtschaftliche Entwicklung, das Bruttosozialprodukt pro Einwohner, die Innovationsfreudigkeit – gemessen z. B. an der Zahl der Nobelpreisträger –, die Marktanteilsentwicklung von Deutschland und Amerika in den letzten 50 Jahren, bestätigt sich auf eindrucksvolle Weise das limbische Erfolgsgesetz. Sieger in diesem Wettkampf sind klar und deutlich die USA! Die These lautet deshalb: Die limbischen Leitwerte einer Kultur, eines Systems, eines Unternehmens, einer Nation haben maßgeblichen Einfluss auf ihre Wachstumsdynamik und damit auf ihren wirtschaftlichen Erfolg.

Die Werte eines Unternehmens sind untrennbar an die Mitarbeiter gekoppelt

Mit dieser Erkenntnis vor Augen könnte man nun zum Ergebnis kommen, um wirtschaftlichen Erfolg zu haben, müsse man einfach die Leitwerte im Unternehmen verändern – und schon reihe man sich ein in die Siegerspirale. In vielen Leitbildprozessen in Unternehmen, oder soll man besser sagen „Leid-/Light-Bildprozessen", wurde und wird dies immer wieder versucht: Man formuliert gemeinsam, dass man offen und innovativ sei und sich der Leistung verpflichte. Vom Vorstandschef bis zum Maschinenführer stimmen auch alle zu. Das Ergebnis wird dann auf Hochglanzpapier gedruckt, an die Mitarbeiter kommuniziert und verteilt, mit meist ernüchterndem Ergebnis: Der Erfolg bleibt aus. Warum funktioniert das nicht?

Die Antwort darauf liegt auf der Hand: Weil die Mitarbeiter und ihre limbischen Persönlichkeitsprofile oft nicht zu den (Traum)-Werten passen. Wenn das Unternehmen überwiegend aus Bewahrern und Kontrollern besteht, kann man – so oft man will – vor versammelter Mannschaft die Innovationsfreudigkeit einfordern und dabei auf das gemeinsam formulierte Leitbild verweisen. Doch alle diese Appelle sind vergeblich, weil die Mitarbeiter von ihrer Persönlichkeit her kaum in der Lage sind, diese Forderung zu erfüllen, selbst wenn sie besten Willens wären. Wenn man also eine

Unternehmenskultur nachhaltig verändern will, ist es richtig, vorher die zukünftigen Leitwerte festzulegen und zu kommunizieren. Gleichzeitig muss man aber auch alle Führungskräfte und Mitarbeiter daraufhin überprüfen, ob sie von ihrer Persönlichkeit her in der Lage sind, diese Werte ins tägliche Verhalten umzusetzen. Und wenn nicht, ist es notwendig, auch die erforderlichen Konsequenzen zu ziehen.

Die kollektiven Werte und die handelnden Personen müssen als untrennbare Einheit gesehen werden. Dieser Aspekt wird oft vernachlässigt. Gerade die soziologischen Systemtheorien schreiben allein den Systemgesetzen den alles bestimmenden Einfluss auf das menschliche Verhalten zu. Aus dieser Perspektive heraus ist das so genannte systemische Management entstanden, das sich gerade bei Organisationsberatern großer Beliebtheit erfreut. Doch der systemische Ansatz greift oft zu kurz. Erstens führen die Systemgesetze kein Eigenleben, sondern basieren letztlich auf den limbischen Instruktionen. Diese innere limbische Systemdynamik wird von den Systemtheoretikern völlig übersehen. Zweitens wirken die Individuen im System sehr stark auf das Gesamtsystem ein und verändern es, wie die erfolgreichen Turnarounds von VW, General Electric und vielen tausend weiteren Unternehmen zeigen. Veränderungen gehen in der Regel nicht von Systemen, sondern von Individuen aus.

Die kollektiven Werte und die handelnden Personen müssen als untrennbare Einheit gesehen werden. Gerade die soziologischen Kulturtheorien beachten besonders die kollektive Idee als den bestimmenden Einfluss auf das menschliche Verhalten. Doch das ist falsch. Zweifellos hat der kollektive Geist einen starken Einfluss auf das individuelle Verhalten. Wenn wir Unternehmenskulturen verändern wollen, müssen wir auch am kollektiven Geist drehen (die soziologische Perspektive) und neue Wertesysteme proklamieren. Dies allein wird aber wirkungslos bleiben, wenn wir nicht gleichzeitig die passenden Personen dazu suchen, die mit ihrem Persönlichkeitsprofil in der Lage sind, die Wertewelten mit Leben zu erfüllen. Kollektiver Geist und die handelnden Personen sind in einer Rückkopplungsschleife fest miteinander verbunden und beeinflussen sich gegenseitig!

Unternehmenskulturen zwischen Altruismus und Egoismus

Bleiben wir aber noch etwas bei unserem deutsch-amerikanischen Kulturvergleich. Wir können hier nämlich ein weiteres wichtiges Gesetz für Unternehmenskulturen erkennen. Wir sind ja vom Gedanken ausgegangen, dass ein ideales Unternehmen ziemlich genau in der Mitte zwischen „Ich" und „Wir" liegt. Wenn wir beide Kulturen vergleichen, kommen wir zu dem Schluss, dass weder die USA noch Deutschland auf der Idealposition liegen. Die USA liegen nämlich eindeutig auf der „Ich"-Seite, Deutschland dagegen auf der „Wir"-Seite. Jetzt wird der Einwand kommen, wenn das so sei, wäre ja die Mitte nicht die Ideal-Position – denn der wirtschaftliche Erfolg der USA spräche sichtlich für eine stärkere Gewichtung der „Ich"-Position. Doch das ist ein Irrtum – denn diese „Ich"-Position bringt gewaltige Probleme mit sich und damit Kosten. In den USA leben über 40 Millionen Menschen unterhalb der Armutsgrenze, über 50 Millionen sind ohne Krankenversicherung, jeder siebte Amerikaner nimmt dauernd Psychopharmaka oder ist in Psychotherapie und gleichzeitig gibt es eine Kriminalitätsrate, die ungefähr doppelt so hoch ist wie die in Deutschland. Betrachtet man das Ganze von der Systemseite, dann hat das System, wie Theoretiker sagen, eine hohe Entropie. Das bedeutet, dass das System immer in Gefahr ist, durch Egoismus zu verfallen. Der Gesamtsystemerfolg des Unternehmens USA ist also keinesfalls so hoch, wie man – geblendet durch die wirtschaftlichen Erfolge – meint.

Nun schauen wir uns das Unternehmen Deutschland aus dieser Perspektive an. Es liegt auf der Kontrollposition auf unserer Limbic Map. Kontrolle ist eine Mischung aus Dominanz und Balance. Denken wir an unsere Bürokratie, dann wird deutlich, wie sich diese Kontrollposition auf unser Leben auswirkt. Die Dominanzausprägung sorgt aber auch für Wachstum, die hohe Balanceausprägung arbeitet dagegen. Zusätzlich hat die Balanceinstruktion noch eine weitere Auswirkung auf eine Kultur und ein System: Die Balanceinstruktion ist die limbische Kraft des „Wir" – der kollektiven Sicherheit. Es genügt, dabei an unsere überdimensionierten Sozialversicherungssysteme und an das damit verbundene Steuersystem mit seinen hohen Progressionsraten zu denken, um zu erkennen, wie sich die kollektive Balanceinstruktion im Unternehmen Deutschland bemerkbar macht.

Warum der Sozialismus mit seiner extrem hohen kollektiven Balanceinstruktion gescheitert ist, wird damit natürlich auch klar – nur das beharrende „Wir" wurde gefördert, die Wachstumskräfte dagegen wurden verhindert.

Nun sollten wir aber auch die Systemgesamtrechnung für das Unternehmen Deutschland machen: Auf der negativen Seite ist eine wesentlich geringere Innovations- und Wachstumskraft als bei den USA zu verzeichnen, auf der anderen Seite sind die sozialen Konflikte geringer mit all den positiven Folgen für die Gesamtrechnung. Die Konsequenz aus diesem Benchmarking: Weder die USA noch Deutschland sind die idealen limbischen Erfolgskulturen. Was der eine zuviel hat, hat der andere zuwenig – in allen limbischen Instruktionen. Wie sieht das Ideal aus? Das kennen wir bereits:

Dominanz 80 %
Stimulanz 30 %
Balance 50 %

Individualismus und Egoismus unter der limbischen Lupe

In einem Atemzug mit der „Ich" und „Wir"-Betrachtung wird meist die Frage danach gestellt, ob die Förderung von Individualismus und Egoismus der Mitarbeiter für ein Unternehmen besser sei, oder ob nicht mehr Altruismus in Form von sozialer Sicherheit, gegenseitiger Hilfe usw. zum Ziel führen würde. Nun, nach den obigen Überlegungen wird klar, warum nicht ein Entweder-oder zum Ziel führt, sondern eine gesunde Mischung zwischen den drei limbischen Kräften das Optimum für ein Unternehmen und damit für ein soziales System ist.

Bei dieser Betrachtung zeigt sich – wie in Abbildung 3 dargestellt – auch eine zweite Bedeutungsebene der drei limbischen Instruktionen. Beginnen wir mit der Balanceinstruktion. Die Balanceinstruktion ist nicht nur die Kraft der Bewahrung, der Harmonie, der Stabilität – sie ist auch die Kraft des Altruismus und der sozialen Bindung. Dieser Bindungsmechanismus ist fest in unseren Gehirnstrukturen verankert, wie wir gesehen haben. Den Grund kennen wir: weil nämlich das Leben in Gruppen auch für Egoisten große Vorteile mit sich bringt. Aus Sicht der Evolution hat diese Kraft für den Erfolg von sozialen Systemen eine hohe Bedeutung. Die in den Wirtschaftswissenschaften durchgeführte Reduktion des Menschen auf den Homo oeconomicus, der nur seine egoistischen Ziel verfolgt, ist deshalb schlicht und einfach falsch und auch gefährlich!

Nun wissen wir aber auch, dass der Mensch durchaus egoistisch ist. Aber auch das hat sich aus Sicht der Evolution bewährt, denn der Egoismus geht weitgehend auf die Dominanzinstruktion zurück. Bleibt noch die Frage nach dem limbischen Hintergrund von Individualismus. Die Antwort ha-

Limbic Companies: So bleibt Ihr Unternehmen fit und anpassungsfähig

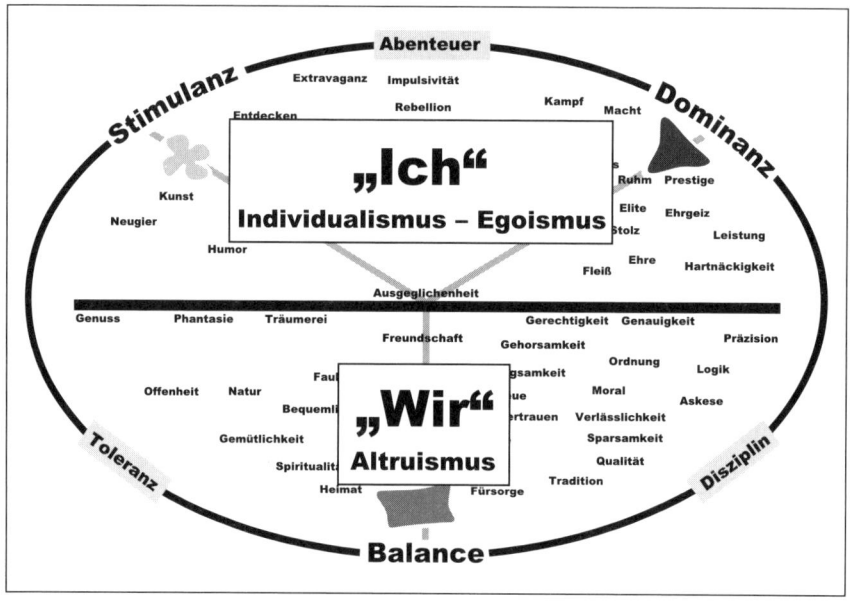

Abb. 3: Die egoistischen und die altruistischen Kräfte im Unternehmen

ben wir im letzten Kapitel gesehen: Soziale Systeme brauchen Zufallsgänger, Abweichler und Kreative. Damit wird deutlich – die treibende Kraft des Individualismus, des Anders-als-Andere-sein-Wollens, ist die Stimulanzinstruktion.

Wenn also Leitwerte für ein Unternehmen formuliert werden, ist es wichtig, dass der persönliche und individuelle Erfolg (Egoismus) im Wertesystem verankert wird, ebenso müssen im Wertesystem Abweichungen, Fehler durch Ausprobieren, Querdenken, Anderssein usw. berücksichtigt werden (Stimulanz). Genauso wichtig ist die Balanceseite, der Altruismus, der das Vertrauen, die soziale Sicherheit, den Respekt, die Achtung und die Gleichheit betont.

Wertesysteme, die nur die Sicherheitswünsche der Mitarbeiter beinhalten, führen, wenn die entsprechenden Mitarbeiter mit hoher Balanceinstruktion die Oberhand haben, zu Meerschweinchenkulturen. Wertesysteme dagegen, die nur die (individuelle) Leistung betonen, ohne das „Wir" anzusprechen, schaffen egoistische Raubtierkulturen mit hoher sozialer Kälte und hoher Korruptionsanfälligkeit.

Diese wichtige Systembetrachtung gilt nicht nur für das ganze Unternehmen, sondern auch für das „Teamphänomen". In vielen Unternehmen herrscht inzwischen ein fast manischer „Teamismus". Für alles, was entschieden oder geplant werden muss, wird ein Team installiert. So wichtig es ist, Betroffene zu Beteiligten zu machen, so falsch ist es, alles, was es zu tun und zu entscheiden gilt, in die basisdemokratische Endlosschleife zu schicken. Es ist oft zeitsparender und effektiver, wenn man einzelne kreative Mitarbeiter vordenken lässt und erst dann zur Absicherung ins Team geht, als wenn man mühevoll bei Null im Team beginnt. Wirkliche Innovationen, das sollte man immer bedenken, gehen fast nie von Teams aus. Aber auch wenn man Teams installiert, sollte man, den Ringelmann-Effekt im Gedächtnis, diese so konzipieren, dass Spitzenleistungen von Einzelnen sichtbar bleiben. Gemeinsame Werte sind, wie wir gesehen haben, enorm wichtig für ein Unternehmen, weil sie den ethischen Verhaltensrahmen abstecken. Aber mit Werten allein ist es noch nicht getan. Wirklich erfolgreiche Unternehmen haben eine verbindende Idee, mit der sich die Mitarbeiter identifizieren. Sie haben einen gemeinsamen Spirit, der die Mitarbeiter fasziniert und für die gemeinsame Sache motiviert.

Kann man sich mit einer Leberwurstfabrik identifizieren?

Viele Unternehmer und Manager beklagen sich darüber, dass es keine motivierten Mitarbeiter mehr gäbe. Die Mitarbeiter von heute hätten nur noch Freizeit im Kopf und würden sich nicht mehr engagieren. Ist das wirklich wahr? Wer so argumentiert, ist blind für das eigentliche Problem. In vielen Unternehmen haben Mitarbeiter tatsächlich nur noch Freizeit im Kopf, der Grund ist aber ein anderer. Man verehrt Managementmethoden als Götzen, die möglicherweise Roboter begeistern können, aber keine Menschen. Mit Zahlen kann man Menschen zwar lenken, aber nicht faszinieren. Zur Faszination und Motivation aber gehört Sinn. Doch was ist Sinn? Bis heute gibt es selbst in der Philosophie auf diese Frage keine gültige Antwort. Manche Managementtheoretiker glauben es aber zu wissen. In einem Vortrag ging ein bekannter Managementberater sogar so weit zu sagen, dass ein Unternehmen, das Leberwurst produziert, seinen Mitarbeiter keinen Sinn anbieten könne – also die Arbeit für Leberwürste nicht identifikationsfähig sei. Das ist Unsinn – die Arbeit eines Managementberaters ist zwar besser bezahlt, aber sie ist nicht mehr oder weniger sinnvoll als die einer Verkäuferin, eines Polizisten oder eines Arbeiters in einer Schraubenfabrik. Sinn bekommt eine Sache dadurch, dass sie für uns eine Bedeutung, einen Wert hat. Zahlen und Strukturen der Management-Ebene 1 sind an sich sinnlos – eine Bedeutung für uns haben sie nur, wenn durch ihre Nutzung die limbischen Instruktionen erfüllt oder angesprochen werden.

Der Universitätsprofessor sieht den Sinn seiner Arbeit darin, seine Idee in der Wissenschaft durchzusetzen, die Verkäuferin in zufriedenen Kunden, die sie für die gute, freundliche Beratung loben und der Arbeiter ist stolz darauf, dass seine Schrauben, die er mit produziert hat, überall in der Welt von Profis eingesetzt werden, wo komplizierte Befestigungsprobleme zu lösen sind.

Wirklich erfolgreiche Unternehmen haben die Gefahr längst erkannt, die Management-der-Ebene-1-Fetischismus darstellt. Natürlich gibt es auch dort messbare Zielgrößen, Pläne und festgeschriebene Abläufe – aber diese Unternehmen bieten ihren Mitarbeitern Sinn in Form einer faszinierenden Idee. Sie haben eine Idee, die alle im Innersten berührt oder – wie der berühmte Psychologe Erich Fromm sagte: *„Wenn die Idee den Menschen innerlich berührt, wird sie zu einer der mächtigsten Waffen. Dabei kommt es aber darauf an, dass die Idee nicht vage und allgemeiner Art, sondern einleuchtend und für die Bedürfnisse der Menschen von Belang ist."*

Was heißt das genau? Was heißt „nicht allgemeiner Art"? Was heißt „für die Bedürfnisse von Belang"? Es heißt nichts anderes, als dass diese Sinnsysteme zutiefst limbisch sein müssen.

Die Sinnstruktur erfolgreicher Unternehmen

Alle wirklich erfolgreichen Unternehmen, aber auch erfolgreiche High-Power-Groups im Sport und in der Politik, arbeiten bewusst oder unbewusst nach dem gleichen Mechanismus. Sinnsysteme, die den Menschen faszinieren, unterscheiden sich zwar von ihrem Inhalt her, der Aufbau und die Struktur folgen jedoch überall dem gleichen Schema (siehe Abbildung 4). Wie sieht nun eine ideale limbische und kollektive Sinnstruktur aus, die Menschen für eine gemeinsame Sache begeistert und aktiviert? Schauen wir uns die Bausteine etwas näher an.

Sinnstruktur

Abb. 4: „Der Sieger-Spirit"
Die unbewusste Sinnstruktur von Teams, Gruppen oder Unternehmen, die ihre Mitglieder für ein gemeinsames Ziel begeistern.

Sieger wollen die Nummer 1 werden: die Vision

Beginnen wir mit der Aktivierung der Wachstumskräfte – Siegerunternehmen sind nie mit sich und dem Erreichten zufrieden – sie wollen mehr. Aber um die Kräfte der Mitarbeiter zu aktivieren und zu bündeln ist es wichtig, sich einer faszinierenden Herausforderung zu stellen. Die Herausforderung muss für alle, vom Vorstand bis zum Lagerarbeiter, die Möglichkeit bieten, durch ihre Arbeit dazu beizutragen, diese Herausforderung zu bewältigen. Die Vision ist wie eine Art Gummiseil, das das Unternehmen in die Zukunft zieht bzw. von dem es in die Zukunft gezogen wird. Ist die Spannung des Gummiseils gering, weil das Ziel keine Herausforderung darstellt oder das Ziel abstrakt und langweilig formuliert wurde, ist keine Zugkraft im Unternehmen. Ist die Spannung zu groß, weil die Vision keine

Vision, sondern eine Utopie ist, reißt das Gummiseil und verliert so ebenfalls seine Zugkraft. Eine Vision ist also ein faszinierender Zustand des Unternehmens, der ungefähr fünf bis zehn Jahre in die Zukunft zeigt. Ohne Vision keine Entwicklung bzw. eine Vergeudung der Kräfte. Tom Sawyer und Huckleberry Finn, zwei Helden von Mark Twain, brachten den Zweck und das Ziel einer Vision in „Onkel Toms Hütte" auf den Punkt: „Als wir das Ziel aus den Augen verloren, verdoppelten wir unsere Anstrengung". Doch was unterscheidet eine gute Vision von einer schlechten?

Limbisch gesehen ist die Frage einfach zu beantworten. Eine gute Vision muss so klar und einfach wie möglich in erster Linie die Dominanzinstruktion ansprechen und in zweiter Linie die Stimulanzinstruktion. Kurz: Eine Vision weckt die Kraft zum Kampf! Prototypisch, weil zutiefst limbisch, war die Vision von J. F. Kennedy: „Ein Amerikaner soll als erster Mensch den Mond betreten". Diese Vision versetzte eine ganze Nation in einen inneren und vor allem optimistischen Spannungszustand, der vom Schuhputzer bis zum Generaldirektor alle mobilisierte. Analysiert man diese Vision, zeigt sich deutlich ihre limbische Struktur – Nummer 1 zu werden und Neuland zu betreten – Dominanz und Stimulanz pur! Das sind die Wachstumsinstruktionen, und diese müssen aktiviert werden. Die Stimmung, die damit ausgelöst wird, ist Optimismus und Spaß an der Zukunft. Die Kennedy-Vision ist aber noch aus anderer Sicht vorbildlich. Gute Visionen sind „massenfähig", sie sprechen alle im „Wir" an. Sie sind von jedem im Unternehmen verstehbar und begreifbar, nicht nur von denen, die mehrere Kurse in strategischem Management besucht haben.

Jede(r) muss dazu beitragen können – und jede(r) muss wissen, wie er/sie dazu beitragen kann. Was ist keine Vision? Keine Vision sind alle Aussagen, die nicht innerlich mobilisieren oder in abstrakten „Kaugummi"-Begriffen hängen bleiben, weil die Denkarbeit noch nicht beendet ist. „Wir wollen das kundenfreundlichste Unternehmen sein". Solche Aussagen gehören in den Wertekodex oder die Mission – aber nicht in die Vision.

Kräfte nach außen lenken: das Feindbild
Auf einer Führungskonferenz hat Heinrich von Pierer ausgerufen: „Unser Feind ist General Electric", und: „Wir wollen GE auf allen relevanten Märkten schlagen". Aussagen wie diese wären noch vor einigen Jahren bei Siemens undenkbar gewesen – aber dieses Unternehmen verwandelt sich – in seiner Dynamik und seiner Sprache. Zunehmend erkennt man, dass man

Menschen mit Zahlen nicht begeistern kann. Wer Menschen bewegen will, muss emotionalisieren, und wer emotionalisieren will, muss direkt die limbischen Instruktionen ansprechen. Warum hat Pierer GE zum Feind erklärt? Weil durch eine Bedrohung von außen das „Wir" in Gruppen aktiviert wird, gleichzeitig werden auch die Kampfkräfte von innen nach außen gelenkt. In Organisationen mit vielen Performern ist die Gefahr groß, dass diese gegeneinander kämpfen und so wertvolle Ressourcen vernichten. Ohne starken Feind funktioniert also keine kollektive Mobilisierung der Kräfte.

Die Aura: Mitarbeiter durch Stolz und Einzigartigkeit stärken

In Kapitel 5 haben wir bereits den inneren Mechanismus der Siegerspirale kennen gelernt. Erfolge und Stolz machen uns stärker, Misserfolge und Erniedrigung schwächer. Dieser Mechanismus funktioniert auf der individuellen Führungsebene genauso wie auf der Ebene der Gruppe, des Teams oder des Unternehmens. Erfolgreiche Unternehmen geben ihren Mitarbeitern das Gefühls, etwas ganz Besonderes zu sein – gleichzeitig unterstreichen sie aber auch die Einzigartigkeit des Unternehmens und seiner Kraft, die daraus entsteht. Die Betonung der Einzigartigkeit ist aber auch unter Marketinggesichtspunkten wichtig: Diese Einzigartigkeitsformulierung macht deutlich, worin sich das Unternehmen vom Wettbewerb unterscheidet.

Die Mission: den Zweck und die Aufgabe des Unternehmens erklären

Fragt man Mitarbeiter, was das Unternehmen macht, hört man Aussagen wie „unser „Unternehmen stellt Autos her" oder „wir verkaufen Parfüm". Und genauso wird gearbeitet: Man vollbringt freudlos seine Tätigkeit. Viele Unternehmen machen sich nicht die Mühe, sich die Zeit zu nehmen, um über ihren wirklichen Zweck und die Aufgabe nachzudenken. Denn Autos herzustellen oder Parfüm zu verkaufen ist keine motivierende Aufgabe für Menschen. Völlig anders sähe das Ganze aus, wenn der Zweck und die Aufgabe des Unternehmens so formuliert wären:

– Die Mission des Parfümeriegeschäftes:
Mit unser Beratung und unseren Produkten geben wir den Menschen Freude am Leben, weil wir Ihnen helfen, attraktiver und selbstbewusster zu werden.

– Die Mission des Autobauers:
Die Fahrzeuge, die wir herstellen, schenken dem Menschen Freiheit. Durch

unser wegweisendes Design und die leistungsstarken Fahrzeuge bieten wir Fahrspaß pur.

Dieses sind zwei willkürliche Beispiele. Doch man merkt, wo der Unterschied im Vergleich zum belanglosen Autobauen und Parfümverkaufen liegt. Plötzlich bekommt die Aufgabe einen Sinn, weil man etwas Nützliches tut – weil durch die Ansprache der limbischen Instruktionen Emotionen geweckt werden.

Das ist aber nur ein Aspekt, warum Missionsformulierungen wichtig sind. Der andere Aspekt ist, dass in einer Mission der Leitstrahl für das ganze Handeln des Unternehmens zum Ausdruck kommt. Aus der Mission wird nämlich klar, was das Unternehmen macht, wofür es seine Kräfte einsetzt und in welchen Bereichen es Wissen und Kompetenzen aufbaut. Das Parfümeriegeschäft beispielsweise muss, um seine Mission „mit unserer Beratung" zu erfüllen, erhebliches Geld in Mitarbeiterschulung investieren. Die Mission sagt aber auch, was zu unterlassen ist. Dem Autobauer, ist es verwehrt, Me-too-Design-Autos mit leistungsschwachen Motoren zu bauen. Die Mission gibt also Sinn, gleichzeitig lenkt und synchronisiert sie das Handeln. Damit kommt ihr eine zentrale Bedeutung im Sinnsystem eines Unternehmens zu.

Der Mythos: die Kraft aus der Vergangenheit

Genauso wie ein solides Haus ein Fundament braucht, ist es für ein Unternehmen gut, wenn es eine Geschichte hat – aber nicht eine Geschichte in Form von „1920 gegründet, 1960 erweitert und 1990 Gründung der ersten Zweigniederlassung in den USA". Das hat nichts mit Mythos zu tun. Mythos beispielsweise ist, wenn man sich erzählt, wie der Gründer vor X Jahren unter unsäglichen Schwierigkeiten und gegen den Widerstand der damaligen Zeit mit seiner Idee den Grundstein für das heutige Unternehmen gelegt hat. Oder wie er, weil er in der Gründungsphase kein Geld für eine Wohnung hatte – jahrelang unter Entbehrungen nachts unter der Werkbank in seiner Werkstatt schlief, auf der er tagsüber seine berühmten Erfindungen gemacht hat. Im Mythos werden Werte und Verhaltensweisen aus der Vergangenheit angesprochen, die auch heute noch von Wichtigkeit für das Unternehmen und seinen Erfolg sind. Die Werte und Verhaltensweisen erhalten so für die Mitarbeiter einen Sinn, weil sie untrennbar mit der Unternehmensgeschichte und den Unternehmenserfolgen verbunden sind.

Der Kodex: die Werte des Unternehmens

Im Laufe dieses Kapitels haben wir ja die Bedeutung der Werte für ein Unternehmen kennen gelernt, sodass wir darauf nicht mehr weiter einzugehen brauchen.

Die Symbolik der Unternehmenskultur

Die ungeheure unbewusste Wirkung von „Autoritätspersonen" auf das menschliche Verhalten haben wir insbesondere in Kapitel 6 näher kennen gelernt. Es ist wichtig, sich dies im Hinblick auf erfolgreiche Unternehmenskulturen nochmals mit aller Deutlichkeit vor Augen zu führen. Das Verhalten und die unbewussten Signale des Chefs und der Führungskräfte sind die zentralen Werte- und Sinnvermittler in einem Unternehmen. Sie müssen das leben, was im Sinn- und Wertesystem formuliert wird. Geschieht dies nicht, wenden sich die Mitarbeiter ab und pflegen ihre eigene „Ich-AG". Die unbewusste Symbolik der Führung sollte mit einer bewussten Symbolik der Zeichen und Rituale unterstützt werden. Konkret: Erscheinungsbild, Architektur, Produktdesign, Sprachstil, Werbung/PR und interne Kommunikation müssen vollständig mit dem Sinn- und Wertesystem übereinstimmen. Der Grund dafür ist limbisch: Die menschliche Sprache ist sehr jung, etwa 50.000 bis 100.000 Jahre; aus diesem Grund sind Bilder, Symbole, Rituale und das nonverbale Verhalten weit stärker in ihrer Kommunikationswirkung als die Sprache.

Die wichtigsten limbischen Erfolgsregeln aus Teil 3

1. Vermeiden Sie den Alterstod des Unternehmens

Wenn Ihr Unternehmen älter als 15 Jahre ist und Sie über 50 sind, ist die Gefahr der langsamen „Vergreisung" groß. Installieren Sie deshalb bewusst in Ihrem Unternehmen revolutionäre Zellen, die für neuen Schwung sorgen. Denken Sie daran, dass auch Sie älter werden und die Veränderung Ihrer Persönlichkeit selbst meist nicht bemerken. Verlassen Sie mit 60 den „Boxring" und wechseln Sie in die „Trainerrolle". Besetzen Sie Positionen im Unternehmen, die innovative und expansive Aufgaben haben, mit jüngeren Mitarbeitern, Positionen mit bewahrenden und sichernden Aufgaben eher mit älteren Mitarbeitern.

2. Lieben Sie die Vielfalt – Meiden Sie die Einfalt
In der Vielfalt der Mitarbeiter liegt der Erfolg. Achten Sie auf die richtige Teammischung nach der limbischen Idealformel. Nutzen Sie das Diversitätsprinzip auch beim Management der „Subkulturen" im Unternehmen – der verschiedenen Abteilungen. Machen Sie Ihren Mitarbeitern die Chancen des Unterschieds deutlich.

3. Stärken Sie das „Wir" im Unternehmen
Die Kultur von erfolgreichen Unternehmen liegt in der Mitte zwischen „Ich" und „Wir". Da in der heutigen Zeit das „Ich" schon besonders ausgeprägt ist, verdient das verbindende „Wir" unsere Aufmerksamkeit. Das „Wir" entsteht durch ein gemeinsames Sinn- und Wertesystem, das bewusst gestaltet und gepflegt wird.

4. Achten Sie auf die Werte Ihres Unternehmens
Etablieren Sie ein gemeinsames Wertesystem im Unternehmen. Achten Sie darauf, dass diese Werte in etwa das ideale limbische Kräfteprofil widerspiegeln. Bedenken Sie, dass ein Wertesystem nur mit den dazu passenden Mitarbeitern wirksam werden kann.

5. Geben Sie dem Unternehmen Sinn
Nehmen Sie sich viel Zeit für die Formulierung des verbindenden Sinnsystems Ihres Unternehmens (Vision, Aura, Feind, Mythos). Denn: Wer hohe Türme bauen will, sollte lange beim Fundament verweilen. Denken Sie daran, dass Sinn und Werte ohne Vorbildverhalten der Führungskräfte nutzlos sind!

Teil 4:
Limbic Marketing: So faszinieren und überzeugen Sie Ihre Kunden

Der Erfolg eines Unternehmens ist gleichbedeutend mit seinem Markterfolg. Doch wie gelingt es manchen Unternehmen, ihre Kunden zu faszinieren und für die gleiche Leistung mehr Geld zu bekommen? Die Antwort: Weil sie die wahren Bedürfnisse ihrer Kunden erkennen und erfüllen. Was aber wünschen sich Kunden? Wie fällen sie ihre Kaufentscheidungen? Auch hier gilt: Unsere unbewusste Steuerung entscheidet den Markt-, Marken- und Marketingerfolg. Im Teil 4 beschäftigen wir uns deshalb mit der Außenwelt des Unternehmens und mit wichtigen Erfolgsgesetzen des Konsum- und B2B-Marketings.

Kapitel 10:
Die Märchen der Trendforscher

Was Sie in diesem Kapitel erwartet:
Erfolgreiches Marketing heißt, seine Produkte und Leistungen auf die Bedürfnisse der Kunden auszurichten. Doch diese Bedürfnisse – so glaubt man – verändern sich in immer schnellerem Takt. Das ist ein Irrtum. Unsere Bedürfnisse bleiben die gleichen. Was sich durch Innovationen etc. verändert sind die Möglichkeiten, diesen Bedürfnissen Rechnung zu tragen. Aus dieser Perspektive ergibt sich ein neues Verständnis von und für Trends.

Kein Kongress ohne Trendforscher. Ein staunendes Publikum lauscht andächtig den Ausführungen, die gespickt sind mit neuen Wortschöpfungen, meist in Englisch, was der Sache zusätzliche Glaubwürdigkeit verleihen soll. Längst sind die Trendforscher von heute an die Stelle der Wahrsager früherer Zeiten getreten. Sie geben vor, die Zukunft im Griff zu haben, sie verkaufen ihre vorhergesehenen Trends als Wahrheit, sie reduzieren Unsicherheit (Balanceinstruktion) und sie erzählen faszinierende Geschichten (Stimulanzinstruktion).

Legt man allerdings die Aussagen aller Trendforscher nebeneinander, so gibt es nur wenig Gemeinsamkeiten. Obwohl sie sich alle mit der gleichen Zukunft beschäftigen, kommen sie doch zu höchst unterschiedlichen und oft sich widersprechenden Vermutungen. Und noch etwas fällt auf: Scheinbar wird die Welt täglich neu erfunden. Es scheint, als ob die Welt von heute mit der von den Trendforschern skizzierten Welt von morgen nichts mehr zu tun hätte.

Ohne Zweifel gibt es Trends, denn die Welt ist permanent im Wandel. Denken wir nur daran, wie Auto, Kühlschrank, Computer und Handy unser Leben verändert haben. Aber wenn man Trends verstehen will, tut man gut daran, sich etwas zurückzulehnen und das faszinierende Feuerwerk der Trendforscher von einer völlig anderen Seite zu betrachten und kritisch zu analysieren – nämlich aus der limbischen Perspektive. Man wird erkennen, dass viele der prophezeiten Trends in Wahrheit keine sind, manche Trends werden entzaubert – und wieder andere werden plötzlich in ihrer Wirkung verstanden. Nachfolgend also ein paar limbische Grundregeln zum besseren Trendverständnis.

Die „neuen" Trends sind oft uralt

Mit das meiste Erstaunen erregen die Trendforscher, wenn sie neue Konsumtypen mit völlig neuen Verhaltensweisen aus dem Hut zaubern. Man denke nur an die Yuppies, die Dinks, die Smart-Shopper, usw. Diese virtuellen Menschen bevölkern dann kurze Zeit später die Präsentations-Charts von Marketingmanagern, die ihre Kampagnen darauf auszurichten versuchen. Mit wenig Erfolg – weil es sich bei diesen künstlichen Konsumententypen fast ausnahmslos um Luftschlösser handelt.

Was sich tatsächlich schnell verändert, ist die Welt der Angebote und der Produkte. Was sich dagegen kaum verändert, ist der Mensch. Und was der Mensch macht, wird von seinen limbischen Programmen gesteuert. Und die sind seit Jahrtausenden die gleichen! Wer Trends und Entwicklungen verstehen will, tut gut daran, diesen auf Fels gebauten Beobachtungsplatz einzunehmen. Wenn wir bei der Betrachtung eines Trends den Menschen mit seinen inneren Programmen als fix annehmen und aus dieser Perspektive nur die Angebotswelt als die veränderliche Größe sehen, erkennen wir nämlich plötzlich Muster, die wir so vorher nicht gesehen haben. Eine Marketingzeitschrift, die sich mit Trends im Automarkt beschäftigte, titelte einen Trend mit „Stärker, schneller, schöner" verbunden mit „Der moderne Mann von heute stellt höhere Ansprüche an sein Auto".

Um diesen Trend wirklich zu verstehen, gehen wir am besten zurück ins Mittelalter. Für einen erfolgreichen und dominanten Mann, beispielsweise einen Ritter in jener Zeit, war sein Pferd sein ganzer Stolz. Je kräftiger, je ausdauernder und je schöner dieses Pferd war, desto mehr Aufmerksamkeit erzielte er damit und desto mehr Spaß hatte er beim Reiten. Die limbische Bedeutung des Pferdes kann man auf Dominanz (Kraft, Stärke, Status, Autonomie) und auf Stimulanz (spannende Erfahrungen) reduzieren. Historische Quellen zeigen, dass schon zur damaligen Zeit hohe Summen für edle Pferde gezahlt wurden. Durch die Kreuzzüge wurde das Pferdeangebot erweitert. Die Ritter lernten nämlich die Kraft und Anmut der vorher unbekannten Araberhengste kennen.

Springen wir nun wieder in die Neuzeit zurück. Zwar gibt es keine Ritter mehr, sie mutierten im Laufe der Jahrhunderte zu Managern, aber die Wünsche sind die gleichen geblieben: Aus dem kraftvollen und teuren Pferd ist heute als heimisches Angebot ein Porsche Carrera geworden und der Araberhengst von heute heißt Ferrari. Die Wichtigkeit und die Bedeutung haben sich nicht sonderlich verändert: Die Ritter liebten ihre edlen Pferde wie der Manager von heute seinen Porsche. Man sieht plötzlich, wie sich aus der limbischen Perspektive ein Trend in Luft auflöst.

Alter Wein in neuen Sprachschläuchen

Bei unserem historischen Vergleich stoßen wir gleich auf den nächsten Trendzauber. Es ist die kreative Fähigkeit der Trendgurus, für bekannte Lebensformen einen Begriff zu erfinden und das als einen neuen Trend auszugeben. Auch hierzu wieder ein Beispiel: Ein Trend, der derzeit überall propagiert wird, ist der Wellnessgedanke. Die Trendforscher sagen, Wellness sei der Lifestyle der modernen Frau. Die Hotels bauen Wellness-Center ein und Kaufhäuser rüsten ihre Wäscheabteilungen zu Wellness-Beauty-Abteilungen um. Aber ist Wellness wirklich etwas Neues? Ist es gar der Ausdruck der modernen und selbstbewussten Frau von heute, wie uns dabei suggeriert wird? Nicht Wellness ist neu, sondern nur der Begriff. Schon für das Burgfräulein im Mittelalter gehörte es nämlich zu den schönsten Genüssen, mit orientalischen Ölen und gut riechenden warmen Kräutersäften von der Zofe gesalbt zu werden. Besonders angenehm war es, wenn ein Lautenspieler hinter dem Vorhang dazu sanfte Balladen sang. Auch hier erkennen wir, dass es Wellness schon immer gab: der sanfte Genuss, die Massage mit Essenzen und die Entspannung (Balance, Stimulanz). Neu ist lediglich der dafür gewählte Begriff. Und im Unterschied zu heute konnten sich im Mittelalter nur wenige diesen Genuss leisten.

Auf diese Weise entstehen täglich viele neue Trends – man beobachtet ein bestehendes Verhalten, gibt ihm einen englischen Namen und verkauft es mit ein paar Beispielen als Trend, etwa das „Homing". Das ist der scheinbar neue Trend, dass wir zukünftig mehr Wert auf ein gemütliches Zuhause legen. Eine Referentin auf einem Trendkongress führte als Beweis für diesen Trend an, ein bekannter italienischer Modehersteller, ich meine, es war Gucci, würde jetzt in seiner Kollektion sogar Hausschuhe anbieten. So viel dazu.

Machen Sie mit: Wir spielen Trendgenerator

Bleiben wir beim Pseudotrend des „Homing" und versuchen wir, ihn einmal auf der Limbic Map einzutragen (Abbildung 1). Wir werden feststellen,

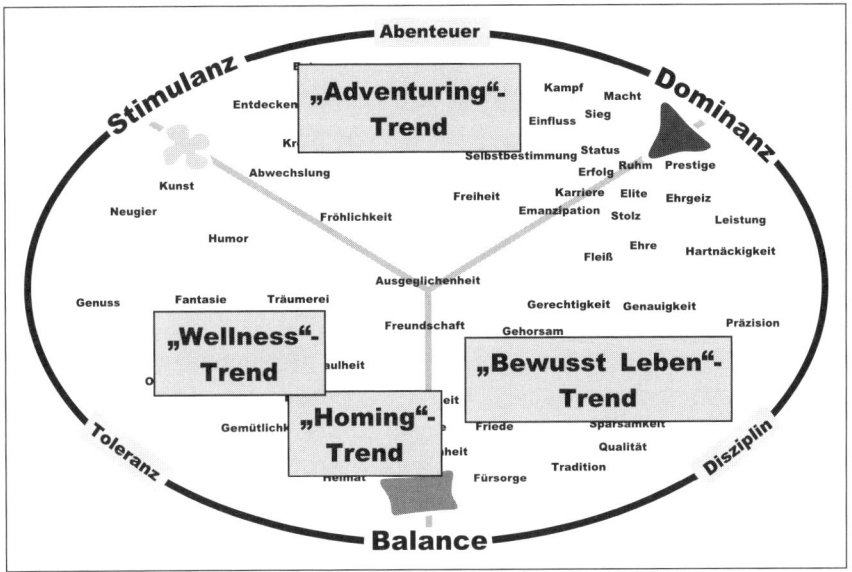

Abb. 1: „Der Trendschlüssel"
Erst wenn man Trends auf der Limbic Map verortet, wird ihre Bedeutung, aber auch ihr Unsinn deutlich.

diese Lebensform ist bei der Balanceinstruktion anzusiedeln – genauer bei Bequemlichkeit und Gemütlichkeit. Konkret bedeutet dies: Dieser scheinbar wichtige Trend deckt nur einen ungeheuer kleinen Teil unseres Verhaltensrahmens ab. Selbst wenn es wahr wäre, also unser Bedürfnis nach Gemütlichkeit zu Hause etwas zugenommen hätte, z. B. durch hormonale Veränderung, wäre es ein völlig unwichtiger und bedeutungsloser Trend. Und noch etwas wird deutlich – wir verstehen einen Trend in seiner Bedeutung erst, wenn wir ihn auf unserer Limbic Map lokalisieren. Dabei stellen wir fest, dass diese Karte noch Platz für tausend weitere Trends bietet, die sich zeitgleich ereignen können, weil sich das menschliche Verhalten stets im ganzen limbischen Verhaltensraum abspielt!

Wir könnten dieses Wissen nun nutzen und einen Trend erfinden – ähnlich wie Trendforscher es gerne tun. Da sich dieses Verhalten im Leben beobachten lässt, ist der Beweis für den erfundenen Trend gegeben.

Nur so zum Spaß formuliere ich nun zwei künstliche Trends. Sie können in Abbildung 1 verfolgen, wo dieser Trend stattfindet und sicher fallen Ihnen genügend Verhaltensweisen dazu ein.

Der „Adventuring-Trend"

In Zukunft müssen wir uns auf einen neuen Konsumententyp einstellen: Es ist der "Adventurer". Immer mehr Leute flüchten aus der Langeweile des Alltags und versuchen, sich durch Abenteuer selbst zu beweisen und dabei den Ultrakick zu erleben, den sie durch entfremdete Arbeit nicht mehr haben. Die Zunahme von Freeclimbern, Paraglidern und Extrem-Snowboardern dürfte Beweis genug für diesen Megatrend sein.

Der „Bewusster-Leben-Trend"

Die Tage des genuss- und spaßorientierten Konsumenten sind gezählt. Durch bessere Schulbildung und das Überangebot entdeckt der Konsument, dass eine größere Sinnerfüllung in einer bewussten, eher auf Verzicht aufgebauten Lebensweise zu erreichen ist. Spirituelle Werte lösen materielle Werte ab, der Besitz verliert seine Bedeutung. Als Beweis sind zu nennen: Das Wachstum der Discounter, die große Nachfrage nach Klosterexerzitien und die bessere Schulbildung der Verbraucher.

Beide Trends klingen vernünftig – beide wurden so oder anders schon einmal formuliert – und doch sind sie frei erfunden. Die limbische Value Map bietet auf diese Weise noch viele Trendbauplätze an, die darauf warten, von kreativen Trendforschern bebaut zu werden.

Misstrauen Sie dem Absolutheitsanspruch

Wenn Sie die erfundenen Trends auf der Value Map betrachten, dann werden Sie den scheinbaren Widerspruch zwischen den beiden Trends erkennen. Der „Bewusster-Leben-Trend" ist das genaue Gegenteil vom „Adventuring-Trend". Diese scheinbaren Widersprüche finden sich in der Realität immer wieder. Aber das ist die Realität – denn es gibt nicht einen Trend, sondern viele, und manche scheinen sogar das direkte Gegenteil des anderen zu sein. Das ist möglich, weil sie in unterschiedlichen Bereichen unseres Verhaltensraums ablaufen und damit unterschiedlichste Zielgruppen ansprechen, wie wir im nächsten Kapitel sehen werden. Der Trend zum „bewussteren Leben" könnte bei älteren Frauen stattfinden, das „Adventuring" wäre vor allem bei jüngeren Männern zu beobachten.

Diese Zusammenhänge werden aber von den Trendforschern meist nicht gesehen, weil sie die limbischen Gesetze nicht kennen. Gleichzeitig werden sie ja auch dafür bezahlt und gelobt, Komplexität zu reduzieren. Das Ergebnis sind dann Absolutheitsansprüche, mit dem ein Mikrotrend als beherrschender Megatrend hochstilisiert wird. Zusätzlich verstärkt wird er mit einem weiteren Absolutheitsanspruch, nämlich der Aussage „der Konsument will". Die Betonung liegt dabei auf „der" Konsument, was suggeriert, es gäbe nur einen Typ von Konsumenten. Wenn wir Trends richtig verstehen wollen, dann müssen wir sie ihres Absolutheitsanspruchs berauben, sie auf der Limbic Map einordnen und gleichzeitig nach der Zielgruppe fragen, in der dieser Trend stattfindet.

Unser Verhaltensraum und die damit verbundenen unterschiedlichen Zielgruppen lassen also zeitgleich unterschiedlichste Trends zu, die sich teilweise sogar widersprechen. Doch diese Zusammenhänge werden erst sichtbar, wenn man unseren limbischen Verhaltensraum als die Grundlage allen menschlichen Handelns erkennt. Für viele Marketingexperten ist es unerklärlich, warum beispielsweise im deutschen Handel Discounter wie ALDI oder Lidl überproportional wachsen (gängige Erklärung: „der Smart Shopper"), gleichzeitig aber auch erlebnisorientierte Geschäfte, wie beispielsweise die Parfümeriekette Douglas (gängige Erklärung: „der Erlebniskäufer"). Da sich beide Einkaufsformen und Typen widersprechen, löst man diesen Konflikt einfach dadurch auf, dass man _einen_ neuen multioptionalen, bewussten Konsumenten erfindet, den „hybriden (unberechenbarer) Konsumenten". Damit ist zwar die Komplexität reduziert, aber nichts erklärt.

Starke Trends haben immer Gegentrends

Bei unseren bisherigen Betrachtungen haben wir den limbischen Verhaltensraum als passives Baugelände gesehen, auf dem zufällig an verschiedenen Ecken unterschiedlichste Trends wachsen. Das ist sicher richtig. Was wir aber noch nicht beachtet haben, ist die innere Dynamik unseres limbischen Verhaltensprogramms: Die Balanceinstruktion versucht stets, der Dominanz- und Stimulanzinstruktion entgegenzuarbeiten und ein Kräftegleichgewicht herzustellen. Im Individuum und je nach der Zusammensetzung von Gruppen kann dieses Kräftegleichgewicht mal stärker in Richtung Balance oder mal in Richtung Stimulanz/Dominanz kippen. Trotzdem gibt es offensichtlich eine kollektive limbische Dynamik dergestalt, dass zu starke Abweichungen in einem limbischen Kräftefeld, beispielsweise der Dominanzkraft, automatisch eine Aktivierung der anderen Seite, der Balanceinstruktion auslösen.

Schauen wir uns einige Entwicklungen aus dieser Perspektive an: In den letzten fünf bis zehn Jahren beherrscht die Globalisierung als Megatrend die Welt. Konzerne verbreitern ihre Absatzgebiete, Entwicklungsländern werden die Marktspielregeln und die Preise diktiert – mit teilweise katastrophalen Folgen für die Armen. Schauen wir uns diesen Megatrend unter der limbischen Perspektive an: Die Globalisierung geht eindeutig auf die Dominanzinstruktion zurück, die damit an Gewicht gewinnt. Gleichzeitig ereignet sich aber inzwischen etwas anderes: Wir haben im letzten Kapitel gesehen, dass Systeme gefährdet sind, deren Balanceinstruktion zu schwach ist, weil sie das lebensnotwendige „Wir" zerstören. Die scheinbare Vormacht der „Raubtiere" aktiviert nun die kollektiven Konformitätsverstärker (Balancefunktion) im globalen sozialen System. Das sind die Globalisierungsgegner, die ein Ende der Ausbeutung und Solidarität mit den Entwicklungsländern fordern („Wir"). Eine ähnliche Dynamik erkennen wir auch in der gegenwärtigen Kapitalismusdiskussion. Der so genannte „Turbo-Kapitalismus" der vor allem durch Bilanzfälschungen auf sich aufmerksam macht, wird zunehmend infrage gestellt. Die hemmungslose Betonung von Macht und Wachstum als alleiniges Gesetz (Dominanz) ruft immer mehr Gegner hervor, die einen „Moral-Kapitalismus" propagieren (Balance), der auf Werten wie Vertrauen, Glaubwürdigkeit, Kontrolle etc. basiert.

Auch die Gen- und Stammzellendebatte erfolgt nach dem gleichen limbischen Muster. Während die Naturwissenschaftler alle Möglichkeiten der Forschung nutzen wollen und gegen jede Einschränkung sind (Forschung = Entdecken = Dominanz/Stimulanz), warnen ethisch orientierte Philosophen und Kirchenvertreter (Balance) vor einer Freigabe. Auch hier ist die limbische Trend-/Gegentrenddynamik sehr gut erkennbar!

Doch wenden wir uns nunmehr konkreten und eher kurzfristigeren Markttrends zu, für die das Gleiche gilt. Um Trends wirklich zu verstehen, müssen wir sie auch limbisch betrachten und wir müssen stets das Trend-/Gegentrendprinzip beachten (siehe Abbildung 2):

– Das Aufkommen der gentechnisch hergestellten Lebensmittel hat das Wachstum des Bio-Lebensmittelmarktes beschleunigt.

– Mit der Verstärkung des so genannten Retrodesigns ist gleichzeitig auch das Avantgardedesign stärker geworden.

- Mit der Anzahl der Menschen, die Freiheit und Individualismus propagieren, ist die Anzahl gewachsen, die ihr Heil in Sekten, Kirchen, Gesprächsgruppen usw. suchen.
- Mit der enormen Ausweitung der Produktvielfalt und der Angebote (Stimulanz) wächst parallel ein Gegentrend, der Einfachheit, Reduzierung von Komplexität, Überschaubarkeit und Verzicht zum Credo macht (Balance mit Disziplin/Kontrolle). Bestseller wie „An Idiots Guide to ...", „Simplify Your Life", „Einfach managen" sprechen dafür Bände. Gleichzeitig wird auch ein neuer Konsumententyp propagiert: der „Shedder" (der „Abstreifer"), der Balast abwirft und die Einfachheit liebt.

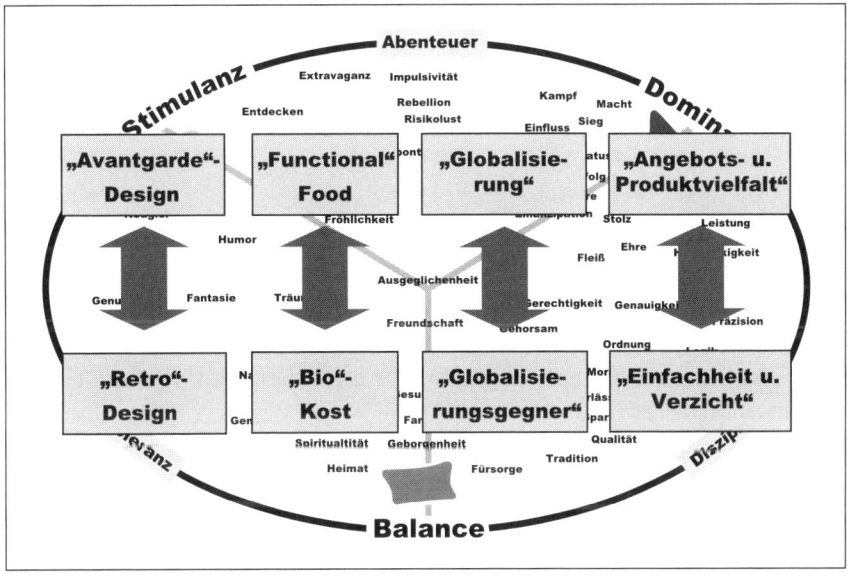

Abb. 2: Trends und Gegentrends
Durch die Kenntnis der inneren Dynamik unserer limbischen Kräfte werden plötzlich überraschende Zusammenhänge deutlich.

Bei allen Trends und Gegentrends ist zu beachten, dass sie zwar zeitgleich ablaufen – aber nicht bei den gleichen Menschen. Gerade im letzten Beispiel wird dies deutlich, beim Gegentrend der Einfachheit und des Verzichts. Dieser Trend wird nicht von Jugendlichen getragen, sondern von Menschen zwischen 45 und 55, mit leicht männlichem Schwerpunkt. Während in der Jugend die Vielfalt gar nicht groß genug sein kann, nimmt, wie wir wissen, mit dem Alter die Balanceinstruktion und damit der Wunsch nach Ordnung und Überschaubarkeit zu. Und auch hier sieht man wieder, wie wichtig es ist, Trends aus der limbischen Perspektive zu betrachten. Der scheinbare Megatrend „Einfachheit" ist keinesfalls ein Trend, sondern eine völlig normale Altersentwicklung in einer Generation, die im materiellen Überfluss aufgewachsen ist.

Wo Trends entstehen

Mit der limbischen Betrachtung haben wir nun die hinter vielen Trends liegende Struktur erkannt. Und mancher Leser stellt sich jetzt die Frage, ob man aus der Kenntnis der limbischen Gesetze voraussagen kann, welche Trends entstehen, also z. B. welche neuen technischen Produkte oder Musikstile in den nächsten 20 Jahren an Bedeutung gewinnen werden. Das kann man nicht – denn unserem limbischen System ist unser Lebensausdruck und unsere Lebensführung gleichgültig, solange sie sich im vorgelegten Rahmen der limbischen Instruktionen bewegen.

Was man aber voraussagen kann, ist, wo neue Trends entstehen. Trends entstehen, aus biologisch-limbischer Sicht, insbesondere aufgrund der Stimulanz- aber auch der Dominanzinstruktion. Denken wir nun an Kapitel 7 zurück. Dort haben wir gesehen, dass 90 % aller bahnbrechenden Innovationen von jungen Männern zwischen 25 und 35 Jahren stammen. Nun, Trends sind oft Fortentwicklungen und Modifikationen: Aber sie folgen dem gleichen Gesetz. Die wesentlichen Konsumtrends entstehen in der Jugendszene im Alter von 20 bis 30 Jahren. Beispiele dafür sind der Trend zur Farbe Silber – Coca-Cola hat darauf mit einer silbernen Cola-Light-Flasche reagiert, oder der Trend zu Mineralwassern ohne Kohlensäure, die nicht mehr in großen Schlucken getrunken, sondern genuckelt werden – überwiegend von jungen Frauen, wo sie gehen und stehen.

Aber auch innerhalb dieser Szene gibt es Trendsetter: Es sind Jugendliche, die im Vergleich zu ihren Altersgenossen eine weit höhere Dominanz- und Stimulanzausprägung haben. Laut unserer Klassifikation sind das Abenteurer und Pioniere, die sich durch einen unangepassten, individualistischen Lebensstil von der Masse absetzen.

Je älter die Menschen werden, desto mehr verschließen sie sich den Neuerungen oder lehnen sie sogar ab. Allerdings hat die Jugendszene ihre eigenen Gesetze. Durch die hohe Ausprägung der Stimulanzinstruktion in diesem Lebensalter teilt sich die Jugendszene in hunderte Subszenen auf, die oft – wie auch die Trends – nur eine kurze Lebensdauer haben. Je älter die Menschen werden, desto konformer werden sie, persönlichkeits- und einkommensabhängig in ihrem Lebensstil und desto länger halten sich auch Trends. Welche Trends in Zukunft entstehen, bleibt unergründlich – auch für Trendforscher – die Stimulanzinstruktion ist eben dafür da, aus dem Gewohnten auszubrechen – und auch Trendforscher sind nicht in der Lage, heute schon das Ungewöhnliche von morgen zu denken. Was Trendforscher können, ist, Trends zu beobachten und zu dokumentieren. Bei der Bewertung gelten dann allerdings die oben genannten Vorsichtsregeln!

Langfristige Trends und Entwicklungen

Neben den kurzfristigen Moden und Trends gibt es zweifelsfrei auch langfristige Veränderungen in unserer Gesellschaft, die teilweise erhebliche Auswirkungen auf Märkte haben. Aber auch bei diesen langfristigen Entwicklungen ist es von Nutzen, die limbische Brille nicht von der Nase zu nehmen, denn auch für diese langfristigen Trends kann die limbische Perspektive einiges zur Erklärung beitragen. Ich möchte das an einem Beispiel kurz aufzeigen: dem Megatrend der „Individualisierung der Gesellschaft". Zweifellos können wir in der westlichen Gesellschaft einen Trend zu Individualismus und Egoismus erkennen. Da es keinen Grund gibt anzunehmen, die biologischen Grundlagen der Dominanz- oder Stimulanzinstruktion hätten sich verändert, bleibt nur eine andere Erklärung. Der Einfluss der Balanceinstruktion, die „Wir-Funktion" hat abgenommen. Die Zahl der Singlehaushalte nimmt ebenso zu wie die Zahl der Verbrechen, die Geburtenrate fällt dramatisch, usw., usw. All das sind Anzeichen dafür, dass das „Wir" in unserer Gesellschaft an Bedeutung verliert.

Dieser Trend ist allerdings nicht neu – die Entwicklung lässt sich, wie der Sozialforscher Meinhard Miegel in seinem Buch „Das Ende des Individualismus" beschreibt, seit der Renaissance verstärkt beobachten. Die Conclusio von Miegel ist, dass sich die Kultur des Westens selbst zerstört, weil durch den Individualismus die Geburtenrate unter den Wert sinkt, den eine Gesellschaft braucht, um sich selbst zu reproduzieren.

Damit hat er auch aus limbischer Sicht Recht – weil soziale Systeme, die den Ausgleich zwischen „Ich" und „Wir" nicht finden, zugrunde gehen. Doch woher kommt dieser Trend? Erklärungen gibt es viele. Die am häufigsten genannte ist die, dass durch die Aufklärung und durch die Fortschritte der

Wissenschaft der Mensch selbstbewusster und stärker geworden sei und so immer mehr auf den Schutz der Gemeinschaft, aber auch auf einen schützenden Gott verzichten könne (Nietzsche: „Gott ist tot."). Durch das zunehmende Wissen und die damit erzielten technischen Erfolge ist der westliche Mensch in eine Siegerspirale eingetreten – er fühlt sich stark und selbstbewusst.

Das ist die eine Seite der Betrachtung. Es gibt jedoch noch eine andere. Die renommierte amerikanische Biologin Lynn Margulis hat diesen Individualisierungseffekt bei einer ganz anderen Spezies ebenfalls gefunden, bei unseren Ur-Ur-Urahnen – in Bakterienkolonien. Wenn man Bakterienkulturen über längere Zeit nicht stört und genügend Nahrung zur Verfügung stellt – beginnt eine merkwürdige Veränderung – die Distanz zwischen den einzelnen Bakterien nimmt zu – die einfachste Form der Individualisierung! In dem Moment aber, wo der Kultur die Nahrung entzogen wird oder sich eine Bedrohung von außen einstellt, beispielsweise weil man eine fremde Kolonie direkt am Rand ansiedelt, verändert sich plötzlich das Verhalten – die Bakterien rücken sofort zusammen. Plötzlich sind die „Wir"-Funktionen wieder aktiviert! Diesen Separations-/Annäherungsmechanismus findet man in allen sozialen Systemen: z. B. auch bei Pferden, bei Affen und bei uns Menschen.

Spontan fallen uns dazu Bilder aus der jüngeren Geschichte ein, wie nach dem 11. September 2001 eine ungeheure Solidarisierungswelle durch die amerikanische Bevölkerung ging und wie die Kirchen auch in Deutschland plötzlich einige Wochen wieder brechend voll waren. Dieses Beispiel zeigt, warum es sich lohnt, Entwicklungen und langfristige Trends durchaus einmal aus der Perspektive der unbewussten Ebene 2 zu betrachten.

Mit dem Blick auf biologisch-limbische Zusammenhänge der Ebene 2 lassen sich aber auch folgenschwere Irrtümer – z. B. im Marketing – vermeiden. Ich möchte das am postulierten Trend der „neuen Alten" aufzeigen.

Die Mär von den „neuen Alten"

Unter dieser Rubrik wird ein Trend postuliert, der behauptet, die heutige Generation der über 60- bzw. über 65-Jährigen würde sich fundamental von früheren Generationen gleichaltriger Menschen unterscheiden, vor allem in einem: in der Lust zum Konsum. Die so genannten „neuen Alten" hätten zum einen viel mehr Geld als ihre Vorläufergeneration (das stimmt), und zum anderen würden sie dieses Geld auch hemmungslos mit vollen Händen in den Einkaufsstraßen verteilen (das ist falsch).

Leider warten Handel und Industrie bis heute vergeblich auf diese prophezeite Konsumwelle. Was ist der Grund für diesen Irrtum? Man hat einfach nicht über die bereits in Kapitel 7 dargestellten Persönlichkeitsveränderungen mit zunehmendem Alter nachgedacht. Wir haben gesehen, wie mit dem Alter die Stimulanz- und Dominanzinstruktion nachlassen, während die Balanceinstruktion zunimmt. Schön und gut, werden Sie fragen, aber was hat dies mit dem Konsum zu tun?

Enorm viel – wie wir ja wissen, sind alle Produkte und Dienstleistungen, die wir kaufen, zutiefst limbisch. Mode kaufen wir aufgrund der Dominanzinstruktion, in den Urlaub fahren wir aufgrund der Stimulanzinstruktion, Versicherungen und Gesundheitsprodukte kaufen wir aufgrund der Balanceinstruktion. Wenn nun die Dominanz- und Stimulanzinstruktion mit dem Alter nachlassen, was bedeutet dies für den Kauf von Dominanz-/Stimulanzprodukten? Richtig – sie verlieren unbewusst an Attraktivität und werden weniger oder nicht gekauft. Da sich die überwiegende Mehrzahl der heutigen im Markt befindlichen Produkte im Dominanz-/Stimulanzbereich bewegen, haben sie für ältere lange nicht die Anziehungskraft wie für jüngere Menschen. Sicherheitsprodukte aller Art gewinnen zwar an Bedeutung, doch diese Verschiebung macht die Kaufzurückhaltung bei Dominanz-/Stimulanzprodukten nicht wett. Die zunehmende Balanceinstruktion sorgt aber noch für eine zweite Entwicklung.

Sie gibt uns vor, Ruhe zu suchen, Energie zu sparen – sie ist die eigentliche Kraft des Sparens. Ältere Menschen, gleich wie viel Geld sie haben, achten deshalb mehr auf ihr Geld, sie sparen und gehen keine finanziellen Risiken ein. Die so genannten „neuen Alten", also die konsum-, erlebnis- und abenteuerfreudigen Älteren, machen tatsächlich nur 15 % der älteren Menschen über 65 aus. Diese Gruppe ist von 12 % im Jahr 1980 auf 15 % im Jahr 2000 gewachsen. Der Grund dafür ist aber auch biologisch-limbisch. Durch die bessere Gesundheitsversorgung ist ein heute 65-Jähriger so fit wie sein 60-jähriger Kollege im Jahr 1980. Diese bessere Fitness lässt sich auch bei den Hormonen und Neurotransmittern nachweisen, die die Stimulanz-, Dominanz- und Balanceinstruktion beeinflussen.

Fasst man alle diese Erkenntnisse zusammen, wird deutlich, warum wir allen Trends zunächst mit Vorsicht begegnen sollten. Ohne Zweifel gibt es Trends. Unsere Sprache, das Design unserer Produkte, unsere Lebensführung unterliegen einem permanenten Wandel. Diese Veränderungen verlaufen aber abhängig von Alter und Geschlecht mit unterschiedlicher Geschwindigkeit. Was sich weit langsamer verändert, sind unsere kulturellen Werthaltungen. Was sich aber so gut wie nicht verändert, ist der Mensch selbst. Daran sollten wir immer denken, wenn wir gebannt einem Trendforscher lauschen, der versucht unsere Zukunft vorauszusagen.

Kapitel 11:
Der „Es gibt keine Zielgruppen mehr"- Irrtum

Was Sie in diesem Kapitel erwartet:
Für das Marketing von ähnlich großer Bedeutung wie Trends ist die Frage nach den Zielgruppen – und hier wie dort trifft man auf eine Meinungswelt, die mehr von Irrtümern als von Wissen beherrscht wird. Die derzeit herrschende Meinung besagt, dass es in einer Zeit der immer schnelleren Veränderung keine Zielgruppen mehr gibt. Doch das ist falsch. Zielgruppenorientierung ist wichtiger denn je – das limbische Modell liefert dafür das praktische (und theoretische) Fundament.

Zielgruppen sind out. Lifestyles und Stilgruppen sind in. Oder noch drastischer: Die Gesellschaft sei derart zersplittert, dass wirkungsvolles Marketing sich am „Segment-of-One", also am Einzelindividuum, ausrichten solle. Das alte Zielgruppendenken muss, so die Propagandisten der Neuzeit, angesichts des bewussten und multioptionalen Konsumenten durch ein „Verfassungsmarketing" abgelöst werden. Die Idee hinter diesem Modebegriff: Die Stimmungen und Vorlieben des Konsumenten würden durch die Vielzahl der Optionen so stark schwanken, dass es klug wäre, seine Marketingaktivitäten an den verschiedenen Tagesverfassungen auszurichten.

Soweit die aktuelle Diskussion, die gläubig auf Marketingkongressen rezitiert und breitgewalzt wird. Doch sind die Menschen wirklich so zersplittert, wie man glaubt? Löst sich unsere Gesellschaft wirklich auf? Sind die Menschen tatsächlich alle gleich und reagieren sie multioptional nur noch nach der Tagesverfassung? So ist es nicht! Was uns hier begegnet, ist wieder der bekannte Ebene-1-Blick: Man sieht eine Vielzahl von Phänomenen und Entwicklungen, die man sich nicht erklären kann. Ein völlig anderes Bild ergibt sich, wenn man sich die Mühe macht, auf Ebene 2 hinunterzusteigen. Plötzlich entdeckt man überraschende Zusammenhänge und Strukturen – und damit auch Zielgruppen.

Die limbische Konsumententypologie

Wenn wir von möglichen Zielgruppen sprechen, dann müssen wir zuerst den Rahmen definieren, in dem sich unser menschliches Verhalten, unsere

Motive, Wünsche oder Werthaltungen bewegen. Diesen Verhaltensraum kennen wir bereits. Es ist unsere Limbic Map, die auf den drei limbischen Instruktionen gründet.

In den vorangegangenen Kapiteln, haben wir gesehen, wie unterschiedlich Menschen in ihrer Persönlichkeit sind und woher diese Unterschiede stammen: Nämlich aus dem individuellen Mix der drei limbischen Instruktionen.

Menschen vertauschen aber ihre Persönlichkeit nicht, wenn sie abends aus dem Büro gehen, um dann als Konsument einzukaufen. Jemand, der tagsüber seine Erfüllung darin sah, sehr penibel Aufgaben bis ins kleinste Detail zu erledigen und dabei die Kosten bis auf die vierte Stelle hinter dem Komma berechnet hat, verfällt nicht beim Eintritt in ein Einkaufszentrum in einen Konsumrausch. Das Gegenteil wird der Fall sein. Er wird sich Produkte und Einkaufsstätten wählen, die seinem Anspruch nach Disziplin und Kontrolle Rechnung tragen.

Genauso, wie wir für das Management auf Basis der Limbic Map Prototypen formulieren konnten, also Menschen, deren limbisches Mix besondere Schwerpunkte hat, können wir das auch zur Einteilung von Konsumentenzielgruppen tun. Im Vergleich zu unseren Managementprototypen verwenden wir für die limbische Konsumententypologie etwas andere Begriffe, die stärker mit dem Konsumverhalten gekoppelt sind. Beginnen wir in Abbildung 1 oben auf der Limbic Map:

Der/die Abenteurer(in)

Der Konsum- und Lebensstil dieser Zielgruppe wird durch Entdeckung und die Offenheit für Risiken geprägt. Die Suche nach dem ultimativen Kick, dem „Thrill" und Spaß an der Grenzerfahrung sind typisch. Dieser Konsumententyp ist wenig bindungsorientiert, geht unkonventionelle Wege und probiert Neues und Unbekanntes aus. Abenteuerreisen und Abenteuersportarten sind Teil seines Lebens.

Der/die Hedonist(in)

Im Gegensatz zum Abenteurer sucht dieser Konsumententyp zwar auch das Erlebnis, aber dem Erlebnis fehlt die aggressive, sich selbst durchsetzende Komponente. Ausgefallene Mode, Urlaub an exotischen Orten und ein unkonventioneller Einrichtungsstil sind typisch für diesen Konsumententyp. Und: Dieser Typ ist extrem unberechenbar, weil er ständig den neuesten Trends hinterherjagt.

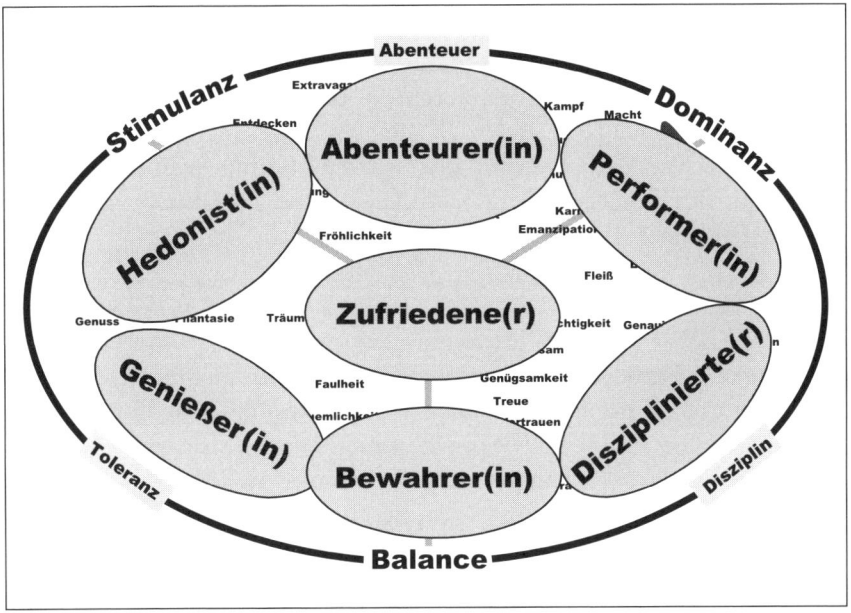

Abb. 1: Die limbischen Konsumtypen
Mit diesen Konsumtypen sind auch Ur-Emotionswelten verbunden, die eine besondere Akzeptanz erzeugen.

Der/die Genießer(in)

Toleranz und Offenheit für das Leben und seine Genüsse prägen diesen Konsumententyp. Durch die Balanceinstruktion ist der Genuss eher passiv, sich verwöhnen lassend. Man genießt, geht dabei aber weder Risiko noch zu große Anstrengungen ein. Leben und leben lassen sind die Devise. Im Urlaub wird Wert auf Entspannung, aber auch auf eine gewisse Abwechslung gelegt – „Wellness"-Produkte und -Angebote erfreuen sich größter Beliebtheit.

Der/die Bewahrer(in)

Möglichst keine Risiken eingehen und auf Qualität achten, lautet die Devise dieses Konsumenyps. Dabei spielt der Preis ein wichtige Rolle. Ausgefallene Mode wird gemieden – man zieht sich so an wie die Masse bzw. wie die Bezugsgruppe, zu der man gehört. Für den Urlaub werden Orte gewählt, die keine größere Veränderung der Gewohnheiten erfordern.

Der/die Disziplinierte

Dieser Konsumententyp liebt keine Risiken. Während der Bewahrer aber eher passiv ist, ist beim Disziplinierten ein höheres Aktivitätsniveau zu erkennen. Der Tag hat feste Regeln. Er versucht alles berechenbar und geradlinig zu machen. Bei Lebensmitteln ist die Herkunftsangabe, die genaue Auflistung der Inhaltsstoffe, die Kalorienzahl und die Auswirkung auf den Cholesteringehalt wichtiger als der Geschmack.

Der/die Performer(in)

Karriere und Erfolg sind die Leitmotive dieses Konsumententyps. Produkte und Sportarten mit Statuscharakter haben eine hohe Bedeutung. Die privaten Interessen sind relativ begrenzt und orientieren sich an Geld und beruflichem Erfolg. Der demonstrative Konsum ist wichtiger als der genießende Konsum. Sportarten mit Leistungscharakter werden bevorzugt.

Der/die Zufriedene

Während sich die bisher beschriebenen Zielgruppen durch besondere Schwerpunkte in der Persönlichkeit mehr in der Randzone aufhalten und damit eindeutige Präferenzen haben, gibt es im Mittelpunkt der Value Map eine Konsumentengruppe, deren limbische Instruktionen gleichmäßig und zusätzlich nicht sonderlich stark ausgeprägt sind. Diese Gruppe entwickelt keine Konsumpräferenzen und kauft bevorzugt Massenprodukte ohne besonderes limbisches Nutzenprofil.

Bedeutet diese Aufteilung, dass sich die limbischen Zielgruppen deterministisch, also nach einem festen Programm verhalten? Konkret: Kauft der Bewahrer immer nur Sicherheitsprodukte und der Hedonist immer nur Dinge mit Stimulanzcharakter? So einfach und berechenbar ist der Mensch nicht. Wie wir wissen, sind die drei limbischen Instruktionen ja bei allen Menschen vorhanden, allerdings in unterschiedlicher Ausprägung. Aus diesem Grund kauft auch der Hedonist ein Produkt mit Balancecharakter – aber, und das ist der springende Punkt: Die Anzahl der gekauften Balanceprodukte über viele Einkäufe hinweg ist wesentlich geringer als beim Bewahrer. Schaut man dagegen in den Einkaufskorb des Bewahrers, wird man über die Zeit weit weniger ausgefallene Produkte finden als beim Hedonisten. Wenn wir also von limbischen Zielgruppen sprechen, müssen wir in Wahrscheinlichkeiten und nicht in sicheren Ereignissen denken. Da wir aber im Laufe eines Tages und einer Woche viele Konsumakte vollbringen, gibt genau diese Wahrscheinlichkeitsbetrachtung wichtige Hinweise.

Die Uremotionswelten des Menschen

Das Denken in diesen limbischen Konsumprototypen bringt dem Marketing aber noch einen weiteren entscheidenden Vorteil: Hinter diesen Prototypen werden über die limbischen Instruktionen ganz automatisch auch prototypische Gefühlswelten in „Reinform" angesprochen. Diese Gefühlswelten kann man auch als die Uremotionswelten des Menschen bezeichnen. Gerade im Marketing ist es aber wichtig, beim Konsumenten keinen Gefühlsmischmasch zu erzeugen: Wenn eine Werbe- oder Produktbotschaft gleichermaßen „Excitement" und „Disziplin" beinhaltet, entsteht im Bewusstsein des Konsumenten ein undefinierbarer Gefühlsbrei, der jeden Einfluss verliert. Einen ähnlichen emotionalen Effekt erzeugt man, wenn man beispielsweise Zwiebelsuppe mit Schokoladenpudding verrührt und dann dem Konsumenten als schmackhaftes Essen anbietet. Der sanfte Genuss beispielsweise ist eine Gefühlswelt, die wir bei Wellness genauso wiederfinden wie bei einer Tasse Kaffee, die wir beim Lesen eines Romans trinken. Das Streben nach Überlegenheit und die damit ausgelösten Gefühle finden wir in der Fitnessbewegung genauso wieder wie in der Karriereplanung. Beide Gefühlswelten stehen einander auf der Limbic Map und damit auch in unserem Bewusstsein diametral gegenüber und dürfen deshalb nicht vermischt werden. Diese Beachtung der verschiedenen Emotionswelten ist wichtig, wenn man die (Werbe-)Botschaften für seine Produkte formuliert: Man kann nicht alle Gefühlswelten zugleich ansprechen, weil sich bestimmte Welten gegenseitig ausschließen.

Limbic Selling – wie man Produkte erfolgreich vermarktet

Deshalb ist die limbische Konsumententypologie ungeheuer hilfreich, wenn wir die Marketingargumentation für unsere Produkte entwickeln. Im Marketing heißt es ja immer so schön: „Der Wurm muss dem Fisch schmecken und nicht dem Angler". Das Problem dabei ist nur, wie wir gerade gesehen haben, dass es den Fisch nicht gibt, sondern ganz unterschiedliche Arten mit unterschiedlichen Präferenzen und Nutzenerwartungen.

In den Marketinglehrbüchern wird bei der Behandlung dieses Themas immer von einem rationalen Grund- und einem emotionalen Zusatznutzen gesprochen. Insbesondere der emotionale Zusatznutzen ergäbe den Mehrwert, für den der Verbraucher gerne bereit wäre, einen höheren Preis zu bezahlen. Diese Trennung ist unsinnig, weil sich schon der Grundnutzen für die unterschiedlichen limbischen Konsumententypen höchst unterschiedlich darstellt und sich meist gar nicht vom Zusatznutzen trennen lässt. Wie wichtig es ist, seine Produktargumentation auf die Zielgruppe auszurichten und wie hilfreich es sein kann, dabei die limbischen Konsumtypen vor Augen zu haben, möchte ich am folgenden kleinen Beispiel demonstrieren:

Angenommen, Sie wären Produktmanager in einem Health-Care-Konzern und hätten eine neue Zahnpasta zu vermarkten. In den Grundbestandteilen unterscheidet sich die Zahnpasta kaum vom Wettbewerb – am Geschmack und der Verpackungsgestaltung kann aber etwas gedreht werden. Wie wir gleich an einigen Beispielen sehen werden, muss man bei den unterschiedlichen Konsumtypen für das an sich gleiche Produkt höchst unterschiedlich argumentieren.

Für den Abenteurer
„Die Zahnpasta X ist ein völlig neues Produkt. Sie ist für die gemacht, die sich trauen, einen eigenen Weg zu gehen. Der neue Geschmack und der Duft ist völlig anders als bei konventionellen Zahnpasten – Sie werden damit auffallen."

Für den Performer
„Die Zahnpasta X ist aus den hochwertigsten und teuersten Stoffen gemacht. Die erfolgreichsten Menschen der Welt nutzen dieses Produkt – Zahnpasta X ist der Ausdruck für Erfolg und Überlegenheit."

Für den Disziplinierten
„Die Zahnpasta X wird unter strengster Kontrolle des Forschungsinstituts X hergestellt. Der Fluoranteil von X % steigert die Härte des Zahnschmelzes und verlängert die Lebensdauer der Zähne um 20 %."

Für den Bewahrer
„Die Zahnpasta X verhindert schlechten Geschmack und Mundgeruch. Gleichzeitig beugt sie der Parodontose vor. Die Zahnpasta X wird von Zahnärzten empfohlen."

Man könnte dieses Argumentationsspiel auch noch für die anderen Konsumententypen ausführen, wir wollen es aber bei diesem kleinen Ausflug belassen. Schauen wir uns lieber diese Argumentationen nochmals im Überblick an und fragen uns dabei, welche der verschiedenen obigen Argumentationen eigentlich „emotional" sind. Spontan wird man vielleicht die Abenteurer- und die Performerargumentation als „emotional" bezeichnen. Aber das ist falsch. Alle diese Argumentationen lösen Emotionen aus, weil sie genau auf die limbischen Instruktionen unserer Zielgruppen ausgerichtet sind. Auch die Argumentation für den Disziplinierten ist hoch emotional, weil sie seinem Kontrollbedürfnis entspricht. An diesem Beispiel zeigt sich ebenso deutlich, warum die Gegensatzbildung „emotional/rational" keinen Sinn macht.

Wie Kaufentscheidungen tatsächlich fallen

Nun, werden Sie vielleicht sagen, wenn man das so liest, dann bedeutet dies ja, dass der Konsument keineswegs so frei in seinen Kaufentscheidungen ist, wie man glaubt. Genau so ist es. Denn wir selbst wissen nicht, was in unserem Kopf vorgeht und wie das limbische System aufgrund unseres limbischen Mixes seine Entscheidungen trifft.

Wir können das am obigen Beispiel nachvollziehen. Wenn der Bewahrer beispielsweise mit der Argumentation des Abenteurers konfrontiert wird, löst das Angst aus – denn für ihn ist das Neue mit Risiko verbunden und Experimente dieser Art geht er nicht ein. Der Abenteurer dagegen wird von der Bewahrerargumentation gelangweilt – sie spricht ihn nicht an. Aber: Weder dem Bewahrer noch dem Abenteurer ist bewusst, warum die eine Botschaft anziehend wirkt und die andere von ihm abgelehnt wird. Beide haben das Bewusstsein, sie hätten a) frei, b) vernünftig und c) bewusst gewählt. Doch das ist ein Irrtum.

Auch bei komplexeren Kaufentscheidungen führt das limbische System die Regie. Dabei müssen wir stets den limbischen Konflikt zwischen der beharrenden Balanceinstruktion und den expansiven Kräften betrachten: Angenommen, ein Performer geht in ein Modegeschäft, um sich einen Anzug zu kaufen. Der Verkäufer zeigt ihm einen Anzug, allerdings ist dieser weit teurer als gedacht. Dafür ist der Anzug von einer exklusiven Topmarke. Was spielt sich nun in seinem Bewusstsein ab? Zunächst meldet sich die Dominanzinstruktion:

„So einen Anzug hat keiner meiner Kollegen – damit sehe ich spitze aus!" Nun tritt die Balanceinstruktion auf den Plan (sie ist die Kraft des Sparens): „Wenn du den Anzug kaufst, überziehst du dein Konto". Jetzt meldet sich der Verkäufer und argumentiert, dass diese Anzüge nur in limitierter Zahl hergestellt würden, und einen davon hätte letzte Woche der berühmte XY gekauft. Das gibt den Ausschlag: Die Dominanzinstruktion als stärkste Kraft in seinem limbischen Persönlichkeitsmix diktiert die Entscheidung des Performers – der Anzug wird gekauft.

Was hier im kurzen inneren Dialog dargestellt wurde, kann natürlich noch mehrere Entscheidungsschleifen durchlaufen. Deutlich wird hier die Rolle der Balanceinstruktion: Sie hemmt, mahnt und arbeitet der Dominanzinstruktion entgegen – in diesem Beispiel ohne Erfolg, aufgrund des limbischen Profils unseres Performers. Im tatsächlichen Leben laufen solche Kaufentscheidungen etwas komplizierter ab: Wäre der Preis für den Anzug doppelt so hoch gewesen, hätte möglicherweise die Balanceinstruktion gesiegt. Trotzdem: Unser Einfluss auf das, was in unserem Kopf vorgeht, ist weit geringer, als wir glauben. Allerdings können wir, wenn wir diesen Mechanismus durchschaut haben, durchaus in diese unbewussten Vorgänge eingreifen.

Aber noch etwas wird an diesem Beispiel deutlich. Je enger die Botschaften auf die limbischen Konsumententypen ausgerichtet sind und je klarer die damit verbundenen Gefühlswelten angesprochen werden, desto größer ist der Werbe- und der Produkterfolg.

Männlich – weiblich im Marketing

In der obigen Betrachtung sind wir von der unterschiedlichen Ausprägung der Menschen in ihren limbischen Instruktionen ausgegangen. Auf Basis dieser Erkenntnis haben wir dann limbische Konsumtypen abgeleitet. Was wir in puncto unserer limbischen Instruktionen überhaupt noch nicht beachtet haben, sind a) die enormen Geschlechtsunterschiede zwischen Männern und Frauen und b) die Altersunterschiede. Beginnen wir mit den Geschlechtsunterschieden.

Im Durchschnitt unterscheiden sich Männer und Frauen nämlich erheblich in der Ausprägung der limbischen Instruktionen und damit auch in den entsprechenden Werthaltungen, Überzeugungen und im Konsumverhalten. In Abbildung 2 wird diese Geschlechtsdifferenz deutlich. In Kapitel 4 haben wir bereits die Unterschiede in der Dominanzinstruktion kennen gelernt – bei Männern ist sie im Durchschnitt wesentlich stärker ausgeprägt als bei Frauen. Es gibt aber noch weitere Unterschiede: Bei Frauen ist die Balanceinstruktion wesentlich stärker als bei Männern, Frauen suchen mehr Harmonie, soziale Geborgenheit und sind ängstlicher. Alle Aussagen beziehen sich dabei immer auf den Durchschnitt! In der Ausprägung der Stimulanzinstruktion sind beide Geschlechter in etwa gleich – wobei bei Männern die körperliche und die gnostische Form – also das Entdecken von Zusammenhängen – stärker ausgeprägt ist, bei Frauen dagegen ist die soziale Stimulanz etwas stärker, also die Offenheit für neue soziale Kontakte. Der Grund dafür liegt in der Evolution begründet. Diese Unterschiede lassen sich aber auch im Gehirn und im unterschiedlichen Mix der Hormone und Neurotransmitter feststellen. Die Sexualität beispielsweise wird sowohl bei Frau und Mann aus dem limbischen System heraus gesteuert, aber bei beiden sind unterschiedliche Kerne beteiligt. Ähnlich verhält es sich auch mit wichtigen Neuromodulatoren. Vasopressin und Oxytozin beispielsweise kommen bei Mann und Frau in höchst unterschiedlichen Konzentrationen vor und wirken sich bei beiden in verschiedenen Gehirnkernen auch unterschiedlich aus. Auch die differenzierte Nutzung der Neokortex-Hemisphären dürfen wir dabei nicht vergessen. Summa summarum kann man es so ausdrücken: Der gleiche Sachverhalt wird aufgrund der limbischen Unterschiede bei Frauen und Männern höchst unterschiedlich bewertet und löst damit auch extrem abweichende Emotionen aus. Betrachten wir diese Geschlechtsunterschiede grob vereinfacht auf unserer Limbic Map in Abbildung 2, dann erkennen wir die höchst unterschiedlichen Wertsysteme zwischen Mann und Frau.

Bezogen auf unsere limbischen Konsumententypen hat das folgende Konsequenz: Bei den Bewahrern und Genießern ist der weibliche Anteil größer. Bei den Hedonisten und Disziplinierten sind beide Geschlechter im etwa gleichmäßig verteilt. Bei den Performern und Abenteurern dominieren eindeutig die Männer.

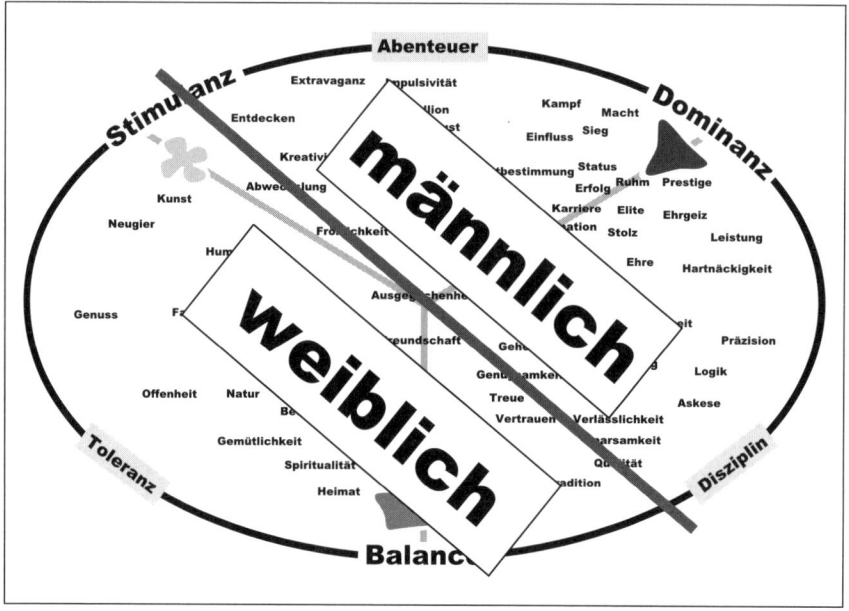

Abb. 2: Limbic Sex
Frauen und Männer unterscheiden sich im Durchschnitt stark in ihren Werten und Konsumpräferenzen.

Veränderungen mit zunehmendem Alter und Konsequenzen für das Konsumverhalten

Von ähnlich großer Bedeutung wie Geschlechtsunterschiede sind Persönlichkeitsveränderungen mit zunehmendem Alter. Mit diesem Thema haben wir uns bereits ausführlich befasst und können es deshalb kurz machen: Mit dem Alter nehmen die Dominanz- und die Stimulanzinstruktion stark ab, während die Balanceinstruktion anwächst. Auf unserer Limbic Map in Abbildung 3 macht sich diese Veränderung wie folgt bemerkbar: Sicherheit, Ordnung, Gesundheit und Sparsamkeit gewinnen an Bedeutung, während Karriere und Nonkonformismus abnehmen. Was bleibt, ist eine gewisse Offenheit für balanceorientierten Genuss, wie z. B. klassische Musik und Kunst oder Reisen mit geringem Risiko und hohem Komfort. Bezogen auf unsere limbischen Konsumententypen hat das folgende Konsequenz: Die Hedonisten, Abenteurer und Performer sind im Durchschnitt wesentlich jünger als die Genießer, Bewahrer und die Disziplinierten.

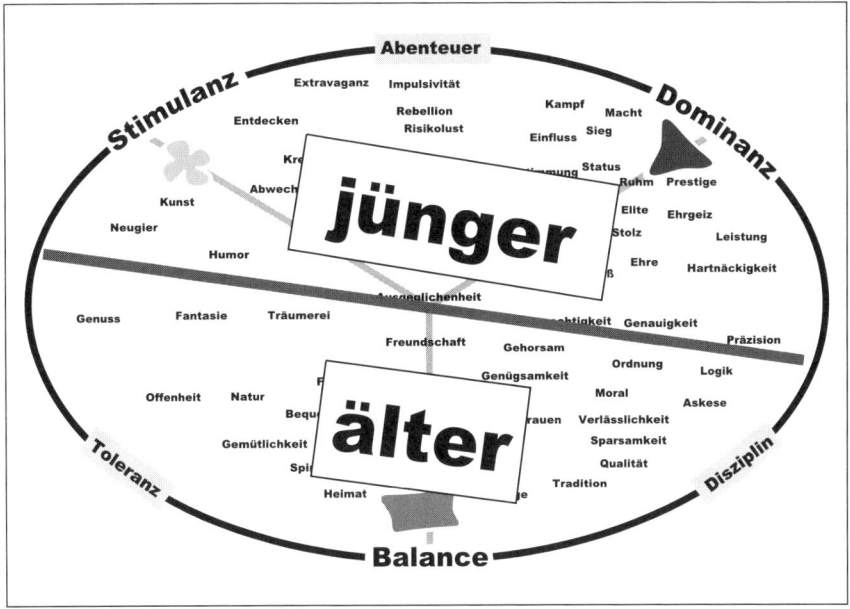

Abb. 3: Limbic Age
Werte und Kaufmotive verändern sich im Alter stärker, als wir glauben.

Gesamtbevölkerung

Nachdem wir nun die beiden wichtigsten Faktoren kennen gelernt haben, können wir Alter und Geschlecht mixen und erhalten eine weitere wichtige Zielgruppenmatrix, die in Abbildung 4 dargestellt ist. Junge Männer haben eher ein ausgeprägtes Dominanz-/Stimulanzprofil. Damit verbunden sind Werthaltungen, die stark in Richtung Kampf, Rebellion und Abenteuer gehen. Ältere Männer dagegen „kippen" eher in den Ordnungs-/Sicherheitsbereich in Verbindung mit Werthaltungen wie Tugend, Disziplin und Sparsamkeit. Junge Frauen haben eher etwas weniger Dominanz, aber dafür eine hohe Stimulanzausprägung. Damit verbunden sind Nonkonformismus, soziales Entdecken, Individualismus und Genuss. Ältere Frauen gehen stark in Richtung Balance, Sicherheit, Disziplin, Tradition und Humanismus. Sie geben viel Geld für Gesundheitsprodukte aus.

Wenn wir im Marketing von Zielgruppen sprechen, ist es also wichtig, die limbischen Konsumententypen und die Alters-/Geschlechtsstruktur parallel zu betrachten, weil beide eng zusammenhängen.

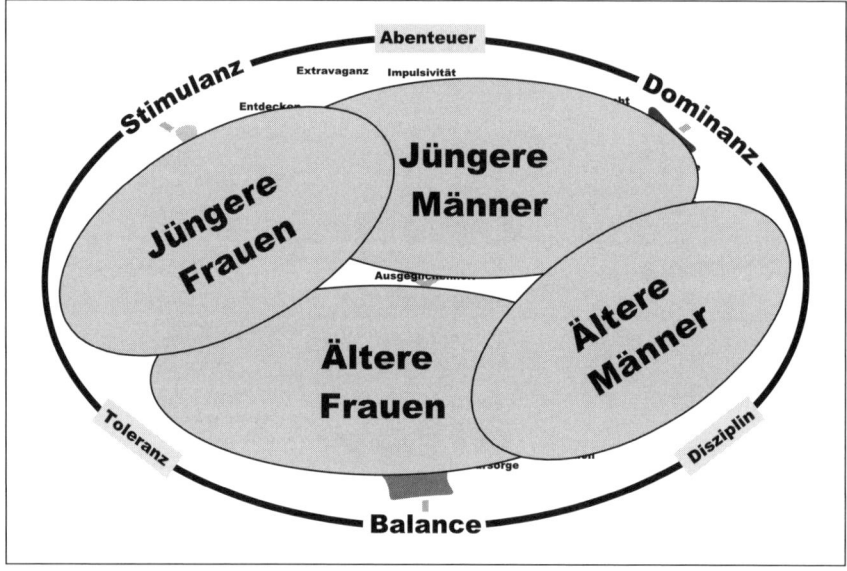

Abb. 4: Biologische Zielgruppen
Für Massenmärkte ist die biologische Segmentierung von besonderer Bedeutung.

Limbische Überlegungen zum Thema Lifestyle

Bei einem Vortrag vor der Führungsmannschaft eines großen Konzerns, der sich selbst als Lifestyle-Konzern bezeichnet, fragte ein Mitarbeiter überraschend in die Runde, was Lifestyle eigentlich sei. Genauso überraschend war die Reaktion – nämlich Ratlosigkeit. Selbst der Vorstand blieb die Antwort schuldig. Alle sprechen zwar von Lifestyle, aber in der Praxis weiß keiner so richtig, was das ist.

Was ist Lifestyle, was sind Lebensstile? Der Ursprung dieses Begriffs kommt aus der Soziologie. Der bekannte französische Soziologe Pierre Bourdieu hatte beispielsweise in vielen Untersuchungen festgestellt, dass sich soziale Schichten und einzelne soziale Gruppen erheblich in der Art ihres Wohnens, in ihrer Sprache, in ihrer Kultur und im Umgang mit Gütern des Alltags unterscheiden. Daraus formulierte er seine Habitustheorie. Habitus versteht Bourdieu als Gesamtheit eines Verhaltens- und Stilmusters einer sozialen Klasse. Diese Muster werden unbewusst gelernt und innerhalb der

Gruppe gepflegt. Einen etwas anderen Zugang hat das Marktforschungsinstitut Sinus, das die Gesamtbevölkerung in so genannte Milieus einteilt. Bei der Einteilung werden Werthaltungen, aber auch soziale Schichten mit einbezogen. Auf diese Weise gibt es beispielsweise das traditionelle Arbeitermilieu oder das so genannte liberal-technokratische Milieu. Diesen Milieus werden bestimmte Lebensstile zugeordnet, die sich beispielshalber in der Art der Einrichtung niederschlagen. Das traditionelle Arbeitermilieu z. B. liebt den so genannten „Gelsenkirchener Barock" als rustikale Massenmöbel, während das technokratische Milieu eher in Richtung Bauhausdesign tendiert.

Die wichtige Rolle der sozialen Schicht darf nicht vernachlässigt werden, wenn es um Lebensstile geht. Das Problem bei diesen Modellen ist, dass durch die Vermischung zwischen Schicht und Wertesystemen wichtige Erkenntnisse verborgen bleiben. Zudem wird mit diesen Milieumodellen nicht der ganze Verhaltensraum des Konsumenten abgedeckt. Persönlichkeits-, Alters- und Geschlechtsunterschiede und die damit verbundene Dynamik bleiben meist unberücksichtigt.

Wenn man seinen Markt über „Lifestyles" definieren möchte, erfordert dies, den soziologischen und den limbischen Aspekt zu verknüpfen. Sinnvoll ist es, sich zunächst eine limbische Zielgruppe und damit einen Wertebereich auf der Value Map abzustecken, die man ansprechen bzw. den man abdecken möchte. Das ist deshalb wichtig, weil Produkte und Dienstleistungen ihre Bedeutung für den Konsumenten durch die Ansprache der limbischen Instruktionen bekommen.

Nun folgt der zweite Teil. Jetzt geht es darum, die Szene, das Alter, das Geschlecht und das soziale Lebensumfeld zu definieren, in denen die limbischen Instruktionen zum Ausdruck kommen sollen. Beides zusammen ergibt den Lifestyle. Ein disziplinierter Lebensstil drückt sich bei sehr wohlhabenden Menschen anders aus als bei Menschen aus unteren Einkommensklassen. Ebenso ist eine Spezifizierung z. B. nach Alter und Geschlecht möglich – ein genussorientierter Lebensstil sieht bei jungen Frauen völlig anders aus als bei älteren Männern.

Daran sieht man auch die Schwierigkeiten, die sich in der Praxis mit dem Lifestyleansatz ergeben. Er funktioniert gut, wenn man als Fundament die Limbic Map nimmt und dann die soziale Gruppe mit ihrer Symbolik und den zugehörigen Menschen definiert. Dieses Vorgehen erfordert aber großes psychologisches und soziologisches Know-how.

Und noch eines wird deutlich – damit Lebensstile eine bestimmte Aussagekraft haben, dürfen die Flächen auf der Value Map nicht zu groß sein, die man als Bauplatz für den Lifestyle wählt. Und besonders wichtig: Sie dürfen möglichst keine limbischen Gegenpositionen beinhalten. Es hat beispielsweise keinen Sinn, einen traditionsorientierten, avantgardistischen Lebensstil zu propagieren, genauso wie ein genussorientierter, disziplinierter Lebensstil kaum möglich ist.

Kapitel 12:
Das Geheimnis starker Marken

Was Sie in diesem Kapitel erwartet:
Starke Marken sind die wahren Helden unserer Zeit. Durch ihren „emotionalen" Mehrwert erzielen sie höhere Renditen als ihre blassen Brüder und Schwestern aus derselben Produktkategorie. Nicht selten übersteigt der Wert einer Marke den Wert des restlichen Unternehmens und seiner Anlagen bei weitem. Auf Ebene 1 lässt sich der finanzielle Erfolg einer guten Markenpolitik messen – doch das ist nur die Wirkung. Der wirkliche Erfolg einer Marke entscheidet sich auf Ebene 2 – im limbischen System.

Fragt man Konsumenten, welche Marken ihnen spontan einfallen und welche sie unbeabsichtigt sympathisch oder faszinierend finden, nennen diese fast immer Marken wie BMW, Porsche, Marlboro oder Coca-Cola. Fragt man nach, warum die Wahl auf diese Marken gefallen ist, erhält man meist unspezifische Antworten, wie „weil sie gute Werbung" machen, „weil ich sie mag". Irgendwie schaffen es gute Marken, sich im Bewusstsein und im Gedächtnis des Konsumenten einen Logenplatz zu sichern, von dem der Konsument weder weiß noch ahnt, wie dieser Platz zu Stande kam.

Auf den ersten Blick vermutet man, diese Marken wären so erfolgreich, weil sie viel Werbung machen. Doch dieses Argument verwechselt Ursache und Wirkung. Die Logik läuft anders: Weil diese Marken Menschen faszinieren, werden sie gekauft. Weil sie faszinieren, geben die Konsumenten mehr Geld dafür aus – die Gewinnspanne der Hersteller ist größer und diesen Mehrgewinn können sie deshalb wieder in die Werbung investieren. Das ist die Siegerspirale der Marke.

Aus diesem Grund steht der Markenaufbau und die Markenpflege ganz oben in der Strategie vieler Unternehmen. Markenpolitik ist Mehrwertpolitik: Der Börsenwert der meisten Konsumgüterhersteller wird weitgehend vom Markenwert gebildet, der sich aus Image und dem Bekanntheitsgrad zusammensetzt.

Aber was macht erfolgreiche Marken aus? Wo und wie wird der Markenerfolg entschieden? Die Antwort ist relativ einfach. Erfolgreichen Marken gelingt es, die richtigen Knöpfe im limbischen System zu drücken. Denn im limbischen System entscheidet sich der Markenerfolg. Doch welche Handlungsanweisungen leiten sich daraus ab? Was muss man berücksichtigen, wenn man eine erfolgreiche Marke haben will? Es sind vier limbische Gesetze, die es zu beachten gilt und die wir gleich etwas näher beleuchten werden:

1. Limbische Positionierung, Zielgruppen und Lifestyle festlegen,
2. Sinnstruktur schaffen – die Brand Philosophy,
3. Aufmerksamkeit für die Markenbotschaft schaffen,
4. selbstähnlich bleiben.

Um dieses Vorgehen an einem Beispiel zu verdeutlichen, wollen wir uns einem Produktbereich zuwenden, in dem eine Markenpolitik besonders wichtig ist. Warum? Weil die Produkte von ihrer Grundbeschaffenheit und ihren physischen Produktqualitäten kaum zu unterscheiden sind – nämlich Zigaretten. Verbindet man Rauchern die Augen und fordert sie auf, aus einer Auswahl von fünf Marken ihre eigene Marke herauszufinden, gelingt das in neun von zehn Fällen nicht. Trotzdem bleiben sie ihrer Marke treu und gehen dafür oft meilenweit. Ähnliche Ergebnisse bekommt man übrigens auch bei Tests mit anderen Konsumgütern. Starke Marken gehören deshalb zu den Gewinnern von heute und morgen – denn erst als Marken erhalten Produkte ihren Wert!

Erfolgreiche Marken haben eine klare limbische Positionierung

Der erste und entscheidende Schritt beim Aufbau einer Marke ist die Frage, welche Motive, welche Gefühle und welche Werte soll eigentlich die Marke ansprechen und sollen mit ihr untrennbar verbunden sein. In der Praxis herrscht hier oft große Ratlosigkeit. Das Unwissen darüber ist groß, welche Motive, Werte usw. der Mensch eigentlich hat. Es verwundert deshalb nicht, wenn selbst eine große deutsche Marketingzeitschrift bei ihrem Faxabrufservice den Ratsuchenden unter dem Stichpunkt „Konsumentenmotive" mit der Maslow-Pyramide beglückt.

Einem ähnlichen Schicksal sind auch die zukünftigen Brand- und Produktmanager ausgeliefert, nämlich Betriebswirtschaftsstudenten mit dem Schwerpunktfach Marketing. Auch ihnen wird die alte Pyramide als Rüstzeug in die Hand gegeben. Aber Maslow hilft nicht weiter, wenn wir Konsumenten verstehen und Marken aufbauen wollen.

Wie der Mensch wirklich tickt, wissen wir inzwischen: Aus diesem Grund ist die Limbic Map Ausgangspunkt und Fundament jeglicher Markenpolitik. Sie bildet die Basis für die Positionierung einer Marke. Was versteht man unter Positionierung? Positionierung heißt zum einen festzulegen, welche Werte, Wünsche und Motive mit der Marke verbunden werden sollen, zum anderen aber auch gleichzeitig darauf zu achten, dass man sich darin auch deutlich vom Wettbewerb unterscheidet und mit seiner Marke eine eigene Gefühls- und Assoziationswelt besetzt.

Wie wir gesehen haben, ist die Unterscheidung z. B. bei Zigaretten durch den Geschmack in der Regel sehr schwierig. Die Abgrenzung muss, neben der Packungsgestaltung, in erster Linie dadurch erfolgen, dass die Marke andere Emotionen und Bilder auslöst als der Wettbewerb.

Durch die Positionierung wird also festgelegt, welche limbischen Instruktionen mit der Marke angesprochen werden. Eng verbunden damit ist auch die Festlegung der Zielgruppen. Denn wie wir gesehen haben, sind die limbischen Instruktionen eng mit limbischen Konsumententypen und damit auch mit Geschlecht und Alter verbunden.

Wie eine Positionierung, genauer gesagt: limbische Positionierung funktioniert, schauen wir uns stark vereinfacht einmal am Beispiel dreier Zigarettenmarken an: Marlboro, West und Camel. In Abbildung 1 sind die Positionen der Marken auf der Limbic Map und jeweils ein typisches Kampagnenmotiv dargestellt. In der Praxis, bei der tatsächlichen Festlegung der Positionierung einer Marke, ist allerdings eine weit höhere Detaillierung und Präzisierung erforderlich.

- Der Markenkern von Marlboro liegt auf der Limbic Map eindeutig in der Nähe der Position „Abenteuer". Verbundene Kernwerte sind Kampf, Freiheit, Männlichkeit, Entdeckung, Nonkonformismus usw. Durch den Naturaspekt der Motive wird der Markenkern mit etwas Balance angereichert. Zusätzlich enden die Werbefilme im Kino immer in einer Balanceszene am Lagerfeuer etc. Damit wird der Markenkern verbreitet. Wenn wir uns an das vorhergehende Kapitel erinnern, erreicht Marlboro mit dieser Position vor allem jüngere Menschen mit einem männlichen Schwerpunkt, aber auch das „Mittelalter" wird durch den Schuss Balance noch erreicht.

- Der Markenkern von West dagegen spricht stark die Stimulanzinstruktion an. Genauer: soziale Entdeckung mit einem Schuss Abenteuer. Die Hauptmotive zeigen meist extrem ausgefallene soziale Situationen und

Begegnungen zwischen einem Mann und einer Frau, wobei die Frau meist die dominierende Rolle in diesen Begegnungen spielt. Während Marlboro eher jüngere Männer anspricht – ist West stärker auf jüngere Frauen im Kern von etwa 20 bis 25 Jahre ausgerichtet.

- Der angestrebte Markenkern der neuen Camelpositionierung liegt im Sektor des sanften Genusses, also einer Mischung aus Balance und Stimulanz, mit einem Stimulanzschwerpunkt. Damit verbundene Werte sind Offenheit, Entspannung und ein Hauch von Individualismus. Die auf diese Weise getroffene limbische Zielgruppe sind eher Frauen im Alter von ungefähr 25 bis 30 Jahren.

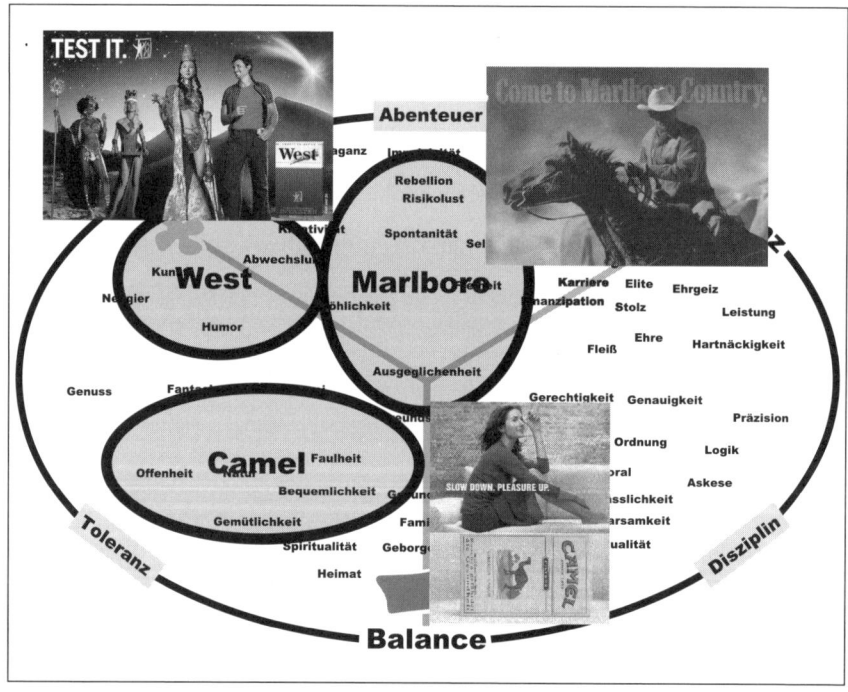

Abb. 1: Die limbische Positionierung von Marken
Durch die Positionierung lösen die drei Marken völlig unterschiedliche Emotionen aus und sprechen damit auch unterschiedliche Zielgruppen an.

Jede Marke löst durch ihre unterschiedliche Positionierung auf der Limbic Map eine höchst unterschiedliche Gefühlswelt im Bewusstsein des Konsumenten aus. Dadurch werden auch ganz unterschiedliche Zielgruppen angesprochen – nämlich jene, deren limbisches Persönlichkeitsprofil dem der Marke entspricht. An diesem Beispiel kann man wunderbar sehen, wie diese Marken ziemlich genau auf Ur-Emotionswelten, die wir im letzten Kapitel kennen gelernt haben, ausgerichtet sind!

Erfolgreiche Marken haben eine limbische Sinnstruktur

Mit der Positionierung auf der Limbic Map wurde das Fundament und der Rohbau der Marke geschaffen. Aber wie jeder Architekt weiß, kann man einen Rohbau je nach Geschmack, Lust und Laune höchst unterschiedlich gestalten und einrichten.

So ist das auch mit der limbischen Positionierung. Ich kann beispielsweise Abenteuer und Entdeckungen in der wilden Natur erleben, genauso sind aber auch in der Großstadt Abenteuer und Entdeckungen möglich. Zusätzlich kommen noch die im vorhergehenden Kapitel beschriebenen Überlegungen in puncto Lifestyle dazu, nämlich dass z. B. unterschiedliche soziale Schichten unterschiedliche Stilmuster und Lebensausdrucksformen haben.

Um diese Beliebigkeit aufzulösen, brauchen Marken eine Sinnstruktur, eine Art Drehbuch, das Hinweise gibt, wie die Marke inszeniert werden soll. Noch ein weiterer Aspekt ist wichtig: Der Konsument möchte mit dem Konsum der Marke seiner Umwelt unbewusst etwas signalisieren. Durch den Genuss von Marlboro möchte er seine Zugehörigkeit zur Gruppe der harten Männer zum Ausdruck bringen. Starken Marken gelingt es also, ihrem Verwender das Gefühl zu geben, einer einzigartigen Gruppe, einer Brand-Community zuzugehören.

Doch wie sieht eine Sinnstruktur aus, die für den Konsumenten identifikationsfähig ist? Sie sieht in etwa so aus wie die Sinnstruktur aller starken Gruppen. Das Grundschema einer faszinierenden Sinnstruktur haben wir im Kapitel 9 bereits kennen gelernt, wo es um den verbindenden Spirit von Gruppen und Unternehmen ging. Marken, denen es gelingt eine Brand-Community zu etablieren, sind in ihrer Sinnstruktur bewusst oder unbewusst genauso aufgebaut wie starke Glaubensgemeinschaften oder Powerteams im Sport:

- Sie haben eine Brand-Vision.
- Sie haben eine Brand-Aura.
- Sie haben eine Brand-Mission.
- Sie haben einen Brand-Mythos.
- Sie haben klare Brand-Values.

Alle Sinnbausteine sind aufeinander abgestimmt. Gleichzeitig sind sie fest und widerspruchsfrei mit der Positionierung verbunden bzw. bringen deren Werte zum Ausdruck. Schauen wir uns die einzelnen Sinnbausteine etwas genauer unter dem Gesichtspunkt der Markenbildung am Beispiel von Marlboro an.

Die Brand-Vision zeigt auf, welche Hoffnungen und Sehnsüchte mit dem Genuss oder dem Konsum der Marke erfüllt werden. Für den Konsumenten von Marlboro heißt die Vision „Freiheit, Autonomie, aber auch Freundschaft und Eingebundenheit in eine starke Gruppe, die fest bei allen Gefahren zusammenhält".

Die Brand-Aura unterstreicht den Unterschied zu anderen Menschen, die positive Abhebung von anderen, die der Konsum der Marke mit sich bringt. Die Aura bei Marlboro: „Wenn du Marlboro rauchst, bist du den anderen überlegen, weil du stärker und gelassener bist."

Die Brand-Mission drückt den Nutzen der Marke – insbesondere im Alltag – aus: „Wenn du Marlboro rauchst, löst du dich aus den Zwängen und der Langeweile des Alltags – du bist frei und viele spannende Erlebnisse warten auf dich."

Der Brand-Mythos aktiviert gelernte und positiv besetzte Bilder und Geschichten aus der Vergangenheit, die mit der Marke verbunden sind oder verbunden werden können. Bei Marlboro sind es die Cowboys mit all den dazugehörigen Mythen und Geschichten. Der besondere Erfolg von Marlboro in Deutschland ist auch darauf zurückzuführen, dass durch die Cowboysymbolik in der Werbung eine Megabild- und -vorstellungswelt aktiviert wird. Diese wurde in unzähligen Cowboyfilmen fest im Kopf und den neuronalen Gehirnstrukturen der Konsumenten verankert.

Für Marlboro ergibt sich daraus heute ein Problem: Die Zielgruppe der heutigen jungen Einsteiger hat diese „Cowboyprägung" nicht mehr. Ein weiteres Problem liegt im Freiheits- und Autonomieversprechen der Marke. Für junge Raucher bedeutet dies nämlich auch Freiheit vom Elternhaus und von den Ansichten und Gewohnheiten der Eltern. Wenn aber der Vater Marlboro raucht, wird die Marke vom jungen Sohn genau aus diesem Grund unbewusst abgelehnt. Das sind mit die wichtigsten Gründe, warum Marlboro nicht mehr die Wachstumsraten vergangener Jahre erreicht und sogar, wie in 2001, leicht verliert.

Die Brand-Values greifen die Kernwerte prägnant auf, die ausgehend von der Positionierung besonders angesprochen werden sollen. Gerade die Werte einer Marke sind wichtig, damit Vertrauen in die Marke entsteht.

Die Erarbeitung der Sinnstruktur und der Positionierung für eine Marke erfordert viel Zeit. Sinnvollerweise wird diese Arbeit durch qualitative und quantitative Marktstudien ergänzt. Aber: „Wer hohe Türme bauen will", weiß ein altes Sprichwort, „sollte lange beim Fundament verweilen". Der Aufwand für diesen Prozess rechnet sich. An der Umsetzung der Marke sind später viele Menschen beteiligt: im Unternehmen genauso wie in den Agenturen. Bleibt die Marke unerklärt, bringt jeder seine eigene Handschrift ein und zerstört sie dadurch. Weil Bilder oft mehr sagen als Worte, sollten Brand-Spirit und Positionierung mit einem so genannten Mood-Board visualisiert werden. Ein Mood-Board ist ein großes Plakat, auf dem mit vielen Bildern die Idee, der Lifestyle und die Stimmung der Marke zum Ausdruck kommt. Positionierung, Brand-Philosophy und Mood-Board bilden die Kernbestandteile des Brand-Books. Dieses Buch, das die Marke erklärt und zeigt, welche Dos und Don'ts strikt einzuhalten sind, ist die Bibel bzw. das Grundgesetz der Marke.

Das Prinzip der Selbstähnlichkeit der Marke beachten

Von 100 Werbebotschaften erreicht nur eine das Langzeitgedächtnis des Adressaten. Wie wir gesehen haben, ist unser Gehirn nicht dazu gebaut, immens viel Information aufzunehmen, sondern nur so viel, wie zum Überleben unbedingt notwendig ist. Wo immer es geht, schaltet unser Gehirn in den Energiesparmodus. Wenn Marken verhaltensbestimmend sein sollen, dann müssen sie fest in unserem Gehirn verankert sein. Die Stärke der Verankerung kann man im Gehirn unter dem Elektronenmikroskop sehen. Beim Lernen von Informationen steigt die Anzahl der Verbindungen zwischen den Neuronen an, die für die Speicherung zuständig sind. Je häufiger eine Botschaft wiederholt wird, desto stärker wird die neuronale Verbindung dieser Botschaft; konkurrierende und weniger wichtige Botschaften verlieren dagegen an Bedeutung – ihre Synapsen- und Dendritenzahl nimmt ab. Die Fähigkeit des Gehirns für den Verbindungsaufbau nimmt, auch das haben wir gesehen, mit dem Alter ab. Deshalb, ist es um ein Vielfaches schwieriger und teurer, bei älteren Menschen Marken aufzubauen als bei Kids oder Jugendlichen.

Was kann man nun tun, um diese neuronalen Verbindungen zu festigen? Ganz einfach: Die Werbebotschaft muss so oft wie möglich und – wichtig -, so ähnlich wie möglich wiederholt werden. Das kann man mit hohen Werbeetats erreichen. Genauso wichtig ist aber die hohe Konstanz der Werbebotschaft über längere Zeit. Marlboro ist deswegen so erfolgreich, weil das Grundmotiv der Kampagne, die Cowboys, seit über 30 Jahren im Prinzip gleich geblieben ist. Im Laufe der Jahre wurden die Motive in Farbstimmung und Dynamik leicht dem Zeitgeist angepasst, aber diese feinen Veränderungen bemerkt der Konsument nicht.

Dieses Erfolgsprinzip der behutsamen Anpassung des Markenauftritts an den Zeitgeist, ohne den Grundcharakter in der Positionierung und in der Darstellung zu verändern, nennt man Selbstähnlichkeit. In Abbildung 2 können wir dieses Prinzip an einer weiteren Erfolgsmarke, nämlich Nivea, besonders schön studieren. Die Packungsgestaltung hat sich im Laufe der Jahre nur in ganz kleinen, unmerklichen Schritten verändert und so ihre Aktualität und Modernität erhalten. Auf diese Weise bleibt eine Marke aktuell, ohne ihren neuronalen Markenbauplatz im Gehirn des Konsumenten zu verlassen. Eine ähnliche Behutsamkeit findet man bei allen erfolgreichen Marken und den Produkten: Der heutige Porsche 996 zeigt immer noch die Grundform des vor über 30 Jahren gebauten Porsche 911.

Der Elchtest mit dem Kamel

Welche ungeheuren Werte vernichtet werden, wenn man das Prinzip der Selbstähnlichkeit und die Grundpositionierung verletzt, kann man am Beispiel der Zigarettenmarke „Camel" betrachten. Die meisten Leser dieses Buches werden sich noch gut an den legendären „Camel-Mann" erinnern, der meilenweit und mit einem Loch im Schuh für seine Camel durch die Wildnis und den Urwald ging. Die limbische Positionierung der Camel war

Der Elchtest mit dem Kamel

Abb. 2: Die Selbstähnlichkeit einer Marke

eindeutig männlich, zwischen Dominanz und Stimulanz, versehen mit einem Balanceabschluss durch Entspannungsbelohnung nach dem Fußmarsch. Die Marke war mit dieser Kampagne erfolgreich, verlor aber leicht Marktanteile. Deshalb wurde die Positionierung und der Markenauftritt radikal geändert – der Camel-Mann wurde in den Urwald geschickt. Nun begann der Elchtest, denn die Marke wurde durch unterschiedliche Positionierungsfelder und Bildwelten gehetzt. Die aktuelle Kampagne, die wir ja schon limbisch analysiert haben, versucht nun die Marke im Segment zwischen Balance/Stimulanz zu positionieren. Von der alten Marke ist nichts mehr übriggeblieben und die Marktanteile haben dramatisch abgenommen. Viele Millionen Euro wurden auf diese Weise als Werbeausgaben versenkt. Was hier abgelaufen ist, war der ultimative Marken-Elchtest (besser wäre Marken-Kamel-Test), ein Musterbeispiel dafür, wie man ungeheure Markenwerte zerstören kann.

Line Extensions: Die Gefahr des limbischen Overkills

Große Gefahr besteht für eine Marke, wenn unter dem Markendach weitere Produkte vermarktet werden sollen, die limbisch nicht dazu passen oder die eine andere limbische Positionierung haben als der Markenkern. Diese Ausweitung einer Marke wird in der Fachsprache „Line Extension" genannt.

Ein Beispiel aus der Praxis soll die Problematik verdeutlichen, wenn die Dachmarke überstrapaziert wird. Ein bekannter internationaler Lebensmittelkonzern erweiterte im Laufe der Jahre die Produktpalette innerhalb einer Dachmarke. Schließlich waren über 15 verschiedene Produkte darunter angesiedelt. Jedes Produkt wurde von einem eigenen Produktteam betreut, an der Markenkommunikation für die verschiedenen Produkte waren mehrere internationale Agenturen beteiligt. Die Geschäftsführung stellte zu Recht die Frage, ob durch die Vielzahl der Produkte und der verschiedenen Positionierungsschwerpunkte der Markenkern nicht überbelastet und damit zerstört würde.

Dies war in der Tat der Fall. Eine limbische Analyse der verschiedenen Positionierungen und Werbeauftritte zeigte: Nicht die Produktanzahl war das Problem, sondern die unterschiedlichsten limbischen Positionierungen der Einzelprodukte, die nur wenig Gemeinsamkeiten hatten. Abbildung 3 zeigt das Vorher und Nachher dieses Optimierungsprozesses.

Innerhalb der Dachmarke gab es eine Reihe von Produkten, die auf ältere Menschen ausgerichtet waren und deren Positionierung auf der Balanceinstruktion angesiedelt war. Die andere Extremseite bildete ein Produkt, das seinem Verwender versprach, fit und überlegen zu werden – also eindeutig der Dominanzinstruktion zuzuordnen war und damit vor allem Jugendliche, insbesondere jüngere Männer ansprach. Jedes Produkt war für sich selbst erfolgreich – doch die Dachmarke selbst war in Gefahr.

Es gab weder für die Dachmarke noch für die Einzelprodukte eine Positionierung und einen klar definierten Brand-Spirit. Zusätzlich verstärkten die vielen Produktteams und die unterschiedlichen Agenturen, die an der Umsetzung beteiligt waren, die Problematik. Gemeinsam mit den Agenturen und den Produktmanagern wurde nun die Positionierung der Dachmarke festgelegt. Als zentrale Markenwerte ergaben sich: offen sein für neue Erfahrungen, aktivierender Genuss, Toleranz und Spaß an der Vielfalt des Lebens. Damit erhielt der Markenkern auf der Limbic Map eine klare Positionierung.

Alle Produkte wurden nun auf Übereinstimmung mit dieser Positionierung überprüft und dann teilweise modifiziert. Die Ausreißerprodukte im Balancebereich wanderten genauso in Richtung Stimulanz wie die Dominanzprodukte, deren Versprechen jetzt nicht mehr war, der Stärkste zu werden, sondern die ganze Nacht unbeschwert erleben zu können. Dieses Beispiel zeigt, warum Line Extensions weniger eine Frage der Produktanzahl sind, sondern mehr eine Frage der limbischen Positionierungen (inklusive Brand-Spirit) der Einzelprodukte.

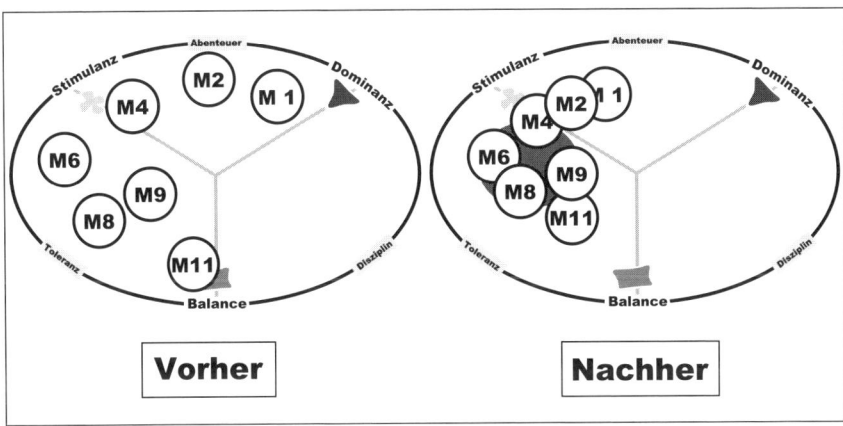

Abb. 3: Die Gefahr von Line Extensions
Vorher: Die Dachmarke war in Gefahr, überdehnt zu werden. Nachher: Konzentration der Submarken um einen neu definierten Dachmarkenkern.

Die Internationalisierung von Marken aus limbischer Sicht

Angesichts der zunehmenden Internationalisierung von Unternehmen stellt sich dem Markenmanagement die Frage, ob man die Marke über alle Länder hinweg einheitlich führen oder aber, ob man die Markenführung wegen der offensichtlichen Kulturunterschiede nicht in die Hände der Landesgesellschaft geben soll. Beide Meinungen werden kontrovers diskutiert – welche aber ist richtig? Die Antwort aus limbischer Sicht: Keine!

Wenn wir die Mechanismen der internationalen Markenführung verstehen wollen, müssen wir zuerst verstehen, was die Menschen weltweit gemeinsam haben und was sie kulturell trennt. Erst dann können wir Regeln für das Markenmanagement ableiten.

Beginnen wir mit der Frage, was die Menschen weltweit gemeinsam haben. Es sind unsere limbischen Instruktionen und damit auch die Limbic Map in ihren wichtigsten Grundzügen. Das mag man zunächst nicht glauben, aber eine weltweite Untersuchung des amerikanischen Ethnopsychologen Schwartz zeigt dies. Er befragte Menschen in über 30 Kulturen in aller Welt nach den Werten, die ihnen wichtig wären und wonach sie strebten. Er ordnete die Werte und Ziele nach einem statistischen Verfahren entsprechend ihrer Nähe/Distanz auf einer Wertelandkarte an. Das Ergebnis verblüfft uns nicht – diese Landkarte hat hohe Übereinstimmung mit der Limbic Map.

Wenn die limbischen Instruktionen für alle Menschen gleich sein sollen, warum gibt es dann aber verschiedene Kulturen? Die Antwort darauf ist, dass unser inneres Programm alles erlaubt, was ihm nicht widerspricht. Das beginnt schon bei den Vitalbedürfnissen wie Essen und Trinken. Unser Organismus braucht Kohlenhydrate. Ob wir diese Kohlenhydrate in Form von Nudeln oder Kartoffeln mit Messer und Gabel zu uns nehmen oder wie im asiatischen Raum Reis mit Stäbchen, ist unserem limbischen System gleichgültig.

In jeder Kultur gibt es die Dominanzinstruktion – sie drückt sich nur anders aus. Bei den Indianern gibt der Häuptling den Ton an, in arabischen Ländern sind es die Scheichs und bei uns die Politiker. In jeder Kultur gibt es die Balanceinstruktion, aber jede Kultur unterscheidet sich in den Glaubensformen und ihren Behandlungsmethoden bei Krankheiten. Auch bei der Stimulanzinstruktion verhält es sich nicht anders. Wie wir in Kapitel 9 gesehen haben, unterscheiden sich die Kulturen etwas in der Ausprägung der Instruktionen – aber alle Instruktionen sind in jeder Kultur vorhanden.

Was lässt sich aus dieser Erkenntnis für die internationale Markenführung ableiten? Erstens: Die Positionierung der Marke auf der Limbic Map muss international einheitlich sein, denn durch die zunehmende Mobilität des Konsumenten trifft er, wenn dies nicht der Fall ist, auf höchst unterschiedliche und sich gegenseitig zerstörende Markenwelten.

Zweitens: Die konkrete werbliche Umsetzung der Positionierung sollte kulturspezifisch erfolgen, denn jede Kultur hat eine andere Symbolik, in der die limbischen Instruktionen zum Ausdruck kommen.

Beachtet man diese Regeln nicht, kann es zu Entgleisungen der Marke kommen, wie das folgende Beispiel illustriert. Ein internationaler Kosmetik-/Body-Care-Konzern hatte die Markenführung dezentralisiert. Die Marke, die in Deutschland als Wellnessmarke bekannt und positioniert ist (Pflege, Genuss = Balance/Stimulanz) wurde in Italien in Form einer spektakulären Harley-Davidson-Verlosung landesweit beworben. Dabei wurde deutlich die Dominanzinstruktion angesprochen – also eine völlig andere Positionierung (und Zielgruppe) als in Deutschland. Diese Fehler wurden inzwischen erkannt. Weltweit arbeiten heute alle Landesgesellschaften auf der gleichen Markenbasis. Sie haben aber die Freiheit, die Markenkommunikation landes- und kulturspezifisch in Abstimmung mit der Zentrale auf diesem Fundament selbst zu gestalten.

Die limbische Struktur von Siegermarken

Jahr für Jahr führen Marktforschungsinstitute Befragungen darüber durch, welche Marken für erfolgreiche Manager und Hochschulabsolventen besonders attraktiv sind. Regelmäßig stehen Marken wie Porsche, BMW, SAP oder Microsoft ganz oben auf der Liste der Spitzenreiter. Doch was ist der Grund dafür? Warum ausgerechnet diese Marken? Wie lässt sich das Geheimnis dieser Faszination erklären? Dafür gibt es drei limbische Gründe.

Grund Nummer 1: Menschen fasziniert nichts so sehr wie Erfolg
Angefangen in Bakterienkolonien über höhere soziale Systeme wie Bienenvölker bis hin zu uns Menschen hat die Evolution in unserem limbischen System ein festes Orientierungssystem installiert: „Hänge dich an die, die erfolgreich sind, denn damit steigen auch deine Überlebenschancen."

Grund Nummer 2: Siegermarken sprechen die Wachstumskräfte an
Um den nächsten Grund zu erkennen, ist es wichtig, sich zu überlegen, wo die oben genannten Unternehmen auf der Limbic Map positioniert sind: Alle liegen sie auf der Seite der Dominanz- und der Stimulanzinstruktion! Siegermarken sprechen also immer die Wachstumskräfte an.

Grund Nummer 3: Sieger wählen Sieger
Der letzte Grund hängt unmittelbar mit dem gerade Genannten zusammen. Welches limbische Profil haben erfolgreiche Manager und Topabsol-

venten? Genau: High-Dominanz plus etwas Stimulanz. Und genau dieses Profil haben die Siegermarken auch.

Angesichts des durch Geburtenrückgang und Veralterung unserer Bevölkerung zu erwartenden Mangels an qualifizierten und hoch motivierten Mitarbeitern darf dieser Zusatzeffekt nicht unterschätzt werden. Attraktive Marken faszinieren nämlich nicht nur Konsumenten, sondern auch zukünftige Mitarbeiter. Und diese sind es, die den Unternehmenserfolg von morgen und übermorgen entscheiden. Markenpolitik ist aus diesem Grund absolute Chefsache, verbunden mit höchster strategischer Priorität.

Von starken Händlermarken

In der bisherigen Betrachtung haben wir uns überwiegend mit Consumermarken, also mit Produktmarken beschäftigt und die limbischen Grundregeln für erfolgreiches Markenmanagement kennen gelernt. Kann man nun diese Erfolgsgesetze auf andere Bereiche des Markenmanagements übertragen? Man kann – wie ich nachfolgend am Beispiel von erfolgreichen Händlermarken zeigen werde. Handelsunternehmen, die sich selbst als Marke begreifen und die Marke pflegen (Ebene 2), sind nämlich wesentlich erfolgreicher als jene Händler, die nur an Spannen und Flächenproduktivität denken (Ebene 1).

Der Handel, insbesondere in Deutschland und Österreich, steht unter dem Zeichen eines harten Preiswettbewerbs. Auf Händlertagungen hört man unisono die Klage, der Preis sei das wichtigste Auswahlkriterium für den Verbraucher und deshalb ginge letztlich alles über den Preis. Dementsprechend sieht auch die Marketingpolitik aus: Preisaktionen, besser: Preisschlachten bestimmen den Marketingmix im Handel.

Für die wirklich erfolgreichen Handelsunternehmen steht etwas anderes im Mittelpunkt ihrer Strategie – sie betrachten sich selbst als Marke und richten ihr Marketing, ihre Sortimentspolitik, die Gestaltung der Geschäfte und – ganz besonders wichtig – ihre Mitarbeiter konsequent auf die Markenphilosophie aus. Erfolgreiche Handelsunternehmen haben eine klare und einzigartige Positionierung auf der Limbic Map. Sie pflegen eine Markenphilosophie, an der sich das Handeln aller ausrichtet. Wie diese Philosophie aussieht? Sie besteht aus einer Vision, einer Aura, einer Mission und – besonders hervorzuheben: aus verbindlichen Werten, die die Dos und Don'ts festlegen! Schauen wir uns unter diesem Aspekt einmal vier besonders erfolgreiche Handelsunternehmen, genauer gesagt Händlermarken an. Beginnen wir unseren Rundgang auf der Limbic Map in Abbildung 4 mit ALDI.

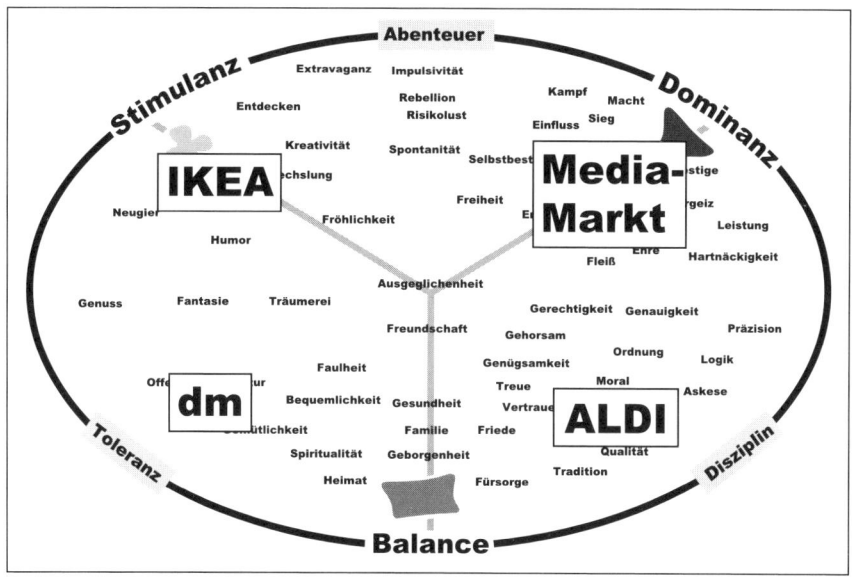

Abb. 4: Die limbische Positionierung von erfolgreichen Händlermarken

ALDI: Kontrolle und Disziplin

Wo ist ALDI positioniert? Eindeutig im Bereich Disziplin, Kontrolle, Sparsamkeit, Ehrlichkeit. Und diese Positionierung wird perfekt inszeniert: Ein eng begrenztes Sortiment, einfachste funktionale Ladenausstattung und Produktpräsentation, kontrollierte und absolut gleich bleibende Produktqualität und elementarste Abläufe kennzeichnen dieses Handelsunternehmen: Sparsamkeit pur und prototypisch limbisch. Man sieht übrigens auch hier, warum die Trennung in rationalen und emotionalen Einkauf sinnlos ist: Auch der Einkauf bei ALDI ist hoch emotional, denn mit dieser Positionierung wird die Dominanz- und die Balanceinstruktion aktiviert und damit werden auch die zugehörigen Gefühle ausgelöst.

Wen spricht ALDI besonders an? Selbstverständlich alle, die mit dem Cent rechnen müssen. Das eigentliche Zielgruppenprofil ist aber differenzierter. Vom Persönlichkeitstyp sind es eher die Disziplinierten. Aber noch eine weitere Zielgruppe ist mit dieser Positionierung verbunden. Nämlich ältere Menschen. Denn mit dem Alter nehmen Balance und Kontrolle deutlich zu. ALDI-Käufer sind deshalb im Durchschnitt älter als die des Konkurrenten Lidl. Lidl ist in seinem Marktauftritt nicht ganz so puristisch wie ALDI. Lidl hat zum einen eine größere Auswahl und führt zum anderen auch Markenartikel, während ALDI nur Eigenmarken anbietet.

dm-Drogeriemarkt: Vertrauen und sanfter Genuss
Bewegen wir uns nun vom Disziplin-/Kontrollsektor auf der Limbic Map etwas in Richtung Stimulanz, in den Sektor des sanften Genusses, in die Wellnessposition. Limbisch perfekt positioniert hat sich hier das Karlsruher Unternehmen dm-Drogeriemarkt. Mit dem Slogan „Hier bin ich Mensch, hier darf ich sein" drückt das Unternehmen seinen limbischen Mehrwert aus. Obwohl dieses Marktsegment von ungeheurer Verdrängung und Preiskampf bestimmt wird, wächst der dm-Drogeriemarkt schneller und liegt auch in der Rendite weit über dem Wettbewerb. Vom Warenangebot über die Gestaltung der Verkaufsräume bis hin zur Werbung wird diese besondere Stimmung des sanften Genusses erlebbar gemacht. Wen spricht dm mit dieser limbischen Positionierung und Philosophie besonders an? Eindeutig Frauen im Alter von 25 bis 35 Jahren, vom limbischen Konsumtyp her eher die „Genießende". Genau diese Zielgruppe gibt am meisten Geld für Drogeriemarktprodukte aus.

IKEA: Entdeckung
Fahren wir fort mit unserem Rundgang auf der Limbic Map in Richtung Stimulanz. Dort treffen wir auf IKEA. Der Slogan: „Entdecke die Möglichkeiten" macht die Positionierung deutlich: Stimulanz mit einem leichten Schuss Dominanz. Diesem Anspruch wird IKEA als Trendsetter gerecht, der laufend aktuelles Design zu günstigen Preisen anbietet. Auch Möbel zum Zusammenbau sind Ausdruck der Positionierung. Man entdeckt nicht nur Einrichtungsmöglichkeiten, sondern auch seine eigenen handwerklichen Fähigkeiten. Das limbische Markenprofil von IKEA stimmt absolut mit dem limbischen Persönlichkeitsprofil der Möbelerstkäufer überein: Junge und jüngere Paare. Durch den Stimulanzschwerpunkt werden vor allem junge Frauen angesprochen, denn sie sind es, die überwiegend die Kaufentscheidung fällen. Durch die Prise Dominanz, die für jede Entdeckung notwendig ist, werden aber auch die jungen Männer aktiviert.

MediaMarkt: Dominanz und Kampf

Beenden wir nun unseren Besichtigungsrundgang erfolgreicher Händlermarken. Es fehlt noch eine Position, die der Dominanz. Auch hier treffen wir auf eine weitere sehr erfolgreiche Händlermarke – auf den MediaMarkt. Schon der schwarz-rote Firmenschriftzug drückt diese limbische Dominanzpositionierung mustergültig aus. Schließlich sind Rot und Schwarz die Dominanzfarben überhaupt. Im Slogan „Ich bin doch nicht blöd" kommt dies ebenso zum Ausdruck. Denn damit wird eigentlich ein Dominanzstatement abgegeben: „Ich bin clever, mich kann man nicht über den Tisch ziehen, ich bin souverän und autonom." Begleitet wird dieser Slogan von einer lauten und aggressiven Werbung. Doch warum ist MediaMarkt damit so erfolgreich? Das Geheimnis lüftet sich, wenn man sich fragt, von wem Consumerelektronik überwiegend gekauft wird. Die Antwort: Zu über 70 % von jungen Männern im Alter von 20 bis 30 Jahren – das ist genau die Altersgruppe, in der der Testosteronspiegel beim Mann seinen Höhepunkt hat und in der er besonders empfänglich für Dominanzsignale ist. Mit diesem lauten und aggressiven Markenauftritt landet MediaMarkt damit einen Volltreffer im limbischen System seiner Idealzielgruppe.

Wie aus einem Lamm ein Tiger wurde: die Red-Zac-Story

Wie wichtig es für ein Handelsunternehmen ist, sich selbst als Marke zu begreifen und sich so zu positionieren, dass die limbische Markenpositionierung möglichst mit dem limbischen Persönlichkeitsprofil der Idealzielgruppe übereinstimmt, zeigt das Beispiel der Ditzinger Fachhandelsgruppe Interfunk, die im gleichen Markt wie MediaMarkt tätig ist.

Der frühere Marktauftritt der Fachhandelskooperation war unter der Marke „Interfunk" vom Gedanken des traditionellen Fachhändlers getragen, nämlich Beratung, Qualität und Service. Nach dem limbischen Aspekt liegen diese Eigenschaften alle auf der Balanceseite. Damit war klar: Interfunkgeschäfte erzeugten die größte limbische Resonanz bei älteren Käufern. Nur: Deren Ausgaben für Unterhaltungselektronik waren und sind verschwindend gering. Die Marktentwicklung der Gruppe war deshalb wenig erfreulich. Während MediaMarkt wuchs und wuchs, verlor die Interfunk Jahr für Jahr Marktanteile. Mit einem Vorstandswechsel begann nun eine neue Ära. Der neue Vorstandsvorsitzende kam aus der Markenartikelindustrie und sah das Dilemma der Marke „Interfunk". In einer Strategieklausur bekam die Verjüngung der Marke oberste Priorität. Man dachte dabei zunächst nur an die Veränderung der Werbekampagne. Eine kreative Wiener Werbeagentur machte den revolutionären Vorschlag, mit einem völlig neuen Auftritt in den Markt zu gehen und sich in „Red Zac" umzubenennen. Eine klare und deutliche Dominanzpositionierung. Für die Gremien der Fachhandelsgruppe war dies zunächst ein Schock. Vor allem die älteren Fachhändler erklärten den Vorstand für verrückt. Doch die jungen Händler – und vor allem auch die jüngeren Mitarbeiter der Händler – waren begeistert. Es begannen die Monate der Überzeugungsarbeit. In vielen Road-Shows wurden die Mitglieder vom notwendigen und radikalen Wandel überzeugt. Die Revolution gelang und war höchst erfolgreich – kurz nach der spektakulären Einführung des Markenauftritts war die Talfahrt vorbei – Red Zac wuchs und wächst seit dieser Zeit deutlich über dem Markt. Dieses Beispiel zeigt, wie wichtig die richtige limbische Positionierung ist.

Kreativität ist wichtig – aber nur „die halbe Miete"

Red Zac zeigt auch, wie unersetzbar und wichtig Kreativität für eine erfolgreiche Markenführung ist. Aber: Kreativität allein ist zu wenig. Erst wenn es gelingt, die Marke entsprechend der Positionierung und des Brand-Spirits zu inszenieren, ist das Ziel erreicht. Dies wird leider in der Praxis oft übersehen. Selbst bei großen deutschen Spitzenagenturen, die bei Kreativwettbewerben auf der Siegertreppe stehen, wird diese unabdingbare Koppelung von Aufmerksamkeit plus Positionierung plus Brand-Spirit häufig übersehen. Die Auftraggeber, oft keine Werbeprofis, sind von der tollen Kreatividee begeistert, die Wettbewerbspräsentation ist gewonnen, aber die Marke wird zerstört, weil die Kampagne zwar ein kreatives Feuerwerk zündet, aber nichts auf das emotionale Konto der Marke einzahlt. Allein ein Blick in unser Gehirn macht deutlich, warum wir zwischen Aufmerksamkeit und Inhalt (= Positionierung + Brand-Spirit) unterscheiden müssen. Für den gesamten Werbeerfolg einer Kampagne ist, wie kann es anders sein, das limbische System zuständig. Aber: Bis die Werbebotschaft einen festen Platz im Langzeitgedächtnis hat, müssen unterschiedliche Bereiche des limbischen Systems durchlaufen werden. Abbildung 5 macht diesen unbewussten Verarbeitungsprozess deutlich, den wir jetzt stark vereinfacht verfolgen.

Die Aufmerksamkeitsreaktion findet im oberen Teil des limbischen Systems statt, nämlich im so genannten Gyrus Cinguli, der direkt unter der Großhirnrinde sitzt. An der Steuerung der Aufmerksamkeit sind noch andere Gehirnbereiche beteiligt, aber der Gyrus Cinguli scheint eine Hauptrolle zu spielen. Von ihm wird die Botschaft nach unten zur limbischen Bewertung an die Amygdala weitergereicht. Diese dechiffriert in enger Verbindung mit dem vorderen Teil der Großhirnrinde die Botschaft auf ihre limbische Bedeutung hin. Hier werden also die Positionierung und der Brand-Spirit analysiert. Nach dieser Bewertung wird die Botschaft zur Codierung für das Langzeitgedächtnis dem hinter der Amygdala liegenden Hippocampus übergeben. Der Hippocampus ist so etwas wie der Informationslagerleiter, der die Lagerplätze in der Großhirnrinde vergibt. Er codiert die Information, sodass sie bei Bedarf schnell wieder abgerufen werden kann. Und er verschickt die Information in den Neokortex, wo sie gespeichert wird. Durch diesen Röntgenblick in den Kopf wird mehr als deutlich, warum Kreativität nur „die halbe Miete" zum Werbe- und zum Markenerfolg ist.

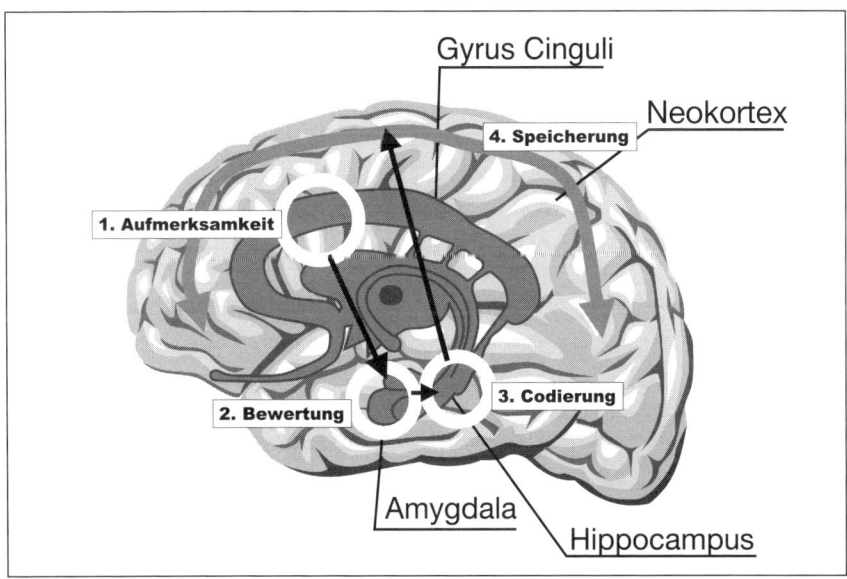

Abb. 5: Die Verarbeitung von Werbe- und Markenbotschaften im Gehirn
Das limbische System entscheidet über den Erfolg von Werbebotschaften.

Kapitel 13:
Die limbischen Gesetze des B2B-Marketings

Was Sie in diesem Kapitel erwartet:
Gelten die limbischen Gesetze auch für das Business-to-Business-Geschäft (B2B)? Diese Welt, so wird immer behauptet, sei ja eher rational, während die Consumerwelt emotional sei. Doch das ist ein Irrtum, denn die Unterscheidung in emotional und rational ist sinnlos, wie wir wissen. Tatsächlich läuft das B2B-Marketing etwas anders als das Consumermarketing. Beide werden aber von den gleichen unbewussten Mechanismen bestimmt – und diese sind zutiefst limbisch!

Für B2B-Unternehmen gilt das Gleiche wie für Konsumgüterhersteller. Auch sie erzielen einen entscheidenden Mehrwert, wenn sie sich selbst als Marke begreifen und ihre Geschäftspolitik auf eine konsequente Markenpolitik ausrichten. Damit können wir nahtlos an das letzte Kapitel anknüpfen – denn die gleichen Spielregeln der Marke gelten auch hier: Auch eine B2B-Marke braucht eine klare Markenphilosophie und sie braucht eine klare limbische Markenpositionierung. Trotzdem ergeben sich Unterschiede, sowohl in der Philosophie als auch in der Positionierung. Der Aufbau und die Umsetzung der Markenphilosophie gestalten sich nämlich weit komplexer als für Consumermarken. Der Grund liegt darin, dass die Medien der Markenkommunikation eines B2B-Unternehmens andere sind als die einer Produktmarke. Consumermarken kommunizieren über Massenmedien, die leicht zu kontrollieren und kommunikationstechnisch einfach zu handhaben sind. Unternehmensmarken dagegen kommunizieren auf allen Kanälen – über die Mitarbeiter, über Gebäude, Produkte, Dienstleistungen usw. An einer erfolgreichen B2B-Markenkommunikation sind im Prinzip fast alle Mitarbeiter eines Unternehmens beteiligt. Die Kommunikation für Consumermarken dagegen wird von wenigen Produkt-, Brand- und Marketingmanagern verantwortet.

Aus diesem Grund kommt der konsequenten Formulierung und Umsetzung der Unternehmensphilosophie, die gleichzeitig Markenphilosophie ist, eine überragende Bedeutung zu. Gerade für B2B-Marken ist deshalb die Beachtung des Limbic-Spirit-Kapitels besonders wichtig. Der alles entscheidende Unterschied: Eine Consumermarke kann man haben, eine Unternehmensmarke ist man!

Auch in der Positionierung gibt es Unterschiede. Die Limbic Map gilt zwar auch hier – sie muss für den B2B-Einsatz jedoch etwas modifiziert werden. Wir müssen die Begriffe Dominanz, Stimulanz, Balance usw. in die Sprache der B2B-Welt übersetzen. Wie diese Übersetzung aussieht, zeigt Abbildung 1. Beginnen wir mit Balance: Balance drückt Tradition, Sicherheit, Verlässlichkeit, Qualität, Solidität, aber auch Konstanz aus. Mit dem Begriff „Tradition" soll dieses Bedeutungsbündel gekennzeichnet werden. Die Zwischenposition von Balance und Dominanz wird von Werten wie Sparsamkeit, Genauigkeit, Berechenbarkeit, Wirtschaftlichkeit und Perfektion gebildet. Dieses Bedeutungsbündel kennzeichnen wir am besten mit „Perfektion". Die Dominanzinstruktion ist die Kraft des Wachstums, der Expansion, der Verdrängung usw. Die Bezeichnung „Expansion" dürfte die beste Bezeichnung dafür sein. Die Mischung aus Dominanz und Stimulanz ist die limbische Kraft der Entdeckung, der Veränderung und der Quantensprünge. Es ist der innere Antrieb der Trendsetter und Revolutionäre. Mit der Bezeichnung „Revolution" soll diese Dimension deutlich werden.

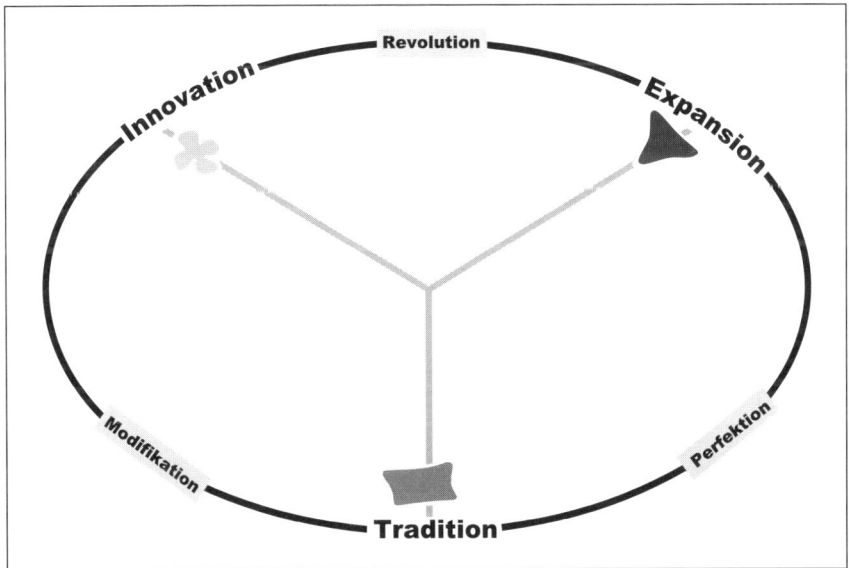

Abb. 1: Limbic B2B
Die Limbic Map hat auch im B2B-Bereich uneingeschränkte Gültigkeit.

Die Stimulanzinstruktion ist gekennzeichnet von Entdeckung, Kreativität und Innovation. „Innovation" ist dafür wohl die beste Sammelbezeichnung. Die Mischung aus Balance und Stimulanz drückt die Offenheit für Neues aus, aber eher im Sinne des auf sich Zukommenlassens und weniger im Sinne des aktiven und verändernden Suchens. Vielleicht passt das Wort „Modifikation" am besten dafür, wenn es auch nicht ideal ist. Man sieht: Auch die B2B-Welt kann limbisch erfasst werden, denn mit dieser begrifflichen Veränderung bleiben das Grundsystem und die damit verbundenen Werte erhalten.

Mit dieser B2B-Limbic-Map wird es jedem Unternehmen möglich, seine Positionierung zu definieren und natürlich auch, seine Wettbewerber einzuordnen. Im Vergleich zur Positionierung von Konsummarken gibt es noch eine kleine Einschränkung. Da in der Regel ein wichtiges Ziel des B2B-Geschäfts der Aufbau von langfristigen Geschäftskontakten ist, bekommt die Balancedimension – insbesondere in den Werten Vertrauen, Solidität und Qualität – eine höhere Bedeutung. Das heißt, auch extremere Positionierungen im Innovations- oder Expansionsbereich bedürfen immer einer gewissen Fundierung im Balancebereich. Oder anders ausgedrückt – die abgedeckten Positionierungsfelder im B2B sind breiter und nicht so eng wie bei der limbischen Positionierung von Consumermarken.

Von Kosten- und Innovationsführern

Im Prinzip lassen sich im B2B nun vier Basispositionierungen unterscheiden. Variationen und Verschiebungen auf der B2B-Map sind natürlich möglich. Alle vier Positionierungen können übrigens höchst erfolgreich sein. Aber: Diese Positionierungen sind nicht beliebig und frei wählbar, denn sie haben ungeheure Konsequenzen für die Strategie, für die inneren Abläufe und besonders für die Unternehmenskultur sowie die Mitarbeiter, die man auswählt. Schauen wir uns die vier prototypischen limbischen Positionierungen für B2B-Unternehmen auf Abbildung 2 genauer an:

– Auf der Perfektions-/Dominanzseite liegt die Positionierung des Kostenführers. Man könnte sie auch als die B2B-ALDI-Strategie bezeichnen. Kostenführerschaft entsteht dadurch, dass man auf der einen Seite die Produktionsprozesse und die Produktvielfalt schlank und einfach hält und auf der anderen für eine aggressive Vermarktung dieser Produkte sorgt, um so auf hohe Stückzahlen zu kommen. Forschung und Entwicklung werden klein geschrieben – kopieren geht über selber erfinden. Im Unternehmen selbst führt ein hartes Kostenmanagement Regie. Serviceleistungen, die der Kunde nicht extra honoriert, werden nicht angeboten. Das wichtigste Verkaufsargument ist der Preis und die vergleichsweise hohe Qualität, die durch die Optimierung der Stückzahlen erreicht wird. Am besten passt hier das Sprichwort des alten Henry Ford, der sagte „Meine Kunden können bei mir ihr Auto in jeder Farbe haben, vorausgesetzt, sie ist schwarz". Die Stärke des Kostenführers ist die hohe Kostentransparenz, seine Schwäche – die mangelnde Flexibilität bei Umwelt- oder Marktveränderungen.

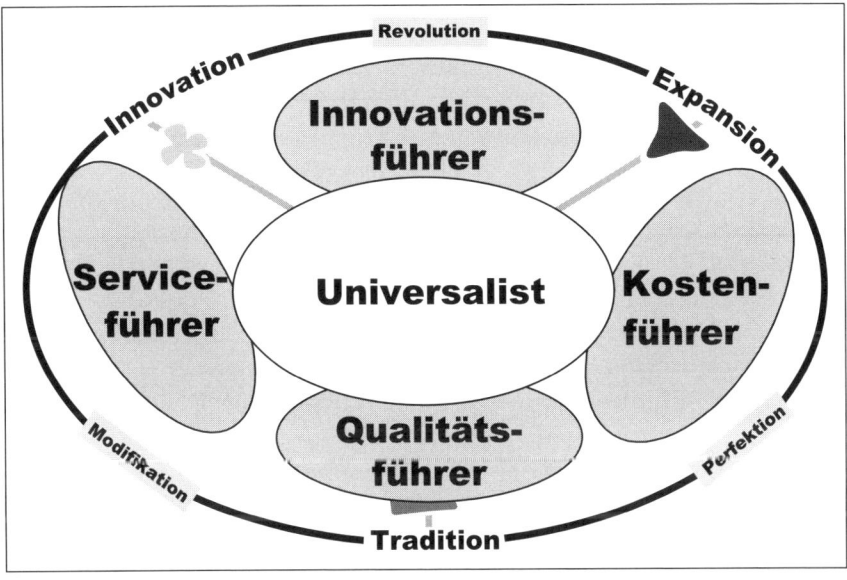

Abb. 2: Prototypische B2B-Positionierungen

— Auf der Revolutionsseite liegt die Positionierung des <u>Innovationsführers</u>. Im Gegensatz zum Kostenführer, der möglichst lange Produktlebenszyklen mit hohen Stückzahlen zum Ziel hat und damit auch in Kauf nimmt, dass seine Produkte nicht zu den Trendsettern gehören und im Laufe der Zeit sogar etwas veralten, setzt der Innovationsführer auf die Faszination des Neuen und des sichtbaren Fortschritts. Seine Produkte und Dienstleistungen geben den Ton in der Branche an und sind der Gesprächsstoff auf der Messe. Seine Produkte sind wesentlich teurer als die des Kostenführers – sie bieten aber auch mehr neue Möglichkeiten. Die Stärke des Innovationsführers ist seine Kreativität. Das ist aber auch seine Schwäche, denn oft ist das Kostenbewusstsein nur mangelhaft ausgebildet und die Risikobereitschaft zu hoch. Zum anderen ist es nicht einfach, permanent kreativ zu bleiben.

- Auf der Innovations-/Balanceseite findet man den Flexibilitätsführer. Er ist besonders flexibel und schneidet seine Produkte und Dienstleistungen auf die Bedürfnisse des Kunden zu. Für ihn ist „nichts unmöglich" – und durch die Anpassungsfähigkeit an die Bedürfnisse seines Kunden ist auch sein Service- und Beratungsanteil sehr hoch. Im Unternehmen wird Kundenorientierung groß geschrieben. Die Stärke des Flexibilitätsführers sind seine guten und engen Kundenbeziehungen. Die Schwächen liegen – wie beim Innovationsführer – oft im Controlling, weil die Kosten, die durch die vielfältigen Kundenwünsche entstehen, oft nicht sauber erfasst und verrechnet werden.

- Auf der Balanceseite schließlich findet man den Qualitätsführer. Seine Produkte haben fast Klassikerstatus und zeichnen sich durch hohe Solidität und Standfestigkeit aus. Hohe Lebensdauer und extrem lange Haltbarkeit, verbunden mit geringen Wartungskosten der Produkte, sind das zentrale Verkaufsargument. Die Produkte werden nur verändert, wenn der Marktdruck sehr groß ist – dafür aber werden laufend viele, meist unsichtbare Verbesserungen im Detail durchgeführt. Das Unternehmen wird nach strengen kaufmännischen Regeln geführt und hat meist eine lange (Familien-)Tradition. Die Stärken des Qualitätsführers liegen in der hohen Rentabilität der Produkte, seine Schwäche ist die Gefahr, dass er Markttrends verschläft oder in rezessiven Zeiten zu teuer ist.

- In der Mitte befindet sich der Universalist, der versucht, jede Positionierung anzusprechen, allerdings ohne sich in einem Bereich besonders zu profilieren. Er wirbt mit günstigen Preisen, einer bestimmten Innovativität, guter Qualität und hoher Flexibilität. Kurz: Er bietet für alle einen Ansatzpunkt. Die Stärke des Universalisten ist seine „Mehrbereichsöl"-Fähigkeit. Er ist derjenige, der das mittlere Preis-, Qualitäts- und Innovationssegment besetzt – kurz: den Massenmarkt. Darin liegt gleichzeitig auch seine Schwäche, denn er erreicht prinzipiell die geringste Wertschöpfung pro Verkaufseinheit. Denn hohe Wertschöpfung pro Verkaufseinheit entsteht entweder durch höchste Qualität, geringste Kosten, höchste Innovativität oder größte Flexibilität. All dies bietet der Universalist nicht. Seine Chance liegt darin, den Massenmarkt zu bedienen und über Stückzahlen sein Glück zu machen. Aber auch der Erfolg in der Mittelposition ist nicht einfach zu halten – ähnlich einem Zehnkämpfer in der Leichtathletik muss nämlich auch hier trainiert werden, und zwar in jeder Disziplin. Das ist aber oft weit schwerer und aufwändiger, als sich auf eine Position richtig zu konzentrieren. Denn gleichzeitig haben es die Spezialisten auch leichter, eine prägnante Unternehmensphilosophie zu formulieren und auch zu leben. Dieses „Alles Machen und Alles Können" bringt durch die hohe Komplexität, die daraus entsteht, die verbindende innere Orientierung in Gefahr.

Am Beispiel des Universalisten wird aber noch ein weiterer Zusammenhang sichtbar, der von Bedeutung ist, nämlich die Markenfaszination und die Ausstrahlung. Das Problem des Universalisten ist seine Langweiligkeit. Durch die Mittelposition löst er kaum die bekannten Uremotionen aus. Er ist bekannt, man hat ein gewisses Grundvertrauen zu ihm – mehr aber auch nicht. Damit ist er aber austauschbar. Deutlich wird auch, dass eine gleichzeitige Besetzung der Extrempositionen nicht oder nur sehr schwer möglich ist. Man kann nämlich nicht Qualitäts- und Innovationsführer zugleich sein, genauso wenig wie es möglich ist, Kostenführer und Flexibilitätsführer zu sein. Hinter jeder dieser Positionierungen stehen völlig andere Abläufe und Geschäftsmodelle und – viel wichtiger – völlig andere Unternehmenskulturen, andere Werte und damit auch andere Mitarbeiterprofile. Und: Jedes Unternehmen zieht unbewusst die Zielgruppe an, deren limbisches Persönlichkeitsprofil mit dem Imageprofil des Unternehmens übereinstimmt.

Das limbische Imageprofil des Unternehmens beachten

Auf den ersten Blick glaubt man das natürlich nicht. Im B2B-Geschäft, wo doch alles so berechenbar ist, soll es unbewusste Mechanismen geben, die Kunden binden oder eher abstoßen? Die gibt es, wie das nächste Praxisbeispiel zeigt: Die deutsche Pharmadistribution zwischen Apotheke und Hersteller wird von wenigen großen Distributoren bestimmt. Man kann nun alle Distributoren im Hinblick auf ihre Geschäftspolitik, ihre Herkunft und ihre Signale, die sie ausstrahlen, auf der Limbic-B2B-Map einordnen. Abbildung 3 zeigt das Ergebnis für drei Unternehmen. Distributor A ist sehr expansiv, B ist eher innovativ. C dagegen liegt aufgrund seiner genossenschaftlichen Rechtsform mehr im Traditions- und Sicherheitsbereich. Doch wie machen sich diese unterschiedlichen limbischen Positionierungen bemerkbar? Jetzt wird es spannend. Durch die unterschiedliche Positionierung binden die drei genannten Distributoren verstärkt die Apotheker an sich, deren limbisches Persönlichkeitsprofil dem des Markenprofils des Distributors entspricht.

Um Distributor A sammeln sich verstärkt marktaktive Apotheken, die von expansiven Apothekern geführt werden und die sich weniger um Standesregeln und Tradition kümmern. Das Gegenteil ist beim genossenschaftlichen Distributor C zu erkennen. Hier findet man überwiegend die ethisch und traditionsorientierten Apotheker. Distributor B dagegen zieht eher die innovativen Apotheker an, die für neue Einkaufs- und Sortimentskonzepte offen sind. Obwohl alle Distributoren fast die gleichen Leistungen anbieten, ziehen sie höchst unterschiedliche psychologische Zielgruppen an. Durch ihr Imageprofil schaffen sie richtige Brand-Communities. Diese ganzen Auswahl- und Bindungsprozesse laufen übrigens unbewusst ab. Den Kunden selbst ist der Grund für ihre Sympathie und Antipathie nicht gegenwärtig – sie haben das Gefühl, dass ihre Lieferantenauswahl völlig rational und rundweg kopfgesteuert erfolgt ist.

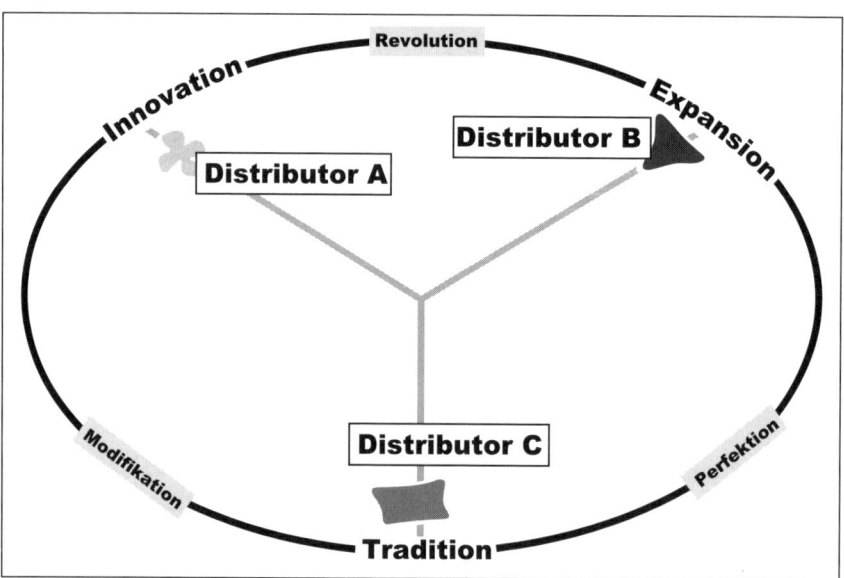

Abb. 3: Die unterschiedliche limbische Positionierung von Pharmadistributoren

Kunden limbisch segmentieren und bearbeiten

Der wichtige Einfluss unserer limbischen Steuerung auf die Kundenbindung muss aber noch von einer anderen Seite her gesehen werden. Sie hat große Bedeutung für das Customer Relations Management (CRM), insbesondere für die Ansprache und für die Entwicklung von zielgruppenorientierten Serviceleistungen.

Im traditionellen B2B-CRM werden Kunden in der Regel nach folgendem Schema kategorisiert: Man schaut, welcher Umsatz und Deckungsbeitrag mit dem Kunden realisiert wird und welches Potenzial er beim Einkauf der entsprechenden Produkte bzw. Dienstleistungen noch hat. Was aber völlig übersehen wird, ist die Persönlichkeit des Kunden. Erfahrene Vertriebsprofis wissen schon lange, dass die „Sympathie" zwischen Anbieter und Kunden oft eine größere Rolle als der Preis spielt. Doch was ist Sympathie? Zum einen sicher auch Gewohnheit (Balance) – das vertraute Gesicht, die bekannte Stimme am Telefon, die Erinnerung an viele gemeinsame Gespräche und Kontakte. Durch die Positionierung des Unternehmens werden, wie wir gesehen haben, Sympathien verstärkt – d. h. eher innovative Kunden werden auch innovative Anbieter bevorzugen.

Soll man daraus schließen, dass der innovative Anbieter die traditionellen Kunden links liegen lassen soll? Das wäre völlig falsch. Kein Anbieter kann es sich leisten, Kunden zu verlieren, die nicht dem Idealprofil entsprechen. Zudem wählen Kunden ihren Lieferanten ja auch nach weiteren Merkmalen aus: sei es die räumliche Nähe, die Qualität des Produkts oder die gemeinsame Mitgliedschaft in einem Serviceclub wie Rotary oder Lions etc.

Trotzdem muss die limbische Persönlichkeit des Kunden viel stärker bei einem wirklichen CRM betrachtet werden. Unterschiedliche Kundenpersönlichkeiten haben nämlich unterschiedliche Betreuungserwartungen, sie verursachen auch unterschiedliche Kosten und Renditen. Und: Sie haben vor allem andere Wachstumsprognosen in ihrem jeweiligen Markt. Hat ein Unternehmen beispielsweise vor allem Loserkunden in seinem Portfolio, also solche, die in ihrem Markt unterdurchschnittlich wachsen, ist es nur eine Frage der Zeit, bis das Unternehmen selbst in Schwierigkeiten kommt. Gerade aus diesem Blickwinkel ist das limbische Kundenprofil von großer Bedeutung, weil es auch über den wirtschaftlichen Erfolg des Kunden entscheidet.

Wir wollen uns die Konsequenzen aus diesen Überlegungen am Beispiel von drei limbischen Kundenprototypen genauer anschauen. Zur Klassifizierung der Kunden greifen wir auf die limbischen Persönlichkeitsprototypen zurück, die wir in den Kapiteln 6 und 8 näher kennen gelernt haben. Allerdings müssen wir im B2B-Geschäft diese limbischen Prototypen etwas anders betrachten: Der Bewahrer kann der Inhaber eines Unternehmens sein, der entscheidet. Genauso kann es in größeren Unternehmen ein Entscheider sein. Wir können aber auch ganze Unternehmen als Bewahrer klassifizieren, wenn Tradition und Bewahrung den Marktauftritt und das Marktverhalten bestimmen. Mit dieser letztgenannten Perspektive und ihren Auswirkungen für das CRM werden wir uns nun etwas näher befassen.

Bewahrer-Kunden

Ihr äußeres Wachstumspotenzial ist eher gering. Sie wachsen in ihrem Markt unterdurchschnittlich. Besteht die Kundenstruktur eines Unternehmens nur aus diesem limbischen Kundenprototyp, müssen die Alarmglocken läuten: Mittelfristig kommt das Unternehmen in Gefahr, weil es Umsatz verliert. Bewahrer-Kunden stellen aber – und das ist die positive Seite, nur geringe Anforderungen an das Unternehmen, zudem sind sie treu und keine aggressiven Preisverhandler.

Performer-Kunden

Ihr äußeres Wachstumspotenzial ist hoch. Besteht die Kundenstruktur eines Unternehmens nur aus diesem limbischen Kundenprototypen, wächst das Unternehmen über dem Markt, wenn es gelingt diesen Kunden zu binden. Seine Betreuungs- und Serviceerwartungen sind sehr hoch – er erwartet laufend Verbesserungsvorschläge und Ansätze zur Leistungssteigerung, aber auch die Einladung zu exklusiven VIP-Programmen. Dieser Kundentyp hat für das Unternehmen aber auch noch einen weiteren wichtigen Vorteil: Aus den Anforderungen, die er an das Unternehmen stellt, lernt das Unternehmen am meisten. Damit wird seine Wettbewerbsfähigkeit entscheidend gestärkt. Dieser Kundentyp hat aber auch Nachteile: Er ist ein harter Verhandler und wechselt wesentlich schneller als der Bewahrer, wenn die Leistungen nicht stimmen.

Kontroller-Kunden

Sie sind gekennzeichnet durch ein mittelmäßiges äußeres Wachstumspotenzial. Besteht die Kundenstruktur eines Unternehmens nur aus diesem limbischen Kundenprototypen, wächst das Unternehmen leicht über dem Markt. Seine Betreuungs- und Serviceerwartungen liegen im Mittelfeld – er erwartet auch Verbesserungsvorschläge, vor allem aber günstige Preise. Er ist sehr kritisch, rechnet alles nach und reklamiert selbst bei kleinsten Fehlern. Er ist ein harter Verhandler und wechselt schneller als der Bewahrer.

An diesen drei Beispielen wird das Grundprinzip erfolgreichen CRM-Managements deutlich. Man sieht: Auch hier gibt es <u>den</u> Kunden nicht! Jeder Kundentyp hat seine charakteristischen Erwartungen und bringt seinen spezifischen Nutzen. Bewahrer-Kunden zahlen höhere Preise, ihr Umsatzwachstum dagegen ist begrenzt. Auch kann das Unternehmen wenig von diesen Kunden lernen. Performer-Kunden stellen hohe Ansprüche, mit ihnen kann das Unternehmen wachsen und von ihnen lernen. Aber dieser Kundentyp hat wenig Skrupel und wechselt, wenn die Leistungen nicht stimmen.

Viele Ressourcen in der heutigen Vertriebsarbeit werden vernichtet, weil man diese Zusammenhänge nicht beachtet und Kunden mit den falschen Leistungen und dem falschen Vertriebsmitarbeiter betreut. Einen wenig veränderungsbereiten Kunden (Balance) mit aufwändigen Serviceleistungen oder Beratungsleistungen zu betreuen, kostet viel Geld und bringt in der Summe wenig, weil die guten Ratschläge nicht umgesetzt werden. Auf der anderen Seite vergibt man sich Chancen, wenn man offene und expansive Kunden aus Zeitmangel nicht aktiv unterstützt und berät.

Und noch etwas gilt es anzustreben: Die möglichst hohe Übereinstimmung zwischen Kundentyp und der Persönlichkeit des Vertriebsmitarbeiters. Ein Performer-Kunde, der von einem eher bewahrenden und wenig dynamischen Vertriebsmitarbeiter betreut wird, wird mit dieser Art der Betreuung unzufrieden sein. Er erwartet einen kompetenten, ihm permanent neue Anregungen gebenden Betreuer. Doch diese leistungsorientierte Betreuung kann der Bewahrer-Vertriebsmitarbeiter aufgrund seiner Persönlichkeitsstruktur nicht bringen. Dagegen sorgt er für hohe Betreuungszufriedenheit beim Bewahrer-Kunden. Dieser freut sich über die emotionale Zuwendung, verbunden mit Gesprächen über die gemeinsamen Erinnerungen und die schönen alten Zeiten.

Neurolimbisches Programmieren – die richtige Argumentation für den richtigen Kunden finden

Was für CRM-Maßnahmen in der Gesamtheit gilt, gilt übrigens auch für das Verkaufs- und Beratungsgespräch im Detail. Im vorletzten Kapitel haben wir gesehen, wie verschieden die limbische Argumentation für eine Zahnpasta bei unterschiedlichen Kundengruppen ausfällt. Dieses Grundgesetz gilt auch für den B2B-Vertrieb: Das limbische Persönlichkeitsprofil des Ansprechpartners bestimmt die Argumentation. Bei dieser Kundenbetrachtung wechseln wir jetzt von der Unternehmens- auf die Personenebene. Im Fokus dieser Überlegungen steht also die limbische Persönlichkeit des Entscheiders, auf die die Argumentation ausgerichtet werden muss:

– Für einen dynamischen <u>Performer</u> ist ein Produkt oder eine Dienstleistung dann attraktiv, wenn sie ihm einen Wettbewerbsvorsprung verschafft und/oder seiner Karriere nutzt. Ein guter Verkäufer betont also diesen Aspekt in seinem Verkaufsgespräch besonders und immer wieder. Beispielhafte Argumente sind:

  – „Das verschafft Ihnen uneinholbaren Vorsprung."
  – „Ich kann Ihnen dafür ein Exklusivrecht einräumen."
  – „Das ist die stärkste und leistungsfähigste Maschine, die es gibt."

– Der <u>Kontroller</u> wird anders überzeugt. Ihn fasziniert das Produkt oder die Leistung, wenn Modellrechnungen bis hinter die dritte Stelle nach dem Komma die Wirtschaftlichkeit beweisen. Er möchte auf Nummer Sicher gehen und alles in der Hand behalten. Beispielhafte Argumente sind:

  – „Das amortisiert sich in X Monaten."
  – „Wir haben das bis ins kleinste Detail für Sie durchgerechnet."
  – „Unser Servicetechniker ist spätestens nach 75 Minuten zur Stelle."

– Beim <u>Bewahrer</u> gewinnt das Produkt, wenn die Standfestigkeit des Produktes und seine Problemlosigkeit herausgestellt werden. Auch wird er davon überzeugt, wenn viele andere das Produkt oder die Dienstleistung schon nutzen. Beispielhafte Argumente sind:

  – „Damit gehen Sie auf Nummer Sicher."
  – „Da brauchen Sie sich um nichts mehr kümmern."
  – „Da müssen Sie in Ihrer Organisation nichts verändern."
  – „Das Produkt nutzen X zufriedene Kunden schon seit vielen Jahren."

- Den Innovator interessiert diese Argumentation überhaupt nicht. Er ist begeistert, wenn man ihm völlig neue Möglichkeiten aufzeigt, die das Produkt bietet und die er bis jetzt nicht kannte. Auch fasziniert ihn als Individualisten die Aussicht, dass er der Erste und Einzige ist, der dieses Produkt verwenden kann. Typische Argumente sind:
  - „Dieses Produkt bietet völlig neue, bis heute nicht gekannte Möglichkeiten."
  - „Sie sind der Erste, dem wir dieses Produkt anbieten."
  - „Das ausgefallene Design unterstreicht den innovativen Anspruch."

Obwohl es sich immer um das gleiche Produkt oder die gleiche Dienstleistung handelt, fällt die Nutzenargumentation höchst unterschiedlich aus, je nach Persönlichkeitstyp des Kunden oder Interessenten. Gerade in Verkaufstrainings ist dieser Aspekt wichtig. Die limbische Form der Argumentation setzt natürlich andere Regeln, wie z. B. Fragetechniken, Abschlusstechniken, Körpersprache nicht außer Kraft, sondern ergänzt sie. Erfolgsentscheidend dabei ist allerdings, dass man sich auf das Verkaufs- oder Beratungsgespräch vorbereitet und seine Kunden und ihr ungefähres limbisches Persönlichkeitsprofil erfasst. Merkmale wie Hobbys, Funktion, Kleidung, Überzeugungen, Geschlecht und Alter geben dafür wichtige Hinweise.

Die wichtigsten limbischen Erfolgsregeln aus Teil 4

1. Gehen Sie mit Misstrauen zu den Wahrsagern

Studieren Sie die Aussagen und Hinweise von Trendforschern – aber mit Misstrauen. Denken Sie stets daran, dass die meisten Trendforscher die unbewussten Zusammenhänge hinter den Trends nicht sehen. Versuchen Sie jeden Trend vor dem Hintergrund der Limbic Map zu denken und zu analysieren.

2. Denken Sie wieder in Zielgruppen

Gleich ob Sie im Consumer- oder im Business-to-Business-Markt tätig sind: Das Denken in Zielgruppen ist erfolgsentscheidend. Versuchen Sie, Ihre Kunden aufgrund ihrer limbischen Persönlichkeit zu klassifizieren.

3. Servieren Sie Ihre Produkte und Dienstleistungen limbisch

Vermeiden Sie den Denkfehler, Produkte und Dienstleistungen in rationalen Grundnutzen und emotionalen Zusatznutzen aufzuspalten. Schneidern Sie lieber die Argumentation für Ihre Produkte und Dienstleistungen auf die limbische Persönlichkeitsstruktur Ihrer Kunden zu.

4. Positionieren Sie Ihr Produkt und Ihr Unternehmen limbisch

Nutzen Sie die Limbic Map als Plattform für Ihre Markenpositionierung. Tragen Sie auch Ihren Wettbewerb mit ein, um Unterschiede herauszuarbeiten. Denken Sie daran, dass Sie mit dieser Positionierung automatisch bestimmte Kundengruppen anziehen, andere dagegen abstoßen. Aber: Es ist besser, bei der Wunschzielgruppe die Nummer 1 zu sein, als überall hinterherzulaufen.

5. Geben Sie Ihrer Marke einen Sinn

Gleich ob es sich um eine Produkt- oder eine Unternehmensmarke handelt: Erfolgreiche Marken haben eine innere Sinnstruktur (Vision, Aura, Mission, Mythos, Kodex). Ohne Sinnstruktur kann die Marke keine Community bilden. Schreiben Sie Positionierung und Sinnstruktur in einem Brand-Book als verbindliches Grundgesetz fest.

Teil 5:

Limbic Management: Warum das Ganze mehr als die Summe seiner Teile ist

In den Teilen 1 bis 4 haben wir die unbewussten Erfolgsgesetze aus unterschiedlichen Einzelperspektiven betrachtet. Der fünfte Teil hat deshalb die Aufgabe, die Teile zu einem neuen Ganzen zusammenzuführen. Durch diese Zusammenführung werden wir entdecken, dass der wahre Wert eines Unternehmens auf Ebene 2 entsteht und wie man durch ein bewusstes Management bzw. Missmanagement dieser Ebene den Unternehmenswert vermehrt oder leichtsinnig verspielt. Doch damit nicht genug: Auch bis dahin als sicher geglaubte Strategien und Erfolgsrezepte werden wir zukünftig mit einer anderen Brille betrachten müssen.

Kapitel 14:
Der wahre Wert eines Unternehmens

Was Sie in diesem Kapitel erwartet:
Wir haben im Laufe dieses Buches den ungeheuren Einfluss unseres limbischen Programms kennen gelernt. Unser persönlicher Erfolg wie auch der Erfolg des ganzen Unternehmens geht letztlich auf die unbewussten Kräfte der Ebene 2 zurück. Im letzten Kapitel werden nun die unterschiedlichen Perspektiven der einzelnen Teile und Kapitel zusammengeführt. Dabei werden Verbindungen und Verknüpfungen aufgezeigt, die nur verständlich werden, wenn man sich vorher mit den Einzelperspektiven vertraut gemacht hat.

Wenn wir uns auf die Suche nach Spitzenleistungen machen, also nach Unternehmen, die in ihrem Markt seit vielen Jahren besonders erfolgreich sind, fallen uns spontan Unternehmen wie Porsche, BMW, Miele, ALDI, IKEA oder dm-Drogeriemarkt ein. Natürlich könnte man diese Liste noch um viele bekannte Namen erweitern. Fragt man nach den Erfolgsfaktoren, hört man meist lapidare Ebene-1-Antworten: BMW baut sportliche Autos, Miele baut Küchengeräte von hoher Qualität, ALDI verkauft die preiswertesten Nahrungsmittel, IKEA hat Möbel zum Zusammenbauen und der dm-Drogeriemarkt bietet Körperpflegeprodukte zu einem günstigen Preis. Doch mit diesen Antworten erklärt sich der Erfolg kaum.

Der eigentliche Erfolg dieser Unternehmen liegt auf der Ebene 2. Obwohl sie grundverschieden sind – die einen sind Hersteller, die anderen treiben Handel, die einen richten sich eher an Frauen, die anderen eher an Männer, die einen fahren eine Hochpreispolitik, die anderen eine Discountstrategie – haben sie doch eines gemeinsam: Diese Unternehmen sind, jedes für sich, nach innen wie nach außen, absolut authentisch und damit durch und durch glaubwürdig. Gleich aus welcher Perspektive man sie betrachtet, ob aus der Sicht des Kunden, des Mitarbeiters oder auch des Lieferanten – stets vermitteln Sie das gleiche Bild, stets werden die gleichen Emotionen geweckt. Diese Unternehmen haben eine Philosophie, die Kunden und Mitarbeiter gleichermaßen überzeugt und fasziniert. Und alle haben eine klare und eindeutige Position auf der Limbic Map, die ganz bestimmte limbische Prototypen und damit auch limbische Uremotionsfelder anspricht.

Limbische Giganten – Sein statt Schein!

Ist das Zufall oder Glück? Nein, es ist ein konsequentes Management der Ebene 2, und zwar in einer ganz besonderen Form: Markenauftritt, Unternehmenskultur (inklusive Sinnstruktur, Führung, Werte) und Mitarbeiterpolitik stimmen absolut mit der limbischen Positionierung überein und verstärken sich dadurch gegenseitig. Diese erwähnten limbischen Giganten sind auch deshalb so erfolgreich, weil sie Ebene 1 und Ebene 2 perfekt verbinden. Markenauftritt, Kultur und Mitarbeiter liegen bei diesen Unternehmen deckungsgleich auf der Limbic Map aufeinander: In der Außenkommunikation werden die gleichen Werte propagiert, die im Inneren auch die Unternehmenskultur bestimmen. Weil die glaubwürdige Umsetzung von Werten sehr stark vom limbischen Persönlichkeitsprofil eines Menschen abhängt, werden bevorzugt eher die Mitarbeiter eingestellt, deren limbisches Persönlichkeitsprofil zur Positionierung des Unternehmens passt. Das ist das entscheidende Erfolgsgeheimnis: Durch diese hohe limbische Übereinstimmung in allen „weichen Faktoren" wird Schein durch Sein ersetzt! Das Unternehmen ist durch und durch echt.

Gleichzeitig haben sich diese Unternehmen so positioniert, dass sie ziemlich genau bestimmte limbische Konsumententypen ansprechen und entsprechende Emotionen auslösen. Und: Die wirklich erfolgreichen Unternehmen sitzen nicht in der Mitte der Limbic Map – es sind also keine verwechselbaren Universalisten, die alles machen und überall dabei sein wollen – sie liegen im äußeren Bereich, weil nur aus diesen Positionen heraus Emotionen geweckt werden. Durch ihre absolute Echtheit in jedem Millimeter ihres Auftritts sorgen sie so für die größtmögliche limbische Resonanz in ihrer Zielgruppe, oder anders ausgedrückt: für Faszination und Identifikation.

Lassen Sie uns das Geheimnis der limbischen Giganten an drei Unternehmen verdeutlichen, die wir schon bei unserem Ausflug ins Reich der Marke kennen gelernt haben – beim dm-Drogeriemarkt, bei ALDI und bei IKEA. Warum Handelsunternehmen? Mehr als in allen anderen Wirtschaftsbereichen herrscht gerade im Handel ein ungeheurer Kosten- und Wettbewerbsdruck. Dies führt dazu, dass sich die meisten Händler ausschließlich mit der sichtbaren Ebene 1 beschäftigen: Man berechnet Flächenproduktivitäten, optimiert den Lagerumschlag, reduziert die Kosten und glaubt, dies sei Handelsmanagement. Gerade die drei Vorzeigehandelsunternehmen zeigen aber, dass Ebene-2-Perfektion unterm Strich viel mehr bringt als das kurzsichtige Denken auf Ebene 1. Die Maßnahmen der Ebene 1 entfalten nämlich erst dann ihre Kraft, wenn sie auf dem soliden Fundament der Ebene 2 stehen!

Beginnen wir mit dem Handelsunternehmen dm-Drogeriemarkt. Schon die Architektur der Zentrale in Karlsruhe – mit der Vermeidung von rechten Winkeln und mit Pastellfarben in den Gängen und Büros – drückt die Positionierung des Unternehmens aus: sanfter Genuss, Vertrauen, Offenheit, Neugier, aber durchaus auch eine gewisse Leistungsorientierung. Diese nach außen kommunizierten und gelebten Werte sind auch die ausgesprochenen Leitwerte der Unternehmenskultur. Während in vielen anderen Handelsunternehmen die Mitarbeiter in den Filialen ausschließlich als Kostenfaktor betrachtet werden, werden sie bei dm als Partner gesehen. Aufgabe der Zentrale ist es, die Mitarbeiter in den Filialen bestmöglich zu unterstützen und zu entlasten. Dieser Gedanke durchzieht alle Abteilungen. Das hohe Vertrauen und die Offenheit zeigt sich in der Filialsteuerung, die Mitarbeiter in den Filialen können über ihr Gehalt mitbestimmen – sie kennen den Ertrag und die Kosten ihrer Zweigstelle. Diese Werte werden aber auch gegenüber den Lieferanten gelebt – anstatt auf Konfrontation – wie sonst im Handel – setzt dm auf Kooperation. Die Idee der Offenheit, des Vertrauens und der Neugier spiegelt sich auch im Werbeauftritt, in der Gestaltung der Filialen und insbesondere im Verhalten der Mitarbeiter wider. „Hier bin ich Mensch, hier darf ich sein" ist ein Versprechen, das in jeder Filiale eingehalten wird. Bei dm kann man übrigens auch in Reinform erkennen, wie die Ebene 1 der harten und sichtbaren Faktoren von der Ebene 2 bestimmt wird: Die Offenheit für Neues, ohne das Bewährte zu gefährden, bestimmt die gesamte Geschäfts- und Investitionspolitik. Es gibt nur wenige Handelsunternehmen, die in ihrer technischen Ausstattung und ihren logistischen Prozessen so modern und fortschrittlich wie dm sind. Bei allen Veränderungen oder Neuerungen werden die Mitarbeiter auf allen Hierarchiestufen aktiv in die Entscheidung eingebunden. Das, was die Marke dm am Point of Sale unbewusst ausstrahlt, ist nicht das Werk von Ladenarchitekten oder Werbeagenturen – es ist der Spirit, der sich – ausgehend vom charismatischen Inhaber, Götz Werner, über ein mit den Werten übereinstimmendes Führungsverhalten des Managements bis hin zu den Mitarbeitern in den Filialen – durch alle Unternehmensbereiche hindurchzieht. Die schlanken und kostengünstigen Prozesse von dm auf Ebene 1 sind nicht die Ursache für den wirtschaftlichen Erfolg des Unternehmens, sondern die Auswirkung. Die wahre Ursache liegt in neugierigen Mitarbeitern, die, weil man ihnen vertraut und sie einbindet, aktiv und engagiert an der Verbesserung der Ebene 1 mitarbeiten.

Während dm als Marke und mit seinen Leitwerten zwischen Stimulanz und Balance positioniert ist, liegt IKEA mit „Entdecke die Möglichkeiten" ganz eindeutig in der Stimulanzdimension, angereichert mit einem kleinen Schuss Dominanz. Diese Positionierung wird mustergültig umgesetzt – Möbel zum Selberzusammenbauen eröffnen die Chance, seine eigenen Fähigkeiten und Möglichkeiten zu entdecken. Das stets innovative Design der Möbel und Accessoires lädt zum Entdecken der ästhetischen Möglichkeiten ein. Was bei der Betrachtung von IKEA meist völlig übersehen wird, ist, dass IKEA ein absolutes Ebene-2-Unternehmen ist. IKEA wählt z. B. seine Führungskräfte und Mitarbeiter in Übereinstimmung mit seiner Positionierung aus. Wer in seinem Lebenslauf und in seiner Lebensführung zeigt, dass er ein Entdecker mit der Bereitschaft zu kämpfen ist, ist bei IKEA herzlich willkommen. Und IKEA hat eine klare Vision, eine klare Mission, ein klares Feindbild und klar formulierte Unternehmenswerte, die der Gründer Ingvar Kamprad vor mehr als 15 Jahren in seinem „Händlers Testament" formuliert hat. Während in vielen Konzernen Führungskräftetagungen nur zum Austausch und zur Festlegung von Verkaufszahlen benutzt werden, ist das bei IKEA anders. Man diskutiert über das Testament und seine Werte, stellt seine individuellen Werte dagegen und denkt darüber nach, wie die formulierte Idee permanent am Leben gehalten werden kann. Für diese Wertediskussion nimmt man sich sehr viel Zeit. Weil sich die Mitarbeiter mit der Grundidee identifizieren und sie deshalb auch umsetzen, nämlich den Menschen einen besseren Alltag zu geben und Schönes einem breiten Kreis auch weniger gut verdienender Menschen zu ermöglichen, ist IKEA das, was seine Faszination am Leben erhält. Sicher war die Verkaufsidee von Ingvar Kamprad die Grundvoraussetzung für den Erfolg, nämlich durch Eigenbeteiligung des Kunden schöne Möbel preiswert anbieten zu können. Diese Idee konnte ihre explosive Kraft aber nur deshalb entfalten, weil Ingvar Kamprad früh genug die ungeheure Wirkung der Ebene 2 erkannt und umgesetzt hat.

Kommen wir nun zu unserem letzten limbischen Giganten – nämlich ALDI. Nach innen wie außen wird das Unternehmen von den Leitwerten Disziplin, Sparsamkeit, Kontrolle und Einfachheit geprägt. Auch diese werden konsequent bis ins kleinste Detail umgesetzt. Schon die Mitarbeiterpolitik ist eine völlig andere als bei dm oder IKEA. Während dm bei seiner Mitarbeiterauswahl auf Offenheit, Veränderungsbereitschaft und Neugier

Wert legt, IKEA Entdecker und Pioniere bevorzugt – sucht ALDI das genaue Gegenteil: Menschen, die nicht permanent nach neuen Wegen und Ideen suchen, sondern solche, die ein konsequent einfaches System umsetzen und multiplizieren, ohne es in Frage zu stellen. ALDI stellt deshalb bevorzugt Kontroller und Performer ein. Das ganze Unternehmen ist von einer einzigen Idee beherrscht: Kosten zu sparen und Abläufe so einfach wie möglich zu halten. Diese absolute Berechenbarkeit und Disziplin setzt sich auch in der Produktauswahl fort: Langfristige Verträge mit Qualitätslieferanten, verbunden mit einer permanenten Qualitätskontrolle, bestimmen die Lieferantenpolitik. ALDI verhandelt mit seinen Lieferanten zwar hart – ist aber ein absolut berechenbarer Partner bei der Umsetzung der Verträge. Und auch die Inhaber leben diese Politik konsequent vor – absolute Zurückhaltung in der Lebensführung und im öffentlichen Auftritt.

„Sein statt Schein" und die limbische Übereinstimmung der Positionierung mit der Unternehmenskultur, den Mitarbeitern und der Marktkommunikation ist das Erfolgsprinzip der limbischen Giganten. Man sieht anhand dieser Beispiele, wie deckungsgleich das Prinzip, aber wie unterschiedlich die Wege zum Erfolg sein können. Noch etwas wird deutlich: Ausgehend von der Positionierung auf Ebene 2 leiten sich auch oft völlig verschiedene Instrumente und Managementprozesse für die Ebene 1 ab. Das Erfolgsrezept „Einfach managen" des ehemaligen ALDI-Managers und heutigen Bestsellerautors Dieter Brandes ist das Erfolgsrezept von ALDI. Würden IKEA oder dm dieses Rezept umsetzen, wäre der Misserfolg vorprogrammiert. Unternehmen nämlich, die neugierig sind, die entdecken und experimentieren, erzeugen Vielfalt. Und mit dieser Vielfalt faszinieren sie ihre Kunden. Vielfalt aber ist das Gegenteil von Einfachheit!

Mitarbeiter als Markenbotschafter

Limbische Giganten sind also durch und durch echt und glaubwürdig. Diese Identität wird vor allem über die Mitarbeiter vermittelt. Mit das wichtigste Kommunikationsmedium eines Unternehmens sind, wie wir schon gesehen haben, die eigenen Mitarbeiter. Mit ihnen kommt der Kunde in Kontakt, zudem ist die zwischenmenschliche Kommunikation die wichtigste und einflussreichste überhaupt.

Vor allem für Dienstleistungsunternehmen wie Handel, Banken, Versicherungen und Fluggesellschaften sind deshalb die Mitarbeiter die zentralen

Botschafter der Marke. An ihnen und mit ihnen kann der Kunde die Marke live erleben. Die teuerste und beste Architektur nutzt wenig, wenn das Verhalten der Mitarbeiter der Markenbotschaft widerspricht. Oder positiv formuliert: Wenn sich die Mitarbeiter mit den Markenwerten und der Markenmission identifizieren und sie mit ihrem Verhalten zum Leben erwecken, wird die Marke für die Kunden faszinierend und greifbar. Diese von den Mitarbeitern ausgehende Faszination ist aber nur möglich, wenn im Unternehmen das Management der Ebene 2 absolute Priorität hat und Kommunikation, Kultur und Human-Resources-Politik zur Deckung gebracht werden. Darüber hinaus ist es unabdingbar notwendig, Marken-/Unternehmenswerte und Marken-/Unternehmensmission in konkretes Verhalten insbesondere für die vielen Points of Services eines Unternehmens zu übersetzen. Genauer: Der Mitarbeiter in der Auftragsannahme des technischen Kundendienstes muss wissen, was dies für seine spezielle Kundenkommunikation bedeutet, denn seine „Markenkommunikation" unterscheidet sich von der seiner Kollegin im Verkauf durch andere Kundenerwartungen und andere Kommunikationshandlungen.

Die drei Todesgefahren für limbische Giganten

Die erfolgreichsten Unternehmen sind fast immer limbische Giganten. Ist mit dieser Erfolgsposition auch eine langfristige Existenzgarantie verbunden? Leider nicht! Denn diese Erfolgsposition bedarf der permanenten Pflege und vor allem der unbeirrbaren Konsequenz, auf der einmal eingeschlagenen Linie zu bleiben. Damit ist aber auch die Bereitschaft zum Verzicht verbunden. Oft genug bieten sich nämlich Geschäfte in Form von Übernahmen, Kundenaufträgen usw. an, die kurzfristig hoch rentabel sind und die man ohne größeren Aufwand mitnehmen könnte. So attraktiv diese Verlockungen am Wegesrand auch sein mögen – es gehört eine große Selbstbeherrschung dazu, auf solche Seitensprünge zu verzichten. Mit jedem Seitensprung wird nämlich die Erfolgsposition verwässert – mit allen negativen Konsequenzen für Ebene 2 und Ebene 1. Vision und Mission verlieren an Schärfe und an Kraft. Die Unternehmenswerte und der limbische Persönlichkeitsmix der Mitarbeiter verändern sich, wenn beispielsweise ein Konkurrent aufgekauft wird, der völlig anders positioniert war. Damit verwandelt sich automatisch und fast immer auch unbewusst die Markenpositionierung des Unternehmens. Diese kurzfristigen, zusätzlichen Umsätze bezahlt man teuer – das Unternehmen wird beliebig und austauschbar.

Eine weitere Gefahr für limbische Giganten besteht im Ausscheiden des Gründers, der fast immer eine charismatische Persönlichkeit ist. Durch sein Vorbildverhalten, seine Dynamik, seine Echtheit und seine Konsequenz personifiziert und gestaltet er die ungeheuren Kräfte der Ebene 2. Das Problem dabei ist: Weil er – aber auch die im Unternehmen verbleibenden Manager – sich der ungeheuren Wirksamkeit dieses limbischen Kraftfelds nicht bewusst sind, tritt der Gründer ab und mit ihm geht die Idee.

Es gibt aber noch eine dritte Todesgefahr für limbische Giganten, die eng mit der ersten verknüpft ist: Der Wechsel an der Unternehmensspitze. Sehr oft werden als Nachfolger für den Gründer Performer oder Kontroller angeheuert, die nur auf Ebene 1 denken und handeln. Durch diesen Ebene-1-Stil wird das wertvolle Ebene-2-Kapital des Unternehmens in kürzester Zeit vernichtet und die Loserfalle schlägt unbarmherzig zu. Die ungeheure Wertvernichtung, die oft mit einem Wechsel an der Unternehmensspitze verbunden ist, kann in ihrer Bedeutung gar nicht hoch genug eingeschätzt werden. Durch Effizienzsteigerungen kann ein Ebene-1-Technokrat zwar kurzfristig das Ergebnis des Unternehmens verbessern – was man aber nicht sieht, ist, welche unsichtbaren Werte der entscheidenden Ebene 2 gleichzeitig damit vernichtet werden. Damit sind wir bei der Frage, was eigentlich den wahren Wert eines Unternehmens darstellt.

Der wahre Wert des Unternehmens liegt auf Ebene 2

Wenn man den Wert eines Unternehmens ermittelt, werden weitgehend Ebene-1-Faktoren herangezogen: Umsatz, Ertrag, Eigenkapital und noch etwas Strategie und Management. Doch wird man damit dem wirklichen Wert eines Unternehmens gerecht? Inzwischen wird zwar neben dem Kapitalwert auch der Markenwert berechnet, aber in diese Berechnung gehen meist nur Faktoren wie Bekanntheitsgrad und Image mit ein. Wenn wir uns nochmals den ungeheuren Einfluss der Ebene 2 auf die Ebene 1 vor Augen führen, wird deutlich, dass die Ebene-1-Betrachtung viel zu kurz greift. Wirklich erfolgsentscheidend sind die Übereinstimmung zwischen Unternehmenskultur, Sinnsystem, Führung, Spirit, Mitarbeiter und limbischer Positionierung. All dies wird meist außer Acht gelassen. Die Balanced Scorecard ist zwar ein Weg in die richtige Richtung, weil sie die Erfolgspotenziale eines Unternehmens breiter auffächert, sie bleibt aber letztlich auf Ebene 1 stehen, weil die aufgezeigten Erfolgsmechanismen von Ebene 2 zu wenig berücksichtigt werden. Tatsächlich ist es so, dass die ungeheure Kraft der Ebene 2 – wenn sie richtig genutzt wird – eine Erfolgsspirale auslöst: Engagierte Mitarbeiter treiben das Unternehmen nach vorn. Gleichzeitig fasziniert das Unternehmen seine Kunden, was sich in einer höheren Wertschöpfung niederschlägt. Aufgrund der inneren Kraft und der höheren Wertschöpfung ist das Unternehmen in der Lage, mehr in Ebene 1 und Ebene 2 zu investieren und so den Vorsprung weiter auszubauen. Aus diesem Grund müsste eine wirkliche Unternehmensbewertung und damit verbunden auch Unternehmenssteuerung ungefähr folgende Fragen/Faktoren beinhalten:

- Person des Chefs (limbisches Profil, Charismafaktoren),
- Bewertung des Topmanagements (limbisches Profil, Charismafaktoren),
- Führungs- und Motivationsverständnis,
- Altersstruktur auf den verschiedenen Managementebenen,
- Human Ressources: Potenziale aus limbischer Sicht,
- Diversitätsmanagement (Mitarbeiter, Abteilungen),
- Sinnsystem (Vision, Aura, usw.) des Unternehmens und Durchdringung bei den Mitarbeitern,
- Marktauftritt: Übereinstimmung zwischen Positionierung und der Gesamtkommunikation mit den oben genannten limbischen Faktoren,
- limbischer Strategiecheck: Wie sieht die limbische Kräftedynamik des Unternehmens aus?

Es sprengt den Rahmen dieses Buches bei weitem, dieses limbische Steuerungs- und Bewertungsmodell zu detaillieren. Die oben genannten Punkte sollen aber Hinweise darauf geben, wo die eigentliche Wertschöpfung eines Unternehmens entsteht und was wirkliche Unternehmenssteuerung bedeuten könnte! Nur wenige Manager erkennen heute, warum sie im Management die Welt völlig auf den Kopf stellen müssen, wenn sie den Wert des Unternehmens steigern wollen. Zu diesen wirklich limbischen Managementvorbildern gehört der Porschevorstandschef Wendelin Wiedeking, der sich weigert, Quartalsberichte für die Ebene-1-Fetischisten, die Analysten, zu veröffentlichen. Seine Begründung: Auf der Ebene von Quartalszahlen (Ebene 1) kann man die wahre Wertsteigerung eines Unternehmens nicht erkennen. In einem Interview verdeutlichte er seinen Standpunkt: „Der

Wert von Porsche ergibt sich nicht aus der Höhe der Jahresproduktion, sondern aus den inneren Werten des Unternehmens und der Marke". Wenn man den Erfolgsweg von Porsche durch Wiedeking sieht und die Faszination dieser Marke heute betrachtet, wird deutlich, wo sich nachhaltiger Erfolg entscheidet: Auf Ebene 2! Dies gilt nicht nur für Porsche. Es gilt für Handelsunternehmen ebenso wie für Maschinenbauer.

Ebene 1 und Ebene 2 verbinden

Die Betonung der Ebene 2 in diesem Buch bedeutet nun nicht, dass Ebene 2 alles und Ebene 1 nichts ist. Ebene 1 und Ebene 2 sind untrennbar miteinander verbunden und ergänzen und beeinflussen sich gegenseitig. Alle geplanten Maßnahmen auf Ebene 2 müssen automatisch auf ihre Wirkung auf Ebene 1 hin überprüft werden. Anders herum gilt dieses Gesetz aber genauso. Wenn im Unternehmen Optimierungs- und Verbesserungsprogramme durchgeführt werden, müssen sie auf ihre Auswirkung auf Ebene 2 und, darum geht es in diesem Abschnitt, insbesondere auf ihre Auswirkung auf die limbische Dynamik des Unternehmens gesehen werden. Gerade Erfolgsrezepte und Methoden wie Reengineering, Lean-Management, Kaizen, DIN-Zertifizierung, Management by Objectives, Dezentralisierung und Balanced Scorecard werden dem Unternehmen oft als universale Zaubermedikamente verabreicht.

Medikamente entfalten aber ihre Wirkung nur in der richtigen Dosis und auch nur beim richtigen Patienten. Zuviel vom guten Medikament ist genauso schädlich wie ein teures Medikament beim falschen Patienten. Aber kann man denn mit den aufgezeigten und vielen anderen Methoden etwas falsch machen? Schließlich tragen sie doch alle zur Optimierung des Unternehmens bei. Die Antwort lautet: Ja – man kann.

Der Einsatz und die Umsetzung aller dieser Konzepte kostet nämlich Ressourcen in Form von Zeit und Geld. Beides ist aber knapp. Aus diesem Grund muss sich ein Unternehmen immer überlegen, ob es seine Ressourcen auch richtig einsetzt. Aber was ist richtig? Auch darauf gibt es eine limbische Antwort. Richtig eingesetzt sind die Ressourcen für neue Methoden oder Konzepte, wenn sie dazu beitragen, die ideale limbische Kräftedynamik eines Unternehmens zu erhalten oder herzustellen. Falsch oder gar kontraproduktiv dagegen eingesetzt sind sie, wenn sie unbewusst das Idealprofil gefährden. Ich will den Gedanken an zwei einfachen Beispielen aufzeigen. Ein innovatives Start-up-Unternehmen mit hohen Dominanz-/Stimulanzkräften, das erhebliches Geld für ein Kreativitätstraining (Stimulanz) ausgibt, dafür aber die Stelle des Kontrollers nicht besetzt, vergiftet sich schlicht und einfach mit dem falschen Managementmedikament. Ähnliches passiert auch mit einem Unternehmen, dessen Stimulanzinstruktion – also die Innovativität – erhebliche Mängel aufweist. Beschließt das Management in diesem Unternehmen, alle freien Ressourcen in eine Qualitätsoffensive mit anschließender Zertifizierung (Balance) zu stecken, gleichzeitig aber den Ausbau der Forschungs- und Entwicklungsabteilung (Stimulanz) abzulehnen, hat das Unternehmen, ohne es zu ahnen, ein Medikament mit tödlichen Langzeitfolgen genommen.

Fast alle Strategien, Konzepte, Rezepte und Maßnahmen lassen sich im limbischen Kräftefeld einordnen. Liegt das bestehende limbische Kräfteverhältnis im Unternehmen auf der Idealposition (Dominanz 80 %, Stimulanz 30 %, Balance 50 %), müssen sich alle laufenden und geplanten Maßnahmen auch ungefähr so verteilen. Selbstverständlich sind die branchentypischen Abweichungen der Idealdynamik und die Unternehmenspositionierung zu bedenken. Wenn ein Unternehmen die Kostenführerposition einnehmen will, müssen Stimulanzmaßnahmen etwas stärker eingeschränkt werden. Will es dagegen Innovationsführer werden, ist das genaue Gegenteil der Fall. Zeigt das bestehende limbische Kraftverhältnis Schwächen in puncto Soll/Ist, muss durch entsprechende Maßnahmen das Kraftverhältnis auf Idealzustand gebracht werden. Wenn abgeleitet aus der Strategie beispielsweise im Vertrieb der Umsatz weit über den Markt gesteigert werden soll, die bestehende Kundenstruktur jedoch überwiegend aus Bewahrern besteht und zudem die eigene Vertriebsmannschaft überaltert ist, wird deutlich, wo anzusetzen ist.

Die Schwierigkeit von Strategiewechseln

Nicht alle Unternehmen haben das Glück, in eine limbische Erfolgsposition hineingeboren zu werden und automatisch und intuitiv zum limbischen Giganten heranzuwachsen. Oft erkennt man als Manager, dass die derzeitige Strategie langfristig nicht zum Erfolg führt und ein Strategiewechsel dringend erforderlich ist. Die Frage, die sich dabei stellt, ist, ob man auf einer Strategietagung beispielsweise beschließen kann, vom Universalisten zum Kostenführer zu werden, oder sich vom qualitätsbewussten Traditionsunternehmen zum revolutionären Unternehmen zu wandeln, das als Trendsetter die Regeln der Branche bestimmt.

Viele Managementbestseller suggerieren dies und bieten dazu einfache Rezepte an: „So werden Sie zum revolutionären Unternehmen", „So werden Sie Marktführer", usw. – doch in der Regel ist das Scheitern vorprogrammiert, weil man nur auf Ebene 1 denkt und handelt und die Ebene 2 oft völlig vernachlässigt. Wir haben in den Beispielen gesehen, wie sich die Ebene 1 aus der Ebene 2 entwickelt. Größere strategische Veränderungen auf Ebene 1 lassen sich nicht durch ausschließliche Ebene-1-Maßnahmen erreichen. Wer auf Ebene 1 etwas verändern will, kann dies nur tun, wenn er die Ebene 2 permanent mitgestaltet. Während Ebene 1 aber geduldig alles mit sich machen lässt, hoffnungsvollen Planspielen und Zahlenrechnungen nicht widerspricht, ist dies bei Ebene 2 nicht der Fall. Wertesysteme, bewusst oder unbewusst, und Mitarbeiterprofile sind nämlich in der Regel eine eng verwobene Einheit. Wer hier etwas verändern will, muss beides verändern – die neuen Werte müssen formuliert und kommuniziert werden, gleichzeitig müssen in der Regel für die Schlüsselstellungen auch neue Mitarbeiter gesucht werden, deren limbisches Persönlichkeitsprofil der neuen Strategie und den damit verbundenen Werten entspricht. Aus diesem Grund brauchen Strategiewechsel meist weit mehr Zeit als man denkt. Sie können aber gelingen, wenn man mindestens genauso viel Kraft und Energie in die Beschäftigung mit der unbewussten Ebene 2 steckt, wie man für die Umsetzung auf Ebene 1 einplant.

Die wichtigsten limbischen Erfolgsregeln aus Teil 5

1. Machen Sie aus Ihrem Unternehmen einen limbischen Giganten

Führen Sie die drei wichtigsten limbischen Erfolgsmerkmale Kultur, Mitarbeiter und Kommunikation zu einem untrennbaren Ganzen zusammen. Denken Sie dabei daran, dass erst dieses Ganze Ihrem Unternehmen einen uneinholbaren Vorsprung verschafft: Konzepte und Methoden der Ebene 1 sind schnell kopierbar – der faszinierende und glaubwürdige Spirit der Ebene 2 dagegen nicht!

2. Schützen Sie die Wettbewerbsvorteile aus Ebene 2 wie Ihren eigenen Augapfel

Achten Sie vor dem Führungswechsel im Unternehmen darauf, dass die Wettbewerbsvorteile von Ebene 2 nicht leichtsinnig verspielt werden. Prüfen Sie Kandidaten daraufhin, ob Sie ein Bewusstsein für Ebene 2 haben. Wenn nicht: Seien Sie konsequent und kompromisslos.

3. Führen Sie in Ihrem Unternehmen ein Ebene-2-Management ein

Denken Sie daran, dass die wahren Unternehmenswerte auf Ebene 2 entstehen. Wenn Sie den Wert Ihres Unternehmens langfristig und nachhaltig steigern wollen, müssen Sie diese Ebene managen. Versuchen Sie die Ebene-2-Erfolgsfaktoren Ihres Unternehmens herauszuarbeiten und controllingfähig zu machen (Ebene 1).

4. Machen Sie Ihre Mitarbeiter zu Ihren Markenbotschaftern

Ihre Mitarbeiter sind die wichtigsten Botschafter Ihres Unternehmens und Ihrer Marke. Suchen Sie sich deshalb solche Mitarbeiter, die zu Ihrer Marke passen, legen Sie großen Wert auf die Vermittlung der Unternehmens-/Markenphilosophie und erarbeiten Sie mit Ihren Mitarbeitern, wie sie die Marke an ihren spezifischen Points of Service erlebbar machen können.

5. Verknüpfen Sie Ebene 1 und Ebene 2

Überprüfen Sie regelmäßig das limbische Kräftefeld Ihres Unternehmens und damit auch Ihre Strategie und Ihre Maßnahmen. Beziehen Sie diese Überlegungen und Ihre Unternehmenspositionierung in den Markt mit ein, in dem Sie tätig sind. Betrachten Sie alle geplanten Optimierungs- und Verbesserungsmaßnahmen der Ebene 1 vor dem Hintergrund des limbischen Kraftfelds Ihres Unternehmens. Denken Sie daran, dass das beste Medikament bei der falschen Krankheit zum Gift wird. Für Ebene-2-Maßnahmen gilt das Gleiche: Auch hier ist stets zu fragen, welche Konsequenzen damit auf Ebene 1 verbunden sind!

Epilog: Über Erfolg und Glück

Unsere gemeinsame Reise durch das Unbewusste ist fast zu Ende. Ich hoffe, es ist gelungen, eine etwas andere Perspektive für den persönlichen Erfolg und für erfolgreiches Management von heute und morgen aufzuzeigen. Ein Punkt ist mir noch ganz besonders wichtig – er schließt dieses Buch deshalb ab. Wie Sie gesehen haben, sind wir Menschen höchst unterschiedlich in unserer Persönlichkeit und in unseren Fähigkeiten. Und das ist gut so. Den idealen Menschen gibt es nicht, unsere Stärken sind zugleich auch unsere Schwächen. Individuelle Unterschiede gibt es deshalb auch in der Frage, was Glück und Zufriedenheit wirklich ist. Diese haben ihre eigenen Spielregeln und hängen sehr stark von unserem limbischen Persönlichkeitsprofil ab. Für einen Performer mit hoher Dominanzinstruktion sind Status und Karriere der Inbegriff des Glücks, dieses Glück hat allerdings seinen Preis: Die Partnerschaft und die Familie leiden darunter.

Diese Form des Glücks dagegen öffnet sich einem Menschen mit höherer Balanceinstruktion und dem damit verbundenen Harmoniestreben. Letzterem bleiben aber die finanziellen Vorteile verwehrt, die mit Karriere verbunden sind. Diesen Glücksvergleich könnten wir noch auf andere Glücksbereiche wie Freizeit, Gesundheit und Selbstbestimmung ausdehnen und mit unterschiedlichen Persönlichkeitsprofilen koppeln: Das Ergebnis wird immer das gleiche bleiben. „Das große Glück" gibt es unter dem Strich nicht. Denn ein Mehr an Glück auf der einen Seite wird meist mit einem Weniger an Glück auf der anderen Seite bezahlt. Nicht verwunderlich ist deshalb das Ergebnis einer Studie, die US-amerikanische Milliardäre auf ihre Glücks- und Lebenszufriedenheit untersucht hat: Sie sind nicht glücklicher und zufriedener als der Durchschnittsamerikaner!

Der optimale Zufriedenheitszustand entsteht, wenn – wie gezeigt – Aufgabe und limbisches Persönlichkeitsprofil übereinstimmen. Ein Performer, der vor Kraft platzt, wird auf Dauer kaum glücklich werden, wenn er ein Leben in ruhiger Beschaulichkeit und Harmonie verbringen muss, genauso wenig wie ein Bewahrer glücklich wird, wenn er das hektische Leben des Performers, verbunden mit Karrierekämpfen, führen soll.

Wir müssen lernen, unsere biologischen Differenzen zwischen Mann und Frau genauso zu akzeptieren und zu nutzen wie unsere Persönlichkeitsunterschiede. Das setzt voraus, dass wir uns selbst erkennen und akzeptieren – mit unseren Stärken, die gleichzeitig immer auch Schwächen sind.

Wenn wir unsere Lebens- und Berufsplanung machen, sollten wir vermeiden, irgendwelchen fremdgesteuerten Idealen nachzujagen, die wir nicht erreichen werden, weil wir völlig anders in unserer Persönlichkeit sind. Viel wichtiger ist es, eine Aufgabe und ein Lebensumfeld zu finden, die zu uns passen. Darüber hinaus haben wir aber, vor allem wenn wir Führungskräfte sind, eine zusätzliche Verantwortung: Weil wir mit unserem Führungsverhalten auch über das Glück und Unglück unserer Mitarbeiter entscheiden, denken Sie dabei bitte an die dramatischen Auswirkungen der Loserfalle, müssen wir gerade in puncto Führung selbstkritisch in den Spiegel sehen und uns aktiv mit unseren Stärken und Schwächen auseinander setzen. Zwar können wir unsere Persönlichkeit nicht auf den Kopf stellen – die Lernfähigkeit und die Einsicht, die insbesondere mit unserem Neokortex und den verbleibenden 30 % Bewusstsein verbunden sind, sollten wir versuchen zu nutzen!

Anhang:
Limbic Personality Check:
Erkennen Sie sich selbst

Im Laufe des Buches haben Sie sich bestimmt gelegentlich gefragt, wie Ihr eigenes limbisches Persönlichkeitsprofil aussieht. Deshalb hier ein kleiner Test, der Ihnen erste Anhaltspunkte darüber geben soll. Drei Anmerkungen möchte ich allerdings dazu machen.

Erstens: Dieser Test ist nur für Ihren persönlichen Gebrauch bestimmt – er darf nicht kommerziell eingesetzt werden – weder in Seminaren noch zur Personalauswahl etc.

Zweitens: Die Fragen wurden nicht verschlüsselt, auch wurden keine so genannten Lügenfragen eingebaut – deshalb gibt Ihnen der Test nur dann eine realistische Auskunft, wenn Sie ihn möglichst offen und ehrlich beantworten.

Drittens: Bitte haben Sie Verständnis dafür, dass ich aus Zeitgründen keine Anfragen beantworten kann, um persönliche Testergebnisse zu erläutern.

Nun aber zum Test selbst. Folgen Sie bitte der Anleitung.

1. Schritt: Beantworten Sie die Fragen zu den drei limbischen Instruktionen

Dominanz	**ja**
1. Ich kann mir meine Zeit recht gut einteilen, sodass ich meine Aufgaben rechtzeitig beende.	
2. Ich habe klare Ziele und arbeite hart um sie zu erreichen.	
3. In Teams werde ich meist ungeduldig, weil es mir zu langsam vorangeht.	
4. Notfalls bin ich bereit, Menschen zu manipulieren, um mein Ziel zu erreichen.	
5. Wenn ich mir etwas vorgenommen habe, setze ich alles daran, es auch gegen Widerstände zu schaffen.	
6. Es ärgert mich, wenn andere besser sind als ich.	
7. Wenn mir etwas gelungen ist, bin ich nicht lange zufrieden damit, sondern versuche, noch mehr zu erreichen.	
8. Es gelingt mir meistens, andere von meiner Meinung zu überzeugen.	
9. Auch vor einer schwierigen Aufgabe gehe ich davon aus, mein Ziel zu erreichen.	
10. Ich setze mich auch gegen Widerstände durch.	
11. Wenn in einer Gruppe Entscheidungen getroffen werden, habe ich immer wesentlichen Anteil daran.	
12. Für mich ist nur eine Berufstätigkeit interessant, bei der man es zu einer angesehenen Position bringen kann.	
13. Es ist mir wichtig, selbst zu bestimmen, wie ich meine Arbeit mache.	
14. Ich bin fast immer Herr der Lage.	
15. Wenn ich Erfolg habe, möchte ich das auch nach außen zeigen.	
Summe der Jas	

Stimulanz	**ja**
1. Ich habe gerne viele Leute um mich herum.	
2. Ich würde gerne einmal in der Tiefsee tauchen.	
3. Ich ziehe mich so an, wie es mir passt, auch wenn andere das verrückt finden.	
4. Ich probiere oft neue und fremde Speisen aus.	
5. Ich führe ein abwechslungsreiches Leben.	
6. Ich bin ein sehr aktiver Mensch.	
7. Ich habe Spaß daran, mich mit Theorien oder abstrakten Ideen zu beschäftigen.	
8. Mein Alltag ist voller Dinge, die mich interessieren.	
9. Wenn ich nichts zu tun habe, fühle ich mich nicht wohl.	
10. Es würde mir Spaß machen, als Astronaut zum Mond zu fliegen.	
11. Wenn ich wüsste, dass ich durch irgendwelche Stoffe völlig neuartige und ungewöhnliche Erlebnisse haben könnte, würde ich sie nehmen.	
12. Um etwas Neues auszuprobieren, gehe ich auch Risiken ein.	
13. Meinen Sommerurlaub verbringe ich nie am gleichen Ort.	
14. Ich liebe es, wenn es in meiner Arbeit richtig rund geht.	
15. Auf meinem Schreibtisch herrscht oft das blanke Chaos.	
Summe der Jas	

Balance	ja
1. Neuen und schwierigen Situationen gehe ich gerne aus dem Weg.	
2. Wenn ich an die Zukunft unserer Welt denke, mache ich mir manchmal Sorgen.	
3. Horoskope und Wahrsager haben oft Recht.	
4. Wenn ich einen Fehler mache, suche ich zuerst die Schuld bei mir.	
5. Meine Familie und mein Freundeskreis sind mir das Wichtigste im Leben.	
6. Bei der Wahl meiner Ziele bin ich lieber etwas vorsichtiger, als zu große Risiken einzugehen.	
7. Ich versuche, zu allen zuvorkommend und freundlich zu sein.	
8. Konflikte oder Streit zwischen Kollegen spüre ich früher als die anderen.	
9. Im Privat- wie im Arbeitsleben muss für mich möglichst alles seine Ordnung haben.	
10. In einer Gruppe überlasse ich die Führung gerne anderen.	
11. Ich gehe regelmäßig zum Arzt um mich untersuchen zu lassen.	
12. Ich bin oft sehr angespannt und an den Grenzen meiner Leistungsfähigkeit.	
13. Wenn andere ungerecht behandelt werden, rege ich mich auf.	
14. Bei wichtigen Entscheidungen ist es gut, sich viel Zeit zu lassen.	
15. Gartenarbeit und Blumenpflege gehören zu meinen liebsten Hobbys.	
Summe der Jas	

2. Schritt: Ermitteln Sie ihren Prozentrang

Ermitteln Sie für jede limbische Instruktion Ihren Wert in Form des Prozentrangs: Tragen Sie dazu jeweils die Anzahl der „Jas" in die Tabelle ein und entnehmen Sie Ihren Prozentrang.

											Prozentrang
Balance	10	20	30	40	50	60	70	80	90	100	
	1	2	3	4	5	6	7	8	9	10	11	12	13	14	15	Anzahl Jas

											Prozentrang
Dominanz	10	20	30	40	50	60	70	80	90	100	
	1	2	3	4	5	6	7	8	9	10	11	12	13	14	15	Anzahl Jas

											Prozentrang
Stimulanz	10	20	30	40	50	60	70	80	90	100	
	1	2	3	4	5	6	7	8	9	10	11	12	13	14	15	Anzahl Jas

Anhang

3. Schritt: Tragen Sie Ihre Prozentwerte ins Kreisdiagramm ein

Tragen Sie nun Ihre Prozentwerte in das Kreisdiagramm ein und verbinden Sie die Endpunkte wie im folgenden Beispiel. In dem Sektor, der die größte Fläche abdeckt, liegt Ihr Persönlichkeitsschwerpunkt. Die Person, deren Werte wir hier eingetragen haben, hat ihren Persönlichkeitsschwerpunkt eindeutig im Kontroll-/Disziplinbereich, weil zwischen Balance und Dominanz die größte Fläche liegt.

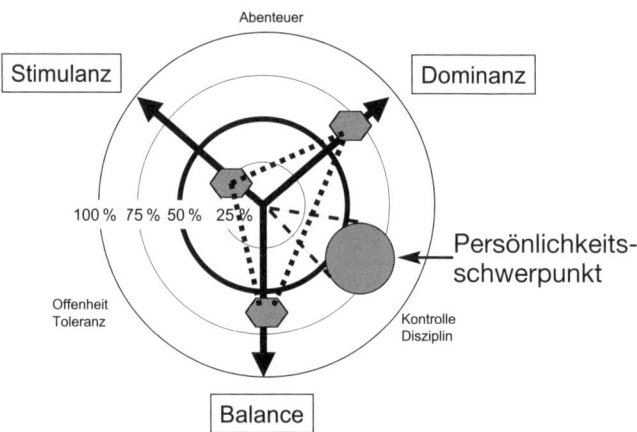

Ihr Profil:

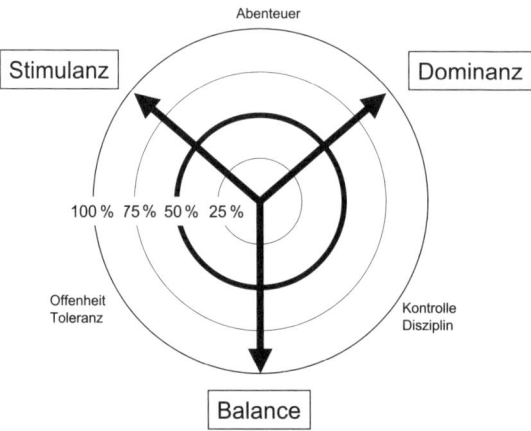

4. Schritt: So interpretieren Sie Ihre Testergebnisse

Durch die vielen Ausprägungsmöglichkeiten der limbischen Instruktionen sind tausende von Profilen möglich. Diese können natürlich nicht aufgeführt werden. Um Ihnen aber trotzdem einige Anhaltspunkte zu geben, sind die Profile der wichtigsten limbischen Prototypen und einiger Sonderfälle aufgeführt. Ziehen Sie bitte zur Auswertung Ihres Ergebnisses die Beschreibungen der limbischen Prototypen aus Kapitel 4 und Kapitel 8 heran.

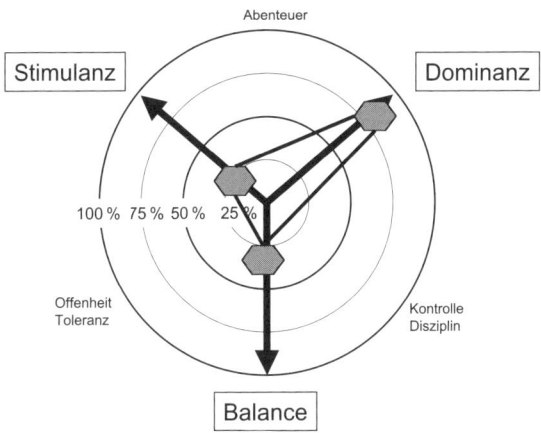

Das typische Performerprofil:
D = 80 – 100 %
S = 20 – 30 %
B = 20 – 30 %

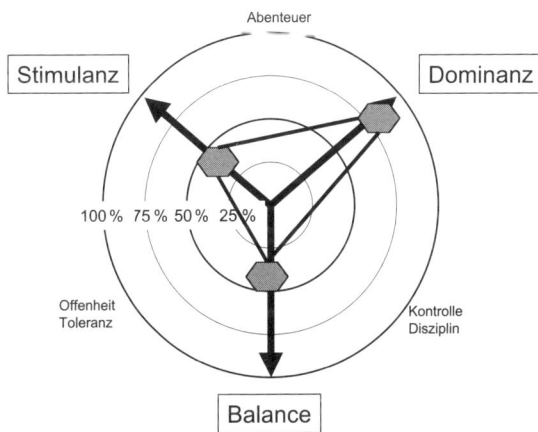

Das ideale Unternehmerprofil:
D = 80 – 90 %
S = 30 – 50 %
B = 30 – 40 %

Anhang

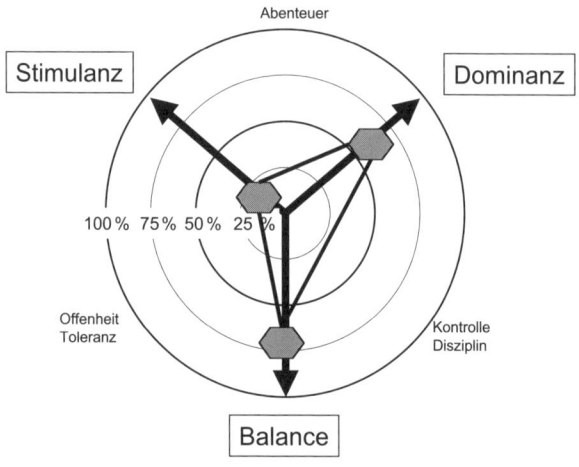

Das typische Kontrollerprofil:
D = 60 – 70 %
S = 20 – 30 %
B = 50 – 60 %

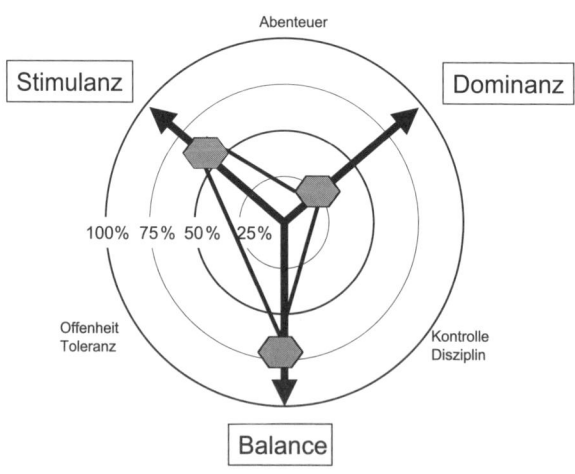

Das typische Profil des Offenen:
D = 20 – 40 %
S = 50 – 70 %
B = 50 – 60 %

Limbic Personality Check

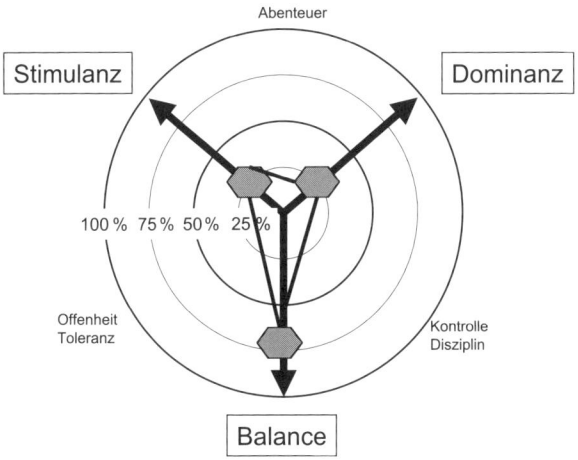

Das typische Profil des Bewahrers:
D = 20 – 40 %
S = 20 – 30 %
B = 50 – 100 %

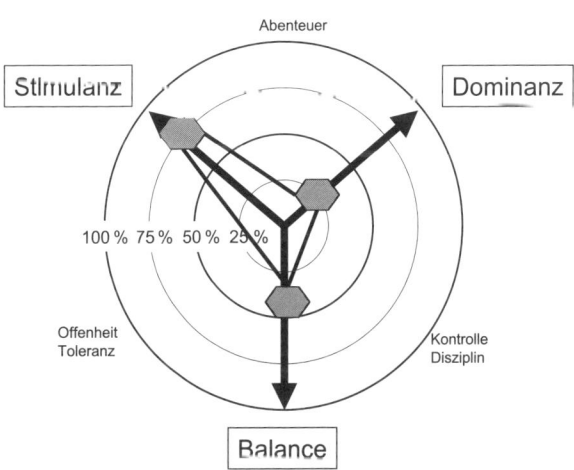

Das typische Profil des Kreativen:
D = 20 – 40 %
S = 70 – 100 %
B = 30 – 40 %

249

Anhang

Nun noch einige „Sonderfälle"

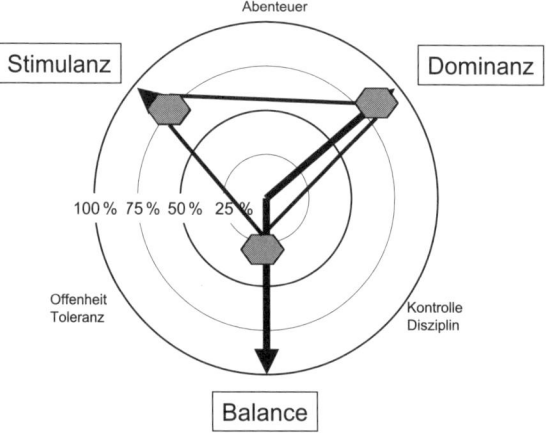

Das typische Profil des Abenteurers/Hasardeurs:
D = 70 – 100 %
S = 70 – 100 %
B = 20 – 40 %

Typisch für den Hasardeur/Abenteurer ist seine extrem hohe Risikobereitschaft. Gefahren werden negiert.

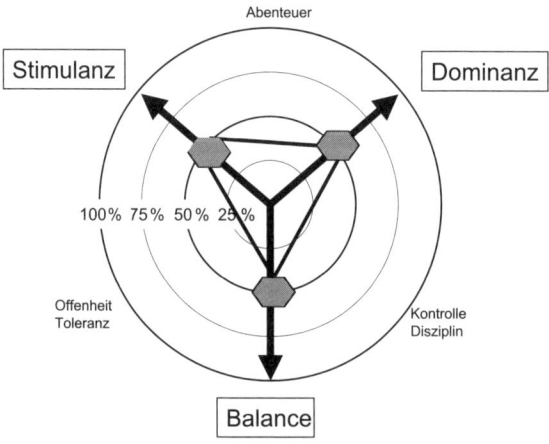

Das ausgewogene Profil:
D = 40 – 60 %
S = 40 – 60 %
B = 40 – 60 %

Die goldene Mitte: In keinem Bereich gibt es Extreme.

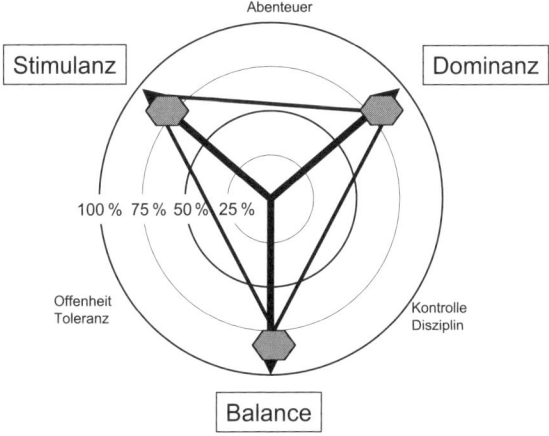

Der Exzentriker steht unter permanenter Hochspannung und ist sehr launisch und wechselhaft.

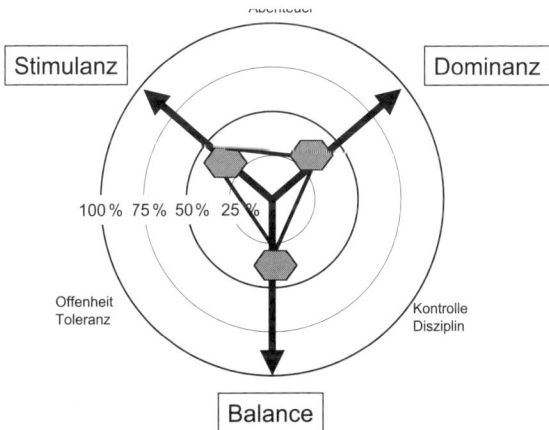

Der Phlegmatiker zeichnet sich durch seine „Bierruhe" aus. Er ist durch nichts zu erschüttern, aber auch kaum motivierbar. Dafür ist er meist zufrieden mit sich und der Welt.

Ausgewählte Literatur

Für interessierte Leser, die sich mit den im Buch aufgezeigten Themen weiter beschäftigen wollen, möchte ich noch einige Literaturempfehlungen geben:

Gehirnforschung
Aggleton, J. P. (2000): The Amygdala, Oxford-University Press
Damasio A. R. (2000): Ich fühle, also bin ich, List
Edelmann, G. & Tononi (2002): Gehirn und Geist, C. H. Beck
Libet, B. et al. (1999) : The Volitional Brain, Im print Academic
Häusel, H. G. (2000): Think Limbic!, Haufe
Kandel, E. R., Schwartz, J. H. & Jessel, Th. M., Hrsg. (2000): Principles of Neurosciences, McGraw Hill
Lautin, A. (2001): Limbic Brain, Kluwer Academic
Panksepp, J. (1998): Affektive Neuroscience, Oxford-University Press
Lane, R. & Nadel, L. (2000): Cognitive Neuroscience of Emotion, Oxford-University Press
Posner, M. & Raichle, M. (1996): Bilder des Geistes, Spektrum
Roth, G. (2001): Fühlen, Denken, Handeln, Suhrkamp
Spitzer, M. (2000): Geist im Netz, Spektrum
Springer, S. P. & Deutsch, G. (1998): Linkes Rechtes Gehirn, Spektrum
Uylings, H. et al. (2000): Cognition, Emotion and automatic Responses, Elsevier

(Neuro)philosophie
Gosepath, S. (1999): Motive, Gründe, Zwecke, Fischer
Metzinger, Th. (2000): Neural Correlates of Consciousness, The Mit Press
Metzinger, Th. (1995): Bewusstsein, Schöningh
Pauen, M. (1999): Das Rätsel des Bewusstseins, Mentis
Pauen, M. (2001): Grundprobleme der Philosophie des Geistes, Fischer
Bieri, P. (2001): Das Handwerk der Freiheit, Hanser
Walter, H. (1999): Neurophilosophie der Willensfreiheit, Mentis

Neurobiologie, Neuroendokrinologie, Biologische Psychologie
Gershon, M. (2001): Der kluge Bauch, Goldmann
Enzyklopädie der Psychologie, Bd. 3: Biologische Psychologie, Hogrefe
Birbaumer, N. & Schmidt, R. (1999): Biologische Psychologie, Springer
Robinson, D. (1999): Neurobiology, Springer

Schulkin, J. (1999): **The Neuroendocrine Regulation of Behavior, Cambridge**
Toates, F. (1998): Control of Behavior, Springer
Snyder, S. H. (1994): Chemie der Psyche, Spektrum

Veränderungen mit dem Alter
Baltes, M. M. et al. (1992): Erfolgreiches Altern, Huber
Cutler, N. E. (1992): Aging, Money and Life Satisfaction, Springer
Häusel, H. G. (2001): Geld und Gut in der Beziehung zum Alter, TU München
Morley, J. & v. d. Berg, L. (2000): Endocrinology of Aging, Humana Press
Ricklefs, R. & Finch, C. (1996) Altern: Evolutionsbiologie und Forschung, Spektrum
Whalley, L. (2001): The Aging Brain, Weidenfeld & Nicolson

Geschlechtsdifferenzen
Blum, D. (1997): Sex on the Brain, Penguin Books
Mealey, L. (2000): Sex differences, Academic Press
Geary, D. (1998): Male, Female, American Psychological Association
Wickler, W. & Seibt, U. (1998): Männlich-Weiblich, Spektrum

Soziale und biologische Systeme
Bloom, H. (1999): Global Brain, DVA
Cruse, H. et al. (2001): Die Entdeckung der Intelligenz, DTV
Kuppers, G. (1996): Chaos und Ordnung, Reclam
Hölldobler, B. & Wilson, E. O. (1994): Ameisen, Birkhäuser
Margulis, L. (1997): Leben: Vom Ursprung zur Vielfalt, Spektrum
Stephan, A. (1999): Emergenz, Dresden University Press
Wieser, W. (1998): Die Erfindung der Individualität, Spektrum
Willke, H. (1999): Systemtheorie I, Lucius & Lucius

Allgemeine Psychologie
Amelang, M. & Bartussek, D. (1997): Differentielle Psychologie, Kohlhammer
Asendorpf, J. B. (1999): Psychologie der Persönlichkeit, Springer
Bierhoff, H. (1998): Sozialpsychologie, Kohlhammer
Dörner, D. (1998): Bauplan für eine Seele, Rowohlt
Rheinberg, F. (1997): Motivation, Kohlhammer
Rowe, D. (1997): Genetik und Sozialisation, Beltz
Schmidt-Azert, L. (1996): Emotionspsychologie, Kohlhammer

Setzen Sie auf Kompetenz!

Bücher, Loseblattwerke, Profi-Software

Katalog anfordern unter:
Telefon 0761/8988444 oder Fax 0761/8988555
oder unter bestellen@haufe.de

www.haufe.de

Haufe Akademie

Seminare und Schulungen, Tagungen und Kongresse, Qualification Line, Management-Beratung & Inhouse-Training für alle Unternehmensbereiche. Über 180 Themen!

Katalog anfordern unter: Telefon 0761/4708-811

www.haufe-akademie.de

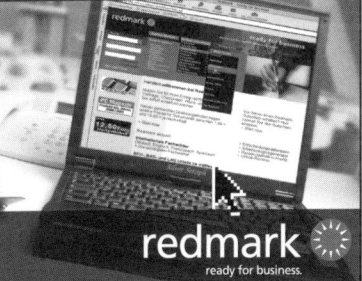

Tausende Dokumente zum Download

Aktuelle und rechtssichere Qualitätsdokumente, Applikationen und Service-Angebote zum einfachen Herunterladen aus dem Internet.

Dokumente unter: www.redmark.de

Haufe Mediengruppe

Haufe Mediengruppe　　Hindenburgstraße 64　　79102 Freiburg

TASCHENGUIDE
Einfach! Praktisch!

Neu

Stecken Sie einfach alle in die Tasche!

Einfach! Praktisch!

Überzeugend präsentieren, alle Zahlen im Griff, kostengünstig finanzieren, effektiv verkaufen und vor allem immer kreativ und mit Spaß bei der Sache.

Die neuen TaschenGuides bieten Ihnen schnell und kompakt einfach praktische Lösungen zu Ihrem Thema. Sie erhalten Wissen, das Sie nicht nur beruflich, sondern auch privat weiterbringt.

Bestseller:

- Kaufmännisch Rechnen
- Selbstmanagement
- Moderation
- Bilanzen lesen
- Die Börse
- Projektmanagement
- Schlagfertigkeit
- Arbeitszeugnisse
- Konflikte im Beruf
- Marketing

Neuerscheinungen

- Balanced Scorecard
- Die neue Rente
- Fitness für Beruf und Karriere
- Kaufmännisches Recht
- Management – Was Führungskräfte wissen müssen
- Motivation
- Small Talk

Jeder TaschenGuide bietet Ihnen

- einen schnellen Einstieg
- kompaktes, leicht umsetzbares Know-how
- ein handliches, übersichtliches Format
- einen sensationell günstigen Preis von nur 6,60 €

Im Buchhandel erhältlich oder direkt bei der Haufe Mediengruppe bestellen: Fraunhoferstr. 5, 82152 Planegg, Telefon: 089/89517-0 oder Telefax: 089/89517-250, Internet: www.haufe.de, www.taschenguide.de